Buch

»Der Bauch muss weg!« Wer kennt diesen Satz nicht? Leider lagern sich gerade da am schnellsten Röllchen an, wo man sie gar nicht haben will. David Zinczenko, Chefredakteur von »Men's Fitness«, rückt ihnen mächtig zu Leibe. Er hat ein Programm entwickelt, das mithilfe einer Diät und einem gezielten Muskelaufbautraining die Körperpfunde zum Schmelzen bringt – ohne hungern zu müssen!

Autor

David Zinczenko ist nach Stationen bei »Men's Health« und »Women's Health« heute Chefredakteur der US-amerikanischen Ausgabe von »Men's Fitness«. Er ist ein internationaler Bestseller-Autor und regelmäßig zum Thema ›Gesundheit‹ in der Fernsehshow »ABC News« zu Gast. David Zinczenko lebt in New York City.

David Zinczenko
mit Ted Spiker

Sexy Sixpack

Flacher und straffer Bauch
in sechs Wochen

Aus dem Amerikanischen
von Imke Brodersen

GOLDMANN

Alle Ratschläge in diesem Buch wurden vom Autor und vom Verlag sorgfältig erwogen und geprüft. Eine Garantie kann dennoch nicht übernommen werden. Eine Haftung des Autors beziehungsweise des Verlags und seiner Beauftragten für Personen-, Sach- und Vermögensschäden ist daher ausgeschlossen.

Der Verlag weist ausdrücklich darauf hin, dass im Text enthaltene externe Links vom Verlag nur bis zum Zeitpunkt der Buchveröffentlichung eingesehen werden konnten. Auf spätere Veränderungen hat der Verlag keinerlei Einfluss. Eine Haftung des Verlags für externe Links ist stets ausgeschlossen.

Dieses Buch ist bereits unter der Nummer 16748 im Goldmann Verlag erschienen

Verlagsgruppe Random House FSC® N001967
Das für dieses Buch verwendete FSC®-zertifizierte Papier *Classic 95*
liefert Stora Enso, Finnland.

1. Auflage
Vollständige Taschenbuchausgabe Januar 2016
Wilhelm Goldmann Verlag, München,
in der Verlagsgruppe Random House GmbH
© 2005 der deutschsprachigen Ausgabe
Wilhelm Goldmann Verlag, München,
in der Verlagsgruppe Random House GmbH
© 2004 der Originalausgabe: Rodale Inc.
Originaltitel: The abs diet: the six-week plan to flatten your stomach
and keep you lean for life
Originalverlag: Rodale Inc.
Umschlaggestaltung: Uno Werbeagentur, München
Umschlagmotiv: Getty Images/Stock Shop Photography LLC; CareyHope
Redaktion: Christine Pfitzner
Satz: Buch-Werkstatt GmbH, Bad Aibling
Druck und Bindung: GGP Media GmbH, Pößneck
JE · Herstellung: IH
Printed in Germany
ISBN 978-3-442-17582-6
www.goldmann-verlag.de

Besuchen Sie den Goldmann Verlag im Netz

Inhalt

9 Danksagungen

11 *Einleitung*
Auch Sie haben Bauchmuskeln
Wie Sie Fett in Muskeln verwandeln

21 Der *Sexy-Sixpack*-Spickzettel

24 *Kapitel 1*
Fett ade – Sorgen ade
Sechs Gründe, weshalb ein flacher Bauch
Aussehen, Körpergefühl und Lebenslust verbessert

51 Das brauchen Sie für *Sexy Sixpack*

54 *Kapitel 2*
Warum *Sexy Sixpack*? Und warum jetzt?
Wichtiges zum Thema Ernährung

76 *Kapitel 3*
Fettverbrennung rund um die Uhr
Wie der Stoffwechsel die Figur bestimmt – und wie Sie
den Stoffwechsel auf Trab bringen

Inhalt

93 *Kapitel 4*
Das Geheimnis von *Sexy Sixpack*
Was macht Ihr Körper gerade mit der letzten Mahlzeit?

123 *Kapitel 5*
In sechs Wochen ein flacher und straffer Bauch
Der Woche-für-Woche-Plan

131 *Kapitel 6*
Der Verzicht auf Kohlenhydrate macht dick
Der Trend, der Ihre Gesundheit bedroht

144 *Kapitel 7*
Die Ernährung bei *Sexy Sixpack*
Die Grundregeln einer gesunden Ernährung

162 *Kapitel 8*
Die zwölf Fitmacher von *Sexy Sixpack*
So lassen die Fitmacher den Bauch schrumpfen

193 *Übrigens*
Ihr Gewicht ist nicht Ihre Schuld
Die Verführungen der Nahrungsmittelindustrie

201 *Kapitel 9*
Rezepte für *Sexy Sixpack*
Schnelle und einfache Rezepte mit den Fitmachern

236 Kapitel 10
Sexy Sixpack im Alltag
Wie der Ernährungsplan Ihr Leben vereinfacht

246 Kapitel 11
Noch schneller Fett verbrennen
Wie Körpertraining Fett schmelzen lässt und Muskeln aufbaut

261 Kapitel 12
Das *Sexy-Sixpack*-Training
Der einfachste und effektivste Trainingsplan Ihres Lebens

297 Kapitel 13
Das Bauchmuskeltraining
56 Übungen für die Bauchmuskeln

359 Und so geht es weiter

361 Nährwertangaben für gängige Lebensmittel

376 Glykämische Last für häufige Lebensmittel

378 Register

Danksagungen

Mein tief empfundener Dank geht an die genialen, einsatzfreudigen Menschen, die mich unterstützt, ermutigt und inspiriert haben, besonders an:

Steve Murphy, der bei aller Verantwortung für ein gewaltiges internationales Unternehmen mutig und weitsichtig genug ist, die verlegerische Qualität an erste Stelle zu rücken.

Familie Rodale, ohne die dies alles nicht möglich gewesen wäre.

Jeremy Katz, Herausgeber der *Men's-Health*-Bücher, der meine Vision von *Sexy Sixpack* aufgriff, mich anspornte, alles dafür zu geben, und mich während der Entstehung des Buches von mehr als einem Irrweg abhielt.

Tom Beusse, dessen Kommentare so bissig sind wie seine Witze.

Steve Perrine, den weisesten Ratgeber, den ein Chef nur haben kann.

Das gesamte Redaktionsteam von *Men's Health*. Ihr seid die schlausten und hingebungsvollsten Autoren, Redakteure, Forscher, Designer und Fotodesigner in unserem ganzen Metier. Wenn dereinst von den goldenen Tagen des *Men's Magazine* die Rede ist, wird man sich an euch erinnern.

Meinen Bruder Eric, dessen unablässige Hänselei mich dazu brachte, mehr auf mich selbst zu achten.

Danksagungen

Meine Mutter Janice, die uns beide so souverän erzogen hat. Deine Stärke und Freundlichkeit sind mir in Fleisch und Blut übergegangen.

Meinen Vater Bohdan, der viel zu früh von uns gegangen ist. Ich wünschte, du wärst noch am Leben.

Elaine Kaufmann, bei der ich in den letzten Jahren ein zweites Zuhause gefunden habe. Danke, dass ich mich nicht an die Speisekarte halten musste.

Und an Jeff Anthony, MaryAnn Bekkedahl, Peter Bonventre, Jeff Csatari, Aimee Geller und Karen Mazzotta, Joe Heroun, Samantha Irwin, George Karabotsos, Charlene Lutz, Patrick McMullan, Jeff Morgan, Peter Moore, Myatt Murphy, John Rasmus, Ben Roter, Joyce Shirer, Bill Stump, Pat Toomey, Sara Vigneri sowie meine Stiefmutter Mickey. Danke für eure wegweisende Unterstützung.

Ganz besonders erwähnen möchte ich Bug und Fester. Ich weiß eure Liebe sehr zu schätzen. Danke, dass ihr mir über den Berg geholfen habt.

Und zu guter Letzt Rose. Deine Eleganz, dein Charme, deine Klugheit und deine unstillbare Neugier wecken in mir den Wunsch, jeden Tag besser zu werden. Ob mir das gelingt?

Einleitung
Auch Sie haben Bauchmuskeln

Wie Sie Fett in Muskeln verwandeln

Wenn wir an Bauchmuskeln denken, kommen uns Brad Pitt oder Janet Jackson in den Sinn. Wir denken an Models und Wäschewerbung, an Sixpack und einen Waschbrettbauch, der so hart ist, dass sogar eine Murmel daran abprallen würde. Zynischeren Zeitgenossen kommen vielleicht bemalte Körper, Hungerkuren und ein Trainingsprogramm in den Sinn, dessen Zeitaufwand alle Grenzen hinsichtlich Gesundheit und Sicherheit übersteigt. Also gehen wir davon aus, dass Bauchmuskeln nur etwas für Sportler oder Fotomodelle sind, für Bodybuilder, Trainer und Rapper, für Verrückte, die sich ihr Fett haben absaugen lassen, und für Leute, die Sellerie als Nachtisch bezeichnen.

Daraus folgern wir: Ein normaler Mensch erklimmt eher den Mount Everest in der Badehose, als dass er einen Waschbrettbauch bekommt.

Aber als Chefredakteur von *Men's Health* weiß ich, dass auch Sie phantastische Bauchmuskeln entwickeln können – ganz gleich, wie beleibt Sie sind, wie viele Diäten Sie schon hinter sich haben oder wie sehr der Mount Everest lockt. Denn ich analysiere Gesundheits- und Fitnessinformationen wie ein Broker den Aktienmarkt. Meine Aufgabe ist es, für Sie den schnellsten, besten und intelligentesten Weg zum maximalen Profit bei Ihrer wichtigsten Investition zu finden: Ihrem Körper. Wenn ich also über Bauchmuskeln nachdenke, beschäftigt mich nur eine Frage: Wie Sie welche bekommen.

Ich verstehe das Problem sehr gut. Man sieht nach unten, betrachtet den schwabbelnden Berg um die Körpermitte und sinniert, dass die Zeiten eines flachen Bauchs mit dem Ende der Schulzeit schlagartig vorüber waren. Aber glauben Sie nur nicht, dass Ihre Bauchmuskeln für immer und ewig verloren sind. Stellen Sie sich diese Partie lieber als einen entfernten Cousin vor, dem Sie einst auf einem großen Familienfest begegnet sind. Man kann sich zwar noch vage an ihn erinnern, aber es ist so lange her, dass man nicht die geringste Ahnung hat, wo er heute stecken könnte. Doch selbst wenn der letzte Kontakt Jahrzehnte zurückliegt, steht rein körperlich gesehen fest: Sie haben Bauchmuskeln.

Dieses Buch wird Ihnen helfen, sie zu entdecken.

Zu einem Zeitpunkt, da 36 Prozent der Bundesbürger übergewichtig sind (Body Mass Index über 25) und weitere 13 Prozent fettsüchtig (BMI über 30), da Nachrichten über erfolgreiches Abnehmen sich beinahe so gut verkaufen wie die Skandale der Stars, ist es höchste Zeit, sich um das eigene Gewicht, die Figur und die Gesundheit zu kümmern. Ich weiß, mancher Kritiker sieht in einem flachen, kräftigen Bauch nur ein modernes Eitelkeitssymbol, doch die Arbeit an modellierten

Bauchmuskeln dient nicht nur dem wohlgefälligen Blick in den Spiegel.

Bauchmuskeln sind das zeitgemäße Sportabzeichen.

Sie sind ein zuverlässiger Indikator für Ihren Gesundheitszustand.

Und da ein flacher Bauch erheblichen Sexappeal hat, steht er zugleich für den Teil des Körpers, der auf Männer wie Frauen gleichermaßen verführerisch wirkt.

Je nach Figur haben Sie vielleicht schon einmal nach Ihren Bauchmuskeln Ausschau gehalten. Vielleicht sind frühere Diäten gescheitert, oder der Jo-Jo-Effekt hat Sie schon mehrfach eingeholt. Ich weiß, was Sie durchgemacht haben, denn ich habe mit unzähligen Menschen gesprochen, die *Men's Health* erzählt haben, wie sie ihr Gewicht erfolgreich reduzieren konnten. Ich weiß es aber auch aus meinem ganz persönlichen Kampf mit dem Körperfett.

Als Schlüsselkind der frühen 80er-Jahre habe ich jeden Fehler gemacht, der in diesem Buch erläutert wird. Ich habe mich nicht gesund ernährt, sondern lebte von Fastfood. Mit 14 Jahren schleppte ich bei einer Größe von 1,77 m 95 Kilo mit mir herum. Ich hätte gern ausgesehen wie ein Basketballspieler, doch leider ähnelte ich eher dem Basketball und wurde dadurch zur Zielscheibe endloser Demütigungen. Mein großer Bruder Eric lud sogar seine Freunde ein, damit sie mir beim Essen zusehen konnten. »Stört den Vielfraß nicht«, sagte er zu ihnen. »Er ist wieder mal am Futtern.«

Wie die meisten Kinder hatte ich einfach die Ernährungsgewohnheiten meiner Eltern, besonders meines Vaters, übernommen, der dauerhaft über 45 kg Übergewicht hatte. Irgendwann stieg dann sein Blutdruck an, Diabetes und ein kleinerer Herzinfarkt kamen hinzu. Schließlich musste er schon nach kurzem Treppensteigen stehen bleiben, weil ihm die Luft wegblieb, und mit 52 starb er an einem schweren Schlaganfall. Sein Tod war die Folge davon, dass er viele Anzeichen seiner nachlassenden Gesundheit konsequent ignoriert hatte – besonders das Fett, das sich um seine Körpermitte angesammelt hatte.

Ich hingegen hatte Glück. Nach der Schule trat ich als Reservist der Navy bei, wo mir Tag für Tag die Grundsätze der Fitness eingebläut wurden. Bald nach dem College kam ich zu *Men's Health*. Dort lernte ich, wie wichtig eine richtige Ernährung ist und wie gefährlich die Rettungsringe werden können.

Bauchfett – das Fett, das unseren Umfang anschwellen lässt – ist das gefährlichste Körperfett. Das ist einer der Gründe, weshalb dieses Buch sich dem Abbau des Bauchfetts widmet, denn weniger Bauchfett verlängert das Leben. Bauchfett wird als Eingeweidefett eingestuft. Das bedeutet, dass es hinter der Bauchwand angesiedelt ist und die inneren Organe umgibt. Weil es so dicht am Herzen und an anderen wichtigen Organen liegt, ist Eingeweidefett das Fett, das töten kann. In einer Studie der Universität Alabama-Birmingham haben Forscher anhand von sieben verschiedenen Messungen versucht, das persönliche Herzerkrankungsrisiko zu bestimmen. Die Menge des Eingeweidefetts bei den einzelnen Probanden wurde schließlich als einzig zuverlässiger Hinweis auf dieses Risiko eingestuft.

Ob Sie nun Ihre Gewohnheiten ändern wollen, um gesünder zu leben oder um Ihr Aussehen, Ihre sportliche Leistung oder Ihren Sexappeal zu verbessern – *Sexy Sixpack* verspricht Ihnen eines: Wenn Sie das vorliegende Programm befolgen, wird sich Ihr Körper so verändern, dass Sie jedes dieser Ziele erreichen können. Zudem bringt das Programm mehr als eine optische Verbesserung, denn straffe Bauchmuskeln können Ihr Leben retten.

Wer alles in Betracht zieht, was mit dem Programm *Sexy Sixpack* zu gewinnen ist, erkennt rasch, was bei den meisten anderen Diäten schief läuft. Sie setzen immer nur auf Verlust. Angesichts des epidemischen Ausmaßes an Übergewicht in der westlichen Welt ist Gewichtsverlust ein erstrebenswertes Ziel. Doch ich glaube, dass dem Scheitern vieler Diäten ein fundamentaler psychischer Mechanismus zu Grunde liegt: Verlieren ist wenig motivierend. Die meisten Menschen möchten nicht verlieren. Wir verlieren ungern beim Golfspielen. Wir verlieren nicht gern an der Börse. Wir verlieren nicht gern das Gesicht. Wir verlieren überhaupt nicht gern – nicht einmal überflüssige Kilos, denn wir alle haben verinnerlicht, dass größer auch besser ist. Damit sind wir auf »Mehr« programmiert. Wir wünschen uns mehr Fitness und mehr Kraft. Wir wollen mehr aus unserem Leben machen, nicht weniger. Wir wollen ganze Reiche aufbauen. Wir wollen gewinnen und Ergebnisse sehen. Betrachten Sie *Sexy Sixpack* daher als neue Sichtweise auf Ihren Körper und einen Gewichtsverlust. Es geht nur noch darum, was Sie bekommen und wie Sie es bekommen. Und während Sie bereits die Ergebnisse des Programms einheimsen – straffe Bauchmuskeln, Gesundheit und ein besseres Se-

Im Vertrauen

Diät ist das falsche Wort

Verstehen Sie dieses Buch bitte nicht als »Diätbuch«. Das Wort »Diät« bedeutet im allgemeinen Sprachgebrauch eine kurzfristige Umstellung der Ernährung. Man »macht« eine Diät. Aber wer eine Diät »macht«, ist irgendwann fertig damit. Genau deshalb sind die meisten Diäten auch ausgesprochen nachteilig.

Bei einer Diät geht es meistens darum, weniger zu essen oder bestimmte Nahrungsmittel einzuschränken oder wegzulassen. Gewöhnlich zeigen sich dann rasche Erfolge, denn bei einer Reduzierung der aufgenommenen Kalorienmenge beginnt der Körper mit der Selbstverbrennung, um am Leben zu bleiben. Und schon setzt der Gewichtsverlust ein. Dummerweise greift der Körper jedoch bei Kalorienmangel zunächst das Gewebe an, dessen Erhaltung die meisten Kalorien verbraucht, nämlich das Muskelgewebe. Wenn Sie also wenig Kalorien zu sich nehmen, verbrennt der Körper die Muskeln und speichert weiterhin Fett. Bei weiterem Gewichtsverlust werden Sie natürlich irgendwann auch Fett verlieren, doch nach Abschluss der Diät beginnen Sie wieder zuzunehmen. Und was nun hinzukommt, ist reines Fett, denn Sie haben Ihrem Körper eine harte Lektion erteilt: Es könnten wieder einmal schlechte Zeiten anbrechen, darum ist es sinnvoll, sicherheitshalber Fett zu speichern. Da nebenher noch wertvolle Kalorien verbrennende Muskeln

> verloren gegangen sind, sind Sie schließlich wahrscheinlich sogar noch dicker als vor Ihrer Diät. Deshalb ergeben wiederholte Diäten häufig nicht nur keinen Gewichtsverlust, sondern sogar eine Gewichtszunahme.
> *Sexy Sixpack* ist kein einseitiger Ansatz zur Gewichtskontrolle. Natürlich werden Sie leichter werden, sogar sehr rasch. Aber Sie werden keine Muskeln, sondern Fett verlieren. Und die verlorenen Pfunde kommen nie wieder, denn Sie werden Ihre veränderten Ernährungsgewohnheiten beibehalten, weil Sie auf geschickte Weise jede Menge guter Sachen bekommen. Genießen Sie einfach – Ihr Leben lang!

xualleben (mehr davon später) –, bauen Sie mühelos Fett ab und verändern dauerhaft Ihre Figur.

Eine gesunde Ernährung ist gerade bei einem Diätplan wichtig, weshalb dieser Bereich besonders betont wird. Sie werden nicht nur erfahren, *was* Sie essen sollen, sondern auch *wie* Sie essen sollen, damit Ihr Körper auf Fettverbrennung umschaltet. Außerdem unterstützt er Sie bei der Beherrschung der Gelüste, welche die Rettungsringe nähren. Im Zentrum der Diät stehen zwölf »Fitmacher«, die Sie optimal mit Eiweiß, Ballaststoffen und allen anderen Nährstoffen versorgen, die Sie beim Kampf gegen das Fett benötigen. Wenn Sie Ihre Ernährung um diese zwölf Nahrungsgruppen herum zusammenstellen, können Sie einen neuen Körper aufbauen. Aber der reine Gewichtsverlust ist nicht das Entscheidende. Ernährung ist ein Hauptbestandteil vieler Diäten, doch zu viele Programme konzentrieren sich in erster Linie auf die Veränderung der Essgewohnheiten – weniger Kohlenhydrate, mehr Kohlsuppe, zweimal am Tag ein fettarmes Sandwich. All das vernachlässigt jedoch eine elementare Komponente der Gewichtskontrolle, nämlich unsere körpereigene eingebaute Fettverbrennung über die Muskeln.

Wer nur wenige Kilo Muskelmasse mehr im Körper aufbaut, weist dem Fett nachdrücklich die Tür und fordert es auf, nie wiederzukommen. Denn Muskeln lassen den Grundumsatz und damit den Fettabbau deutlich ansteigen. Ein halbes Kilo Muskeln verbrauchen allein durch ihre Existenz täglich 50 Kalorien zusätzlich. Wenn Sie also im Laufe einer Diät 2,75 kg Muskeln aufbauen, braucht der Körper allein für deren Ernährung täglich 300 Kalorien mehr. Damit verbrennen Sie alle zehn Tage ein halbes Kilo Fett, ohne etwas dafür zu tun – ganz abgesehen von den übrigen Vorteilen. Wenn Sie Ihre Übungen mit einer Ernährung kombinieren, die das Muskelwachstum optimal fördert, sättigt und den Körper ausgewogen mit Nährstoffen versorgt, sind Sie bereits auf dem richtigen Weg – mehr ist nicht erforderlich.

Dann verwandelt sich Ihr Fett in Muskeln.

Bedeutet das nun, dass Sie mit *Sexy Sixpack* zu einem wandelnden Muskelprotz werden? Nein! Die empfohlene Ernährung in Verbindung mit den Körperübungen betont Schlankheit und Muskeltonus, nicht aber mächtige Muskelberge.

Wenn wir zu dem Vergleich mit einer wichtigen Investition zurückkehren, können Sie sich die Muskeln als Zinseszins vorstellen: Wenn Sie 100 Euro in einen ertragreichen Fonds stecken und jeden Monat etwas hinzugeben, wächst diese Investition mit der Zeit auf eine halbe Million Euro oder mehr an, doch Sie selbst haben nur einen Bruchteil des Vermögens selbst investiert. Der Zinseszins sorgt für den maximalen Profit. Ebenso ist es mit Ihrem Körper: Investieren Sie in den nächsten sechs Wochen in etwas zusätzliche Muskelmasse, indem Sie das Richtige essen und Übungen durchführen, die Fett verbrennen und Muskeln aufbauen. Damit haben Sie am Ende in einen schlanken, kräftigen Körper investiert, der Ihnen ein ganzes Leben erhalten bleibt, denn Ihre neuen Muskeln werden weiterhin ständig Fett verbrennen.

Ich plädiere so leidenschaftlich für diese Methode, weil ich weiß, dass sie funktioniert. Ich habe es selbst erlebt, und das können Sie auch. Während des sechswöchigen Programms können Sie bis zu 9 kg Fett abbauen, einen Großteil davon in den ersten Wochen und rund um den Bauch. Zum Ausgleich erhalten Sie zwei bis drei Kilo Muskelmasse. Was Ihnen jedoch in erster Linie auffallen wird, ist Ihr verändertes Aussehen. Bei manchen wird der Erfolg vielleicht noch deutlicher ausfallen – lesen Sie auf Seite 64f. die Geschichte von Bill Stanton, der in sechs Wochen über 13 Kilo abnahm und dabei sein Körperfett halbierte.

Sexy Sixpack kombiniert alle drei Pfeiler zur erfolgreichen Verwandlung des Körpers: Ernährung, Bewegung und die richtige Motivation. Diese drei Komponenten wurden so aufeinander abgestimmt, dass sie leicht umzusetzen sind – selbst wenn Sie schon mehrere gescheiterte Diäten hinter sich haben. Es ist einfach, denn:

- Jeder Baustein der Diät und des Trainingsplans lässt sich schnell, einfach und flexibel in den Alltag einfügen.
- Jedes Ziel ist erreichbar.
- Jedes Prinzip beruht auf fundierter wissenschaftlicher Forschung.

Sexy Sixpack wird Ihre Einstellung zu Ihrem Körper verändern, denn es ist ein Programm, das nicht nur die Kalorien zählt, die man zu sich nimmt, sondern auch die, die der Körper verbrennt. Auf der Basis absolut zuverlässiger Forschungsarbeiten aus den Bereichen Ernährung und Bewegung vermittelt das vorliegende Buch, wie man seinen Körper wieder dazu bringt, Fett schneller und effektiver zu verbrennen – sogar im Schlaf. Zugleich wird gezeigt, wie man seine Mahlzeiten auf die Lebensmittel abstimmt, die das Kalorien zehrende Feuer in Gang halten. Es kommt dabei nicht darauf an, die Kalorien zu zählen, sondern sie für sich arbeiten zu lassen.

Über das Buch verteilt erläutere ich die Prinzipien von *Sexy Sixpack* und zeige Ihnen, wie Sie die sechs Wochen durchstehen. Außerdem erkläre ich die Körperübungen, mit denen Sie in der dritten Woche beginnen. Sie erfahren, wie die Übungen korrekt durchgeführt werden und wie man die Mahlzeiten zubereitet (keine Sorge, wer einen Mixer bedienen kann, kann auch die Fitmacher in etwas Schmackhaftes verwandeln).

Zur Erhaltung der Motivation streue ich Fallgeschichten von Männern und Frauen ein, die mit Hilfe dieses Programms ihren Körper und ihr Leben umgekrempelt haben.

Der *Sexy-Sixpack*-Spickzettel

Hier sehen Sie auf einen Blick die Prinzipien von *Sexy Sixpack*, die Ihnen innerhalb von sechs Wochen zu einem dauerhaft flachen Bauch verhelfen.

STICHWORT	DAS SOLLTEN SIE SICH EINPRÄGEN
Anzahl der Mahlzeiten	Sechs pro Tag, relativ gleichmäßig über den ganzen Tag verteilt. Essen Sie die Zwischenmahlzeiten zwei Stunden vor den Hauptmahlzeiten.
Die zwölf *Sexy-Sixpack*-Fitmacher	Die Mehrzahl aller Mahlzeiten sollte auf diesen zwölf Nahrungsgruppen basieren. Jede Mahlzeit sollte mindestens zwei Bausteine aus der Liste beinhalten: ▶ Mandeln und Nüsse ▶ Bohnen und andere Hülsenfrüchte ▶ Spinat und anderes grünes Blattgemüse ▶ Milchprodukte (fettarme Milch, fettfreier oder fettarmer Jogurt und Käse) ▶ Haferflocken (ungesüßt, ohne Aromazusätze) ▶ Eier ▶ Geflügel oder anderes mageres Fleisch ▶ Erdnussbutter ▶ Olivenöl ▶ Vollkornbrot und Müsli ▶ Whey-Protein ▶ Himbeeren und andere Beeren

Der *Sexy-Sixpack*-Spickzettel

STICHWORT	DAS SOLLTEN SIE SICH EINPRÄGEN
Geheimwaffen	Alle zwölf Fitmacher sind auch wegen ihrer gesunden Vitalstoffe wahre Geheimwaffen. Ihre Nährstoffe kurbeln die körpereigene Fettverbrennung an, schützen vor Krankheit, senken die Verletzungsgefahr und halten Sie ein Leben lang schlank und fit.
Wichtige Nährstoffe	Eiweiß, ungesättigte und mehrfach ungesättigte Fettsäuren, Ballaststoffe, Kalzium.
Nährstoffe, die begrenzt werden sollten	»Leere« Kohlenhydrate bzw. Kohlenhydrate mit einem hohen glykämischen Index, gesättigte Fette, Transfettsäuren, Glukosesirup, modifizierte Stärke.
Alkohol	Trinken Sie höchstens zwei- bis dreimal pro Woche Alkohol, damit Sie optimal von *Sexy Sixpack* profitieren können.
Der Superfitmacher	Milchshakes. Die Kombination von Kalzium und Eiweiß in Milch, Jogurt und Molkeneiweißkonzentrat mit den Ballaststoffen aus Haferflocken und Früchten ergibt eine sättigende, leicht zuzubereitende Mahlzeit, die Sie regelmäßig zu sich nehmen sollten.
Ausnahmen	Einmal pro Woche dürfen Sie essen, was Sie wollen.
Körpertraining	In den ersten zwei Wochen ist das Training freiwillig. In der dritten bis sechsten Woche beträgt die Übungszeit dreimal pro Woche 20 Minuten (Ganzkörpertraining). Die Schwerpunkte sind Krafttraining, rasches Gehen und etwas Bauchmuskelarbeit.

Der *Sexy-Sixpack*-Spickzettel

STICHWORT	DAS SOLLTEN SIE SICH EINPRÄGEN
Trainingsort	Damit Sie keine Ausrede haben, sind die Übungen sowohl fürs Fitnessstudio als auch für zu Hause geeignet.
Bauchmuskelarbeit	Zu Beginn von zwei Kraftübungen. Je eine Übung für alle fünf verschiedenen Bauchmuskelbereiche.

Kapitel 1
Fett ade – Sorgen ade

Sechs Gründe, weshalb ein flacher Bauch Aussehen, Körpergefühl und Lebenslust verbessert

Im Fitnessstudio, auf dem Sportplatz, am Strand und im Schlafzimmer werden unsere Maße ständig begutachtet. In der Umkleidekabine und im Bad begutachten wir uns selbst. Doch lassen wir solche Eitelkeiten einmal beiseite und konzentrieren wir uns lieber auf andere Kriterien – die Anzahl der Fettzellen, die wir mit uns herumtragen.

Im Durchschnitt besitzt der Mensch 30 Milliarden Fettzellen. Jede dieser Fettzellen ist mit fetthaltigen Substanzen, den so genannten Lipiden, gefüllt. Wenn Sie Sahnetorte, Pommes frites und Schokoriegel zu sich nehmen, können die Fettzellen sich ausdehnen, und zwar bis auf das Tausendfache ihrer ursprünglichen Größe. Aber auch eine Fettzelle hat ihre Grenzen. Sobald sie diese erreicht, kommt es zu einer Teilung und beschenkt Sie großzügig mit einer oder mehreren neuen Fettzellen. Leider bilden Fettzellen sich nie mehr zurück, sondern bleiben uns erhalten. Je dicker wir werden, desto schwieriger wird es also, die Lipide in den vermehrten Fettzellen wieder abzubauen.

Bei vielen Menschen lagert überschüssiges Fett sich vorzugsweise im Bauchbereich ein, und hier beginnt das gesundheitsgefährdende Übergewicht. Denn Bauchfett ist kein passiver Begleiter, sondern es ist im Gegenteil recht aktiv. Wie ein eigenständiges Organ setzt es Substanzen frei, die dem Körper schaden können. Zum Beispiel erzeugt es freie Fettsäuren, welche die Fähigkeit zum Insulinabbau behindern. Zu viel Insulin im Körper aber kann Diabetes verursachen. Außerdem sondert Fett Substanzen ab, die das Herzinfarkt- und Schlaganfallrisiko ebenso erhöhen wie den Spiegel des Stresshormons Kortisol. Ein hoher Kortisolspiegel wird wiederum mit Diabetes und Übergewicht, aber auch mit hohem Blutdruck in Verbindung gebracht. Viele gesundheitliche Probleme gehen auch deshalb auf Bauchfett zurück, da es in unmittelbarer Nähe von Herz, Leber und anderen Organen liegt, die dadurch zusammengedrückt, vergiftet und in ihrer normalen Funktion beeinträchtigt werden.

Ein Mensch mit flachem, straffem Bauch ist dagegen schlank und kräftig und sieht mit und ohne Kleider gut aus. In vielerlei Hinsicht gelten straffe Bauchmuskeln als Fitnessmesser, die anzeigen, dass hier jemand seinen Körper – und damit seine Gesundheit – im Griff hat.

Auf einen flachen Bauch hinzuarbeiten, mag manchem vielleicht albern vorkommen, aber es schadet auf keinen Fall. Immerhin sehen Sie mit flachem Bauch gut aus, in den eigenen Augen wie in den Augen anderer.

(Achtung Männer: In einer Umfrage gaben 32 Prozent der befragten Frauen an, dass Bauchmuskeln sie am leichtesten zum Schmelzen bringen. Der nächste Muskel war der Bizeps – mit nur 17 Prozent.) Das hat auch gute Gründe: Mit sichtbaren

Erfolg mit *Sexy Sixpack*

»Zwölf Kilo weniger in sechs Wochen!«

Name: Paul McComb
Alter: 28
Größe: 1,75 m
Ausgangsgewicht: 82 kg
Sechs Wochen später: 70 kg

Nach seinem Collegeabschluss hatte Paul McComb zugenommen und dachte, er müsse die Extrapfunde sein Leben lang mit sich herumschleppen. Als er dann jedoch ein Fitnessstudio betrat, wo die Waage ihm anzeigte, wie viel er wog (82 kg) und wie viel er wiegen sollte (70 kg), änderte sich seine Einstellung.

Paul McComb befolgte die Empfehlungen von *Sexy Sixpack* und wurde zwölf Kilo leichter.

Ein klarer Schnitt war der Verzicht auf die vier bis fünf Colas am Tag und die Chips gegen Mitternacht. Der Übergang fiel ihm leicht, weil er bei *Sexy Sixpack* so reichlich essen durfte. »Bei sechs Mahlzeiten am Tag hatte ich einfach keinen Appetit mehr auf Knabbereien«, berichtete er. »Früher habe ich tagsüber überhaupt nichts zu mir genommen. Abends kam ich nach Hause, verzehrte mein Abendessen und griff später zu den Chips. Seit ich den ganzen Tag esse, ist der Heißhunger einfach weg.«

Das Geheimnis seines Erfolgs war für McComb die Einbe-

> ziehung der Fitmacher in jede Mahlzeit. Auf diese Weise fühlte er sich nicht mehr von Automaten und Imbissen verlockt. Mittags gab es Putenaufschnitt auf Vollkornbrot, abends Vollkornnudeln oder Huhn, zwischendurch Erdnussbutter und Schokoladenmilch. Dass er dabei weder auf Kalorien noch auf Kohlenhydrate achten und auch nicht auf Lieblingsnahrungsmittel verzichten musste, machte ihn sehr zufrieden. »Nachdem ich das Konzept der Fitmacher und ihres Zusammenwirkens verstanden hatte, konnte ich jede Menge essen und dennoch zusehen, wie die Pfunde purzelten.«
>
> Die Übungen aus dem Trainingsprogramm führte McComb mit 9-kg-Gewichten zu Hause durch. Er will auch weiter nach den Regeln von *Sexy Sixpack* leben, denn: »Es geht mir jetzt viel besser. Ich habe mehr Selbstvertrauen, weil ich mir ein Ziel gesetzt und das auch wirklich erreicht habe. Sogar meine Haut ist reiner geworden. Ich schlafe besser, wache ausgeruhter auf, und die Tränensäcke verschwinden. Mein ganzes Leben hat sich verbessert. Meine Freunde können es schon nicht mehr hören, wie viel leichter ich jetzt bin.«

Bauchmuskeln erklären Sie jedem, der Sie sieht, dass Sie ein disziplinierter, motivierter und gesunder Mensch voller Selbstvertrauen und damit ein begehrenswerter Partner sind. Mitunter ist ein wenig Eitelkeit sogar ganz gesund: Eine aktuelle Studie an 8000 Kanadiern über einen Zeitraum von 13 Jahren ergab, dass die Sterberate bei denen mit den schwächsten Bauchmuskeln mehr als doppelt so hoch lag wie bei der Gruppe mit den dicksten Bäuchen. Solche Forschungen bestätigen also den Eindruck, dass ein straffer Bauch nicht nur am Strand erstrebenswert ist. Unsere Bauchmuskeln haben viel mehr Einfluss auf unseren Körper, als uns klar ist, und sind keineswegs nur zum Angeben gut. Ich nenne Ihnen nun meine sechs wichtigsten Gründe, weshalb sich Ihr Leben verbessern wird, wenn Sie einen Sixpack anstreben.

Länger leben durch Bauchmuskeln

Zahlreiche Studien haben ergeben, dass ein großer Taillenumfang den größten Risikofaktor für eine lebensbedrohliche Krankheit darstellt, und die Belege lassen sich nicht mehr von der Hand weisen. Laut *American National Institutes for Health* ist ein Taillenumfang von über 102 cm bei Männern gleichbedeutend mit einem erheblichen Risiko für Herzerkrankungen und Diabetes. Eine kanadische Studie zur Herzgesundheit von 2001 kam nach Untersuchungen von 9913 Personen zwischen 18 und 74 Jahren zu dem Schluss, dass der Taillenumfang bei Männern nicht mehr als 87 cm betragen sollte (bei jungen Männern etwas weniger, bei älteren etwas mehr). Sobald der Umfang 89 cm übersteigt, treten auch vermehrt zwei oder mehr Risikofaktoren für eine Herzerkrankung auf. In einer breit angelegten Studie wurden außerdem seit 1982 die Daten von 22 701 amerikanischen Allgemeinärzten analysiert. Dabei ergab sich für Männer mit einem Taillenumfang von über 94 cm ein deutlich erhöhtes Herzinfarktrisiko. Bei einem solchen Myokardinfarkt stirbt ein Teil des Herzens wegen mangelhafter Durchblutung ab oder wird auf Dauer geschädigt. Das Risiko für die Männer mit den dicksten Bäuchen war sogar um 60 Prozent erhöht. Jüngere Reihenuntersuchungen aus Großbritannien ergaben, dass der durchschnittliche Taillenumfang britischer Männer mittlerweile bei 102,5 cm liegt. Die weibliche Taille ist in Großbritannien heute durchschnittlich 17 cm kräftiger als vor rund 50 Jahren, und die Männer haben in ähnlicher Weise zugelegt.

Natürlich ist *Sexy Sixpack* keine Gesundheitspolice. Untersuchungen ergaben jedoch, dass die Entwicklung starker Bauchmuskeln Körperfett abbaut und die Risikofaktoren für viele Erkrankungen nicht nur des Herzens deutlich verringert. Auch das Krebsrisiko liegt bei Fettsüchtigen nämlich um 33 Prozent über dem schlanker Menschen, wie eine schwedische Studie ergab. Die Weltgesundheitsorganisation WHO schätzt, dass bis zu ein Drittel aller Krebserkrankungen in den Bereichen Dickdarm, Niere und Verdauungstrakt auf Übergewicht und Bewegungsmangel zurückzuführen sind. Überschüssiges Fett um die Körpermitte herum ist dabei besonders gefährlich, denn Krebs entsteht durch Mutationen bei der Zellteilung. Fettgewebe im Bauchraum animiert den Körper zur Produktion von Hormonen, welche die Zellen zur Teilung veranlassen. Häufigere Zellteilungen jedoch bedeuten mehr Gelegenheiten zu Mutationen und erhöhen insofern das Krebsrisiko.

Ein schlanker Bauch schützt auch vor einem anderen drängenden Gesundheitsproblem unserer Zeit, der Zuckerkrankheit (Diabetes mellitus). Gegenwärtig leiden 6,3 Millionen Deutsche an Diabetes, und viele andere wissen nichts von ihrer

Wohin geht mein Mittagessen?

Nach dem Essen beginnt der Körper, die Kalorien zu den Organen zu transportieren, die Nährstoffe verlangen, zu wachsenden Muskeln und natürlich zu Ihrem Bauch. Dr. Michael Jenson, Medizinprofessor in der Abteilung für Endokrinologie, Diabetes und Stoffwechsel an der Mayo Clinic, berechnete die Weiterverarbeitung im Körper folgendermaßen:

▶ **10 Prozent für die Nieren.** Die Nieren regeln das richtige Verhältnis von Wasser und Nährstoffen im Blut.

▶ **5 bis 10 Prozent für das Herz.** Das Herz bezieht den größten Teil seines Energiebedarfs aus Fett, weil dies mehr Langzeitenergie liefert als Glukose.

▶ **23 Prozent für Leber, Bauchspeicheldrüse, Milz und Nebennieren.** Nachdem die Leber alle Nährstoffe aufgenommen hat, speichert sie überschüssige Kalorien als Glykogen.

▶ **25 Prozent für die Muskeln.** Muskeln benötigen zu ihrer Erhaltung eine permanente Energieversorgung. Je mehr Muskeln wir besitzen, desto mehr Kalorien verbrennen wir.

▶ **10 Prozent für das Gehirn.** Glukose ist Brennstoff fürs Gehirn. Sie lässt sich nicht lange speichern. Deshalb wird Menschen mitunter schwindelig, wenn sie eine Mahlzeit auslassen.

> - **10 Prozent für die Wärmeerzeugung.** Allein um die Nahrung zu zerlegen, die gerade verzehrt wurde, brauchen wir ein Zehntel ihres Kaloriengehalts.
> - **2 bis 3 Prozent für die Fettzellen.** Wenn mehr und mehr Kalorien eingelagert werden, wachsen die Fettzellen und teilen sich irgendwann.
> - **10 Prozent verschwinden einfach irgendwohin.** Der Körper ist groß. Manche Kalorien lassen sich nicht zuordnen.

Erkrankung. Schuld daran ist insbesondere das Bauchfett. Es ist ein verbreiteter Irrtum, dass Diabetes nur durch zu hohen Konsum von raffiniertem Zucker verursacht wird, wie er in Schokolade und Eis verwendet wird. Vielmehr entwickelt sich Diabetes nach jahrelangem Verzehr stark kohlenhydrathaltiger Nahrung, die rasch in Zucker zerlegt wird, also Weißbrot, Nudeln und Kartoffelbrei. Wer einen Korb voll Brot und eine Schüssel Nudeln herunterschlingt, tut seinem Körper dasselbe an, als würde er eine Packung Eis vertilgen: Er überflutet den Stoffwechsel mit Zucker. Die Kalorien, die Sie nicht verbrennen können, werden als Bauchfett eingelagert und begünstigen eine Krankheit, die unbehandelt zu Impotenz, Blindheit, Herzinfarkt, Schlaganfall, Amputation (bei Diabetes) und Tod führen kann. Das belastet den Alltag dann tatsächlich!

Fettleibigkeit ist zudem der wichtigste Risikofaktor für Atemstillstände im Schlaf. Hierbei sackt das weiche Gaumen-

Die Folgen

Für Übergewichtige gilt:

▶ Das Risiko einer Herzerkrankung ist um 50 Prozent erhöht (bei Fettsüchtigen: bis zu 100 Prozent höher).

▶ Das Diabetesrisiko ist um 360 Prozent erhöht (bei Fettsüchtigen um bis zu 1020 Prozent).

▶ Die Wahrscheinlichkeit, beim ersten Herzinfarkt zu sterben, liegt um 16 Prozent höher (bei Fettsüchtigen um 49 Prozent).

▶ Die Wahrscheinlichkeit, dass der Gesamtcholesterinwert über 6 mmol/l liegt, ist um 50 Prozent höher (bei Fettsüchtigen: bis zu 122 Prozent).

▶ Erektile Dysfunktion kommt um 50 Prozent häufiger vor (bei Fettsüchtigen um 200 Prozent häufiger).

▶ Die Anziehungskraft auf das andere Geschlecht sinkt um 14 Prozent (bei Fettsüchtigen um 43 Prozent).

▶ Die jährlichen Apothekenausgaben liegen circa 31 Prozent höher (bei Fettsüchtigen etwa 49 Prozent).

▶ Asthma kommt um 20 Prozent häufiger vor (bei Fettsüchtigen um 50 Prozent).

▶ Die Gesamtsterbewahrscheinlichkeit erhöht sich um 31 Prozent (bei Fettsüchtigen um 62 Prozent).

- Die Wahrscheinlichkeit, bei einem Autounfall ums Leben zu kommen, steigt um 19 Prozent (bei Fettsüchtigen um 37 Prozent).

- Das Magenkrebsrisiko erhöht sich um 120 Prozent (bei Fettsüchtigen um 330 Prozent).

- Gallensteine kommen um 90 Prozent häufiger vor (bei Fettsüchtigen um 150 Prozent).

- Speiseröhrenkrebs kommt um 590 Prozent häufiger vor (bei Fettsüchtigen um 1520 Prozent).

- Es kommt um 35 Prozent häufiger zu Nierenkrebs (bei Fettsüchtigen um 70 Prozent).

- Osteoarthritis wird um 14 Prozent häufiger (bei Fettsüchtigen um 34 Prozent).

- Bluthochdruck kommt um 70 Prozent häufiger vor (bei Fettsüchtigen um 170 Prozent).

gewebe im Halsbereich beim Schlafen so zusammen, dass es die Luftröhre verlegt. In diesem Moment reißt ein Notruf des Gehirns uns aus dem Schlaf, damit wir weiteratmen. Wenn man dann wieder einnickt, wiederholt sich der Vorgang, und das mitunter Hunderte von Malen pro Nacht. Dadurch kommt es zu chronischer Müdigkeit, denn dem Körper fehlen die nötigen Ruhephasen. Das ständige Aufwachen ist einem selbst nicht bewusst. Man fragt sich nur, weshalb man nach acht

Stunden Schlaf noch immer müde ist. Das Fett behindert bei diesem Krankheitsbild die Funktion der Atemmuskulatur, die für die Belüftung der Lunge sorgt. Der Körper muss sich mehr anstrengen, um ausreichend Luft zu bekommen. In einer australischen Studie an 313 stark fettsüchtigen Patienten wurde festgestellt, dass 62 Prozent derjenigen mit einem Taillenumfang von mindestens 124,5 cm an schweren Schlafstörungen litten. Auch 28 Prozent der übergewichtigen Teilnehmer mit Taillenmaßen zwischen 89 und 124,5 cm klagten über Schlafstörungen. Daneben erhöht Übergewicht das Risiko für zahlreiche andere Gesundheitsstörungen, die einem die Nachtruhe rauben können, darunter Asthma und Sodbrennen. In einer niederländischen Studie an knapp 6000 Männern wurde festgestellt, dass bereits eine eher bescheidene Taillenweite zwischen 94 und 102 cm vermehrt Atmungsprobleme wie Keuchen, chronischen Husten und Atemnot mit sich bringt. All das führt in einen Teufelskreis: Bauchfett lässt uns schlechter schlafen. Wer schlecht schläft, ist tagsüber nicht fit. Der träge, übermüdete Körper verlangt nach einem Energieschub, also greift man zum kalorienreichen Snack. Das ungesunde Essen lagert sich als neues Bauchfett ein, und prompt – nun, ich denke, Sie haben verstanden.

Ich könnte noch zahlreiche weitere Belege anführen, doch ich möchte das alles lieber in einem Satz zusammenfassen: Eine schmalere Taille ist gesund.

Bauchmuskeln sind gut für das Sexualleben

Frauen behaupten, das größte Sexualorgan sei das Gehirn. Männer würden es eher einen Meter weiter unten ansiedeln. Einigen wir uns daher einfach auf die Mitte und konzentrieren wir uns auf das, was für ein gutes Sexualleben von zentraler Bedeutung ist.

Es gibt eine englische Redensart: »Nicht die Größe des Schiffes ist entscheidend, sondern die Bewegung des Ozeans.« Nehmen Sie sich diese Worte zu Herzen. Womit die Natur uns ausgestattet hat, ist nicht zu ändern (auch wenn *Sexy Sixpack* die Größe des besten Stücks unter Umständen tatsächlich steigert – mehr davon später), doch wir können den Körper so beeinflussen, dass das Rollen und Stampfen unter Deck optimiert wird. Beachten Sie dabei, wie die folgenden Nebeneffekte Ihnen helfen können, im Hafen zu landen.

Mehr Ausdauer. Die Stoßkraft beim Sex stammt nicht aus den Beinen, sondern aus Ihrem inneren Zentrum. Starke Bauch- und Kreuzmuskeln verleihen Ihnen die nötige Ausdauer und Kraft, neue Positionen auszuprobieren, alte durchzuhalten und dabei die Bewegungskontrolle zu bewahren, die für Ihre Standhaftigkeit – und das Vergnügen Ihrer Partnerin – notwendig ist.

Bessere Erektionen. Es ist kein Geheimnis, dass etwa vier bis sechs Millionen der deutschen Männer (etwa zehn Prozent) unter erektiler Dysfunktion leiden. Erektionsstörungen können zahlreiche Ursachen haben, doch ein Hauptgrund sind einfach Staus. Ein Cheeseburger unterscheidet nicht, welche Arterien er verstopft. Bei Übergewicht befinden sich die Ablagerungen daher nicht nur in Herz und Gehirn, sondern auch in den Gefäßen, die zu den Geschlechtsorganen führen. Im Inneren der Arterien bildet sich Plaque, welche die Blutzufuhr behindert. Stellen Sie sich zwölf Straßen vor, die alle in eine einzige münden wie in einen Flaschenhals. Die Blutgefäße im Beckenraum können so verlegt sein, dass nicht ausreichend Blut für eine Erektion hindurchströmt. Um diese Gleichung zu verstehen, braucht man nicht Mathematik studiert zu haben: mehr Fett gleich verminderte Durchblutung. Eine verminderte Durchblutung bedeutet weichere (oder gar keine) Erektionen. Was weichere (oder gar keine) Erektionen bedeuten, braucht nicht näher erläutert zu werden. Auf Frauen haben verlegte Blutgefäße übrigens eine vergleichbare Wirkung und lassen die Feuchtigkeit der Scheide, die Empfindsamkeit und die Lust am Sex zurückgehen.

Länge. Was den Mann und sein Sexualorgan angeht, wirkt das Fett wie ein körpereigener Hohlspiegel, denn es lässt manches kleiner erscheinen. Die durchschnittliche Penislänge im nicht erigierten Zustand liegt bei acht Zentimetern. Je dicker ein Mann, desto kleiner wirkt sein bestes Stück, weil das Fett am Bauchansatz den Penisansatz überdeckt. Eine Gewichtsreduktion um sieben Kilo lässt den Penis gleich einen Zentimeter länger werden. Das ist natürlich kein reales Wachstum, doch der Rückgang des Fettes in der Umgebung bringt zum Vorschein, was ein Mann tatsächlich vorzuweisen hat.

Bauchmuskeln schützen vor Verletzungen

Ein kleiner Funke in einer Bäckerei ließ einst in London 13 000 Häuser niederbrennen. Zu jener Zeit waren noch die meisten Häuser in den Städten aus Holz erbaut. Heutzutage ist eine solche Katastrophe undenkbar, denn die Infrastruktur moderner Städte ist aus Stahl erstellt, der Feuer, Erdbeben und Stürmen trotzt.

Stellen Sie sich Ihre Körpermitte einmal als die Infrastruktur Ihres Körpers vor. Sie wollen doch kein Zentrum aus dürren Ästen oder Stroh! Sie wollen eines aus Stahl, das Sie in einer Weise schützt, wie Bauchfett es niemals vermag.

In einer Studie der amerikanischen Armee wurde festgestellt, dass starke Bauchmuskeln vor Verletzungen schützen. 120 Artilleriesoldaten durchliefen dabei den standardmäßigen Fitnesstest der Armee, der aus Sit-ups, Liegestützen und einem 3200-m-Lauf besteht. Anschließend notierten die Wissenschaftler während eines einjährigen Feldtrainings alle Verletzungen des Unterkörpers (z. B. Kreuzschmerzen oder Probleme mit der Achillessehne). Bei den 29 Männern mit den meisten Sit-ups (73 in zwei Minuten) kam es fünfmal seltener zu Problemen mit dem Unterkörper als bei den 31 Männern, die gerade eben 50 Sit-ups schafften. Das ist aber noch nicht das Erstaunlichste. Die Männer, die bei den Liegestützen und beim Laufen gut abschnitten, waren nicht gleichermaßen geschützt. Ein kräftiger Oberkörper und ein trainiertes Herz-Kreislauf-System haben offenbar wenig Einfluss auf die körperliche Gesundheit. Nur starke Bauchmuskeln boten diesen Schutz. Im

Gegensatz zu anderen Muskelgruppen im Körper beeinflusst ein starkes Zentrum die Funktionen des ganzen Körpers. Ob wir Ski fahren, segeln, mit den Kindern balgen oder uns mit dem Partner necken, stets sind die Bauchmuskeln die wichtigsten Muskeln, die vor Verletzungen schützen. Je stärker sie sind, desto stärker – und sicherer – sind auch Sie!

Bauchmuskeln sind gut für den Rücken

Einer meiner Freunde renkte sich zwei- bis dreimal im Jahr den Rücken aus, immer im ganz normalen Alltag – bei einer falschen Schlafposition oder wenn er zu rasch aufstand. Einmal wollte er gerade etwas hinter den Vordersitzen des Autos aufheben, was seine kleine Tochter fallen gelassen hatte. Ein anderes Mal überfiel ihn der stechende Schmerz so unvermittelt, dass er an einem Urinal zusammenbrach (das muss man sich einmal vorstellen!). Sein Problem war nicht der schwache Rücken, sondern die untrainierten Bauchmuskeln. Mit regelmäßigen Übungen hätte er nicht zu den Millionen gehören müssen, die jedes Jahr an Rückenschmerzen leiden. Vor einem Jahr begann er mit dem Trainingsprogramm für *Sexy Sixpack*: Innerhalb von sechs Wochen waren die Rückenschmerzen praktisch verschwunden.

Da Rückenschmerzen meist mit einer zu schwachen Rumpfmuskulatur zusammenhängen, kann ein kräftiger Bauch viele Rückenprobleme lösen. Die quergestreifte Bauchmuskulatur steht mit dem restlichen Körper in Verbindung, indem sie den

Rumpf wie ein Spinnennetz durchzieht und bis zur Wirbelsäule reicht. Bei schwachen Bauchmuskeln müssen die Muskeln von Gesäß und Oberschenkelrückseite die Arbeit kompensieren, die eigentlich die Bauchmuskeln leisten sollten. Neben der Überlastung der einspringenden Muskeln führt dies zu einer Destabilisierung der Wirbelsäule und auf die Dauer zu Rückenschmerzen oder ernsteren Rückenproblemen.

Bauchmuskeln verhindern Schmerzen

Mit zunehmendem Alter kommt es vermehrt zu Gelenkschmerzen, vor allem in den Knien, aber auch an den Füßen und Knöcheln. Die eigentliche Ursache muss nicht im Gelenk selbst liegen, sondern kann in schwachen Bauchmuskeln begründet sein – besonders wenn Sie Sport treiben, und zwar vom Golfspieler bis hin zum Freizeitfußballer. Beim Sport tragen die Bauchmuskeln zur Stabilisierung des Körpers bei, insbesondere bei raschen Bewegungswechseln wie beim Fußball oder Tennis. Wenn die Bauchmuskeln allerdings zu schwach sind, müssen die Gelenke die gesamte Wucht solcher Bewegungen abfedern, ähnlich wie bei einem Trampolin: In der Mitte federt die Matte das Gewicht ab und lässt einen erneut hochschnellen. Wenn man jedoch am Rand springt, wo die Matte den Rahmen erreicht, reißen die Federn. Vergleicht man den Körper mit einem Trampolin, bilden die Bauchmuskeln in dessen Mitte das Zentrum, während die Gelenke die Federn zwischen Matte und Rahmen sind. Wenn nun die Bauchmuskeln stark genug sind, dass sie einen Aufprall größtenteils absorbieren können, geht es den Gelenken gut. Wenn nicht, wird mehr Druck auf die Gelenke ausgeübt, für den diese jedoch nicht ausgelegt sind.

Ein ähnlicher Schutz gilt auch für Nichtsportler. In der bereits erwähnten niederländischen Studie an 6000 Männern zeigte sich bei den Teilnehmern mit einem Taillenumfang von über 102 cm ein höheres Risiko für die so genannte Sever-Krankheit, die Fersenschmerzen hervorruft, und das Karpaltunnelsyndrom, eine schmerzhafte Erkrankung von Hand und Handgelenk. Einer anderen Studie zufolge waren sogar 70 Prozent der Patienten mit Karpaltunnelsyndrom übergewichtig oder fettsüchtig.

Bauchmuskeln helfen siegen

Ob Sie Golf oder Basketball spielen, ringen oder sonstigen Sport betreiben, immer ist die wichtigste Muskelgruppe nicht die Brust, der Bizeps oder die Beine, sondern Ihr Zentrum – die Rumpf- und Hüftmuskulatur. Nur die Entwicklung dieses Zentrums verleiht Ihnen Kraft. Sie kräftigt die Muskeln der gesamten Körpermitte, damit diese jederzeit die benötigte Stützwirkung ausüben können. Bei einem schwachen Abschlag können starke Bauchmuskeln daher Ihre Schlagweite erhöhen. Doch auch bei Sportarten mit raschen Starts und Stopps wie Tennis oder Basketball können kräftige Bauchmuskeln das Spiel enorm verbessern. Sportreporter reden am liebsten von der Schnelligkeit, wenn es um die Einstufung der Spielerklassen geht. Doch in Wahrheit handelt es sich nicht um die Geschwindigkeit, sondern um das Beschleunigen und das Abbremsen: Wie schnell gelangt jemand von Punkt A zu Punkt B? Diese Frage lösen nicht die Beine, sondern die Bauchmuskeln. Bei der Untersuchung, welche Muskeln bei solchen Sportbewegungen zuerst reagieren, stellten Wissenschaftler fest, dass es die Bauchmuskeln waren. Je stärker sie sind, desto schneller sind Sie am Ball.

* * *

All das sind wichtige Gründe, mit dem *Sexy-Sixpack*-Programm zu beginnen. Der beste Grund jedoch ist: Es handelt sich um einen einfachen Plan ohne große Opfer. Sie können essen, was Sie wollen, und werden dabei Tag für Tag besser aussehen und sich wohler fühlen. Das Programm soll Ihnen auf die einfachste mögliche Weise beim Abnehmen helfen: Indem die körpereigene Fettverbrennung neu justiert wird, indem Sie sich auf Nahrung konzentrieren, mit der Ihr Körper die schlabberigen Hüllen abstreifen kann, und indem Sie wieder zu einem schlanken, ranken Fettverbrenner werden.

Der Gesundheitsreport

Was ist das eigentlich – Bluthochdruck?

Jeder weiß, dass hoher Blutdruck schlecht ist, aber nicht jedem ist klar, wie die Blutdruckregulation überhaupt funktioniert. »Können wir nicht einfach etwas Blut ablassen und so den Druck senken?«, fragen Sie sich vielleicht. Wenn es doch so einfach wäre!

Die meisten Menschen stellen sich die Regulierung des Blutdrucks vor wie beim Gartenschlauch: Wenn der Druck zu stark wird, platzt der Schlauch, sofern man nicht das Ventil öffnet. Aber dieses Modell ist zu einfach. Ein besserer Vergleich wäre der mit einem großen Kanalsystem voller Schleusen und Staustufen, die dazu beitragen, das Blut dorthin zu lenken, wo es gebraucht wird. Auf das Blut hat die Schwerkraft dieselbe Wirkung wie auf den Rest des Körpers, es wird davon nach unten gezogen. Schon wenn wir morgens aus dem Bett springen und aufstehen, zieht die Schwerkraft das Blut, das im ganzen Körper verteilt ist, in die Beine und Füße. Wir hingegen möchten, dass es direkt ins Gehirn gepumpt wird, damit wir besser überlegen können, wo denn bloß gerade wieder der Schlüssel liegt.

Bei diesem Stichwort ziehen sich die Arterien im Unterkörper zusammen, während das Herz seine Leistung beträchtlich steigert. Augenblicklich steigt der Blutdruck und lässt das Blut ins Gehirn strömen. Und schon finden wir den Schlüssel genau da, wo wir ihn hingelegt hatten ...

Das System ist genial, gerät aber leider unglaublich leicht aus dem Gleichgewicht. Bei einem gut gepolsterten Bauch muss das Herz sich mehr anstrengen, um das Blut in all das neue Fettgewebe zu pumpen. Wenn Sie Kartoffelchips und andere stark salzhaltige Speisen verzehren, lagert der Körper Wasser ein, um das überschüssige Salz zu verdünnen, und erhöht damit das Blutvolumen. Sind die Arterien von zu fetthaltiger Ernährung mit Plaque belegt, steigt der Blutdruck, weil sich dieselbe Menge Blut durch die verengten Gefäße quetschen muss. Manche Menschen verfolgt der Alltagsstress bis in die Nacht. In diesem Fall schüttet das Gehirn Stresshormone aus, die den Körper in eine dauerhafte Anspannung versetzen. Er ist ständig bereit zu kämpfen oder zu flüchten. Auch dadurch ist das Herz stärker belastet. Die Kombination von reichlich Salz, fettreicher Ernährung und übermäßigem Stress schafft eine gefährliche Situation.

Zum großen Bedauern von Quentin-Tarantino-Fans senkt ein Aderlass den Blutdruck nicht. Das Herz pumpt weiter, und auch die Blutgefäße weiten und verengen sich weiterhin, um das Blut dorthin zu befördern, wo es benötigt wird. Nach Jahre langem Bluthochdruck können die feinen Gefäße im Gehirn dem starken Druck mitunter nicht mehr standhalten und platzen (hämorrhagischer Insult), wodurch es bei dieser Form des Schlaganfalls zum Absterben von Gehirnzellen kommt. Bluthochdruck kann aber auch zu Plaqueablagerungen in einer Hirnarterie führen und damit irgendwann die Blutzufuhr unterbinden, denn hoher Blutdruck schädigt die glatten Wände der Arterien und schafft dadurch Stellen, an denen die Plaque sich absetzen kann. Gefährliche Plaqueansammlungen können auch Nierenversagen oder einen Herzinfarkt hervorrufen.

Zudem belastet hoher Blutdruck schlicht und einfach das Herz: Die zusätzliche Arbeit führt mit der Zeit zu einer Verdickung und Versteifung der Herzwände, sodass die Pumpleistung nachlässt und das Herz nicht mehr so viel Blut auswerfen kann, wie nachfließt. Das Blut staut sich an, das Herz setzt irgendwann aus, und der Amtsarzt schreibt »koronares Herzversagen« auf den Totenschein.

Im Idealfall sollte der Blutdruck höchstens 120/80 mmHg betragen. Was bedeuten diese Zahlen? Der höhere Wert, der *systolische* Blutdruck, ist der Druck, der beim Schlagen des Herzens erzeugt wird. Der untere Wert ist der *diastolische* Blutdruck, der zwischen den Herzschlägen in den Gefäßen herrscht. Höhere Werte werden in drei Kategorien unterteilt:

▶ **Grenzwertiger Blutdruck:**
   130–139 systolisch / 85–89 diastolisch
   Ein grenzwertiger Blutdruck ist Anlass, mehr auf den Blutdruck zu achten. Eine gute Ernährung und Bewegung, wie im vorliegenden Buch empfohlen, sollten dabei im Mittelpunkt stehen. Momentan läuten noch nicht die Alarmglocken, doch der körpereigene Radar hat bereits reagiert. Machen Sie etwas langsamer.

► **Stadium I (leichte) Hypertonie:**
140–159 systolisch / 90–99 diastolisch
Patienten in diesem Bereich verordnet der Arzt normalerweise Medikamente und empfiehlt eine Veränderung der Lebensweise. Das Herzinfarkt- und Schlaganfallrisiko ist erhöht, und der Patient sollte ärztlich überwacht werden.

► **Stadium II (mittlere) Hypertonie:**
160–179 systolisch / 100–109 diastolisch
Ab diesen Werten ist eine intensive medikamentöse Behandlung für gewöhnlich unerlässlich. Das Risiko einer Behinderung wie auch das Sterberisiko sind deutlich erhöht.

Damit ergeben sich zwei Fragen. Wissen Sie, wie hoch Ihr Blutdruck ist? Falls nicht – habe ich Sie genug erschreckt, sich nun einmal darum zu kümmern?

Die Ernährungsweise in *Sexy Sixpack* kann erfreulicherweise dazu beitragen, die schädlichen Fette in der Ernährung zu reduzieren und die günstigen zu erhöhen, während Sie gleichzeitig noch überschüssiges Gewicht abbauen. Die gleiche Wirkung erzielen die Körperübungen und verschiedene Techniken zum Stressabbau. (Mehr darüber, wie Sie den Stress in den Griff bekommen, ab Seite 240 »Stress macht dick«). In der Zwischenzeit befolgen Sie einfach folgende Tipps:

Sorgen Sie für ausreichende Kaliumzufuhr. In einer Studie, die im *Journal of Human Hypertension* (Journal Bluthochdruck beim Menschen) veröffentlicht wurde, hoben die Forscher hervor, dass Patienten mit grenzwertigem oder hochnormalem Blutdruck allein durch eine kaliumreichere Ernährung den systolischen Blutdruck um 2,5 Punkte und den diastolischen um 1,6 Punkte senken konnten. Kalium trägt dazu bei, den Kreislauf von überschüssigem Natrium zu befreien und bewirkt eine Erweiterung der Blutgefäße. Im Idealfall sollte es mit Lykopen und Lutein kombiniert werden, zwei pflanzliche Stoffe mit blutdrucksenkender Wirkung.

Verzichten Sie auf Wurst und Schinken. Eine Scheibe gekochter Schinken enthält 240 mg Natrium und damit mehr Salz, als außen an zwei Salzstangen hängt. Schon der Verzicht auf die mittägliche Fleischmahlzeit kann den Blutdruck senken. In einer neueren Studie konnten die Teilnehmer mit grenzwertigem oder hochnormalem Blutdruck allein durch eine Verringerung des täglichen Salzkonsums von 3300 mg auf 1500 mg ihren systolischen Blutdruck um knapp sechs Punkte und den diastolischen um fast drei Punkte senken. Wer auf sein belegtes Brötchen nicht verzichten möchte, sollte zu kochsalzreduzierten Produkten greifen (Kochschinken, Putenaufschnitt, Roastbeef) und auf die Gewürzgurke verzichten (833 mg Natrium). Als Faustregel können Sie sich auch merken: Fertigprodukte aus der Dose oder aus dem Glas enthalten meist sehr viel Salz.

Nach dem zweiten Drink ist Schluss. Genehmigen Sie sich nicht mehr als zwei alkoholische Getränke pro Abend. In einer wegweisenden Studie, die im *New England Journal of Medicine* veröffentlich wurde, fanden Wissenschaftler heraus, dass ein bis zwei Drinks pro Tag den Blutdruck tatsächlich etwas absinken ließen. Drei oder mehr Gläser täglich hingegen ließen den systolischen Blutdruck um durchschnittlich zehn Punkte, den diastolischen um vier Punkte ansteigen. Dabei spielte die Art des Alkohols keine Rolle. Bestellen Sie also am besten einen Campari-Orange, denn Orangensaft ist eine der besten Quellen für Blutdruck senkendes Kalium.

Mehr Tee trinken. Einer amerikanischen Studie zufolge erlagen Männer, die zwei Tassen Tee pro Tag zu sich nahmen, zu 25 Prozent seltener einer Herzerkrankung als Männer, die kaum jemals Tee tranken. Das liegt daran, dass die im Tee enthaltenen Flavonoide nicht nur die Entspannung der Blutgefäße verbessern, sondern auch das Blut verdünnen, sodass es weniger oft zu Blutgerinnseln kommt.

Süßes auf den Toast. Gelee aus schwarzen Johannisbeeren ist eine gute Quelle für das Antioxidans Quercetin, das finnischen Forschern zufolge möglicherweise das Herz gesund erhält, indem es der Bildung von freien Radikalen entgegenwirkt. Diese Stoffe schädigen die Arterienwände und gestatten Plaque, sich dort anzuheften.

Ein Apfel pro Tag. Männer, die häufig Äpfel essen, leiden 20 Prozent seltener an Herzerkrankungen als Männer, die seltener zum Apfel greifen.

Frische Beeren. Himbeeren, Erdbeeren und Blaubeeren enthalten viel Salicylsäure, denselben herzfreundlichen Stoff, der auch im Arzneimittel Acetylsalicylsäure steckt.

Thunfisch ist gesund. Die Omega-3-Fettsäuren aus Thunfisch und anderen Fischsorten tragen ebenso wie Leinöl zur Stärkung des Herzmuskels, zur Blutdrucksenkung sowie zur Vorbeugung von Blutgerinnseln und möglicherweise tödlichen Entzündungen im Körper bei.

Greifen Sie zur Grapefruit. Die tägliche Pampelmuse kann die Arterienverengung um 46 Prozent, den Cholesterinspiegel um über zehn Prozent und den Blutdruck um über fünf Punkte senken.

Kalium nach Herzenslust. Schnippeln Sie sich eine Banane (487 mg Kalium) ins Müsli, backen Sie eine Süßkartoffel (694 mg) oder tischen Sie Spinat auf (792 mg Kalium pro 170 g gekochten Spinat), denn das sind lauter kaliumreiche Lebensmittel. Studien ergaben, dass eine Versorgung mit weniger als 2000 mg Kalium pro Tag zu hohem Blutdruck beiträgt. Weitere gute Kaliumquellen sind Rosinen (1086 mg in 145 g), Tomaten (811 mg in 240 ml passierten Tomaten),

Bohnen (170 g rote Kidneybohnen aus der Dose enthalten 402 mg Kalium) und Papayas (781 mg Kalium pro Frucht).

Orangensaft mit Kalzium. Eine bessere Kalziumzufuhr kann nicht nur den Blutdruck senken, sondern nebenbei profitieren Sie auch noch vom Vitamin C. Nach einer englischen Studie sterben Menschen mit besonders hohem Vitamin-C-Spiegel im Blut zu 40 Prozent seltener an einer Herzerkrankung als Menschen, die wenig Vitamin C zu sich nehmen.

Kürbiskerne knabbern. Dreißig Gramm Kürbiskerne enthalten 151 mg Magnesium, mehr als ein Drittel der empfohlenen Tageszufuhr. Magnesiummangel steht mit den wichtigsten Risikofaktoren für Herzerkrankungen in Verbindung – Bluthochdruck, erhöhter Cholesterinspiegel und erhöhte Plaquebildung in den Arterien. Weitere wichtige Magnesiumquellen sind Heilbutt (187 mg in 200 g), Vollkornreis (86 mg in 200 g gekochtem Reis), Kichererbsen (82 mg in 170 g), Cashewkerne (74 mg in 30 g) und Artischocken (72 mg pro Stück).

Das richtige Öl. Indische Forschungen ergaben, dass Männer, die Mais- und Pflanzenöle beim Kochen durch einfach ungesättigte Fettsäuren ersetzten, das in Olivenöl oder – in diesem Fall – Sesamöl enthalten ist, ihren Blutdruck innerhalb von nur 60 Tagen um 30 Punkte senken konnten, ohne ihre Ernährung anderweitig zu verändern.

Schluss mit gedankenlosem Süßigkeitenkonsum. Süßholz (der Grundstoff für Lakritze) treibt nachweislich den Blutdruck in die Höhe, besonders bei Männern, die viel schwarze Lakritze verzehren. Lakritze mit Fruchtgeschmack enthält diesen Inhaltsstoff jedoch nicht.

Das brauchen Sie für *Sexy Sixpack*

Auf dieser einfachen Einkaufsliste finden Sie alles, was Sie brauchen, um ab sofort mit der Ernährungsumstellung und dem Training zu beginnen.

Einmalig

Mixer
Gemahlener Leinsamen

Multivitaminpräparat mit Chrom
oder Chrompräparat zusätzlich

Regelmäßig

Bohnen und andere Hülsenfrüchte
Eier
Erdnussbutter (ohne Zucker)
Haferflocken (ungesüßt, ohne Aromazusätze)
Himbeeren und andere Beeren (frisch oder tiefgefroren)

Mandeln (gehobelt und ganz)
Milchprodukte (fettarme Milch, fettfreier/fettarmer Jogurt)
Olivenöl
Putenfleisch
Spinat (frisch oder tiefgefroren)
Vollkornbrot und Müsli
Whey-Protein

Zusätzlich

Blattgemüse, grünes, nach Wahl
Fisch, mager, nach Wahl
Früchte (Grapefruits, Orangen, oder andere, nach Wahl)
Hackfleisch, mager

Hähnchenbrust
Naturreis
Sprühöl zum Kochen
Thunfisch aus der Dose
Vollkornweizennudeln

Das brauchen Sie für *Sexy Sixpack*

Einkaufsliste – Zutaten für die Rezepte
(jeweilige Menge nach Rezept)

Balsamessig	Mayonnaise (light oder fettfrei)
Bananen	Mehl
Bohnen, grüne	Möhren
Bohnen, schwarze	Orangensaft, Orangensaft-
Brotaufstrich ohne Transfett-	konzentrat, auch tiefgefroren
säuren	Paprika, rot und grün
Champignons	Paprikagewürz
Chilipulver	Parmesankäse
Chilis, getrocknet und gemischt	Pastasoße
Chilis, rot und grün, frisch	Putenschinken
Chili- und Knoblauchsoße	Putenwürstchen
Currypulver	Roastbeef-Aufschnitt, mager
Guacamole	Römischer Salat (Sommerendivie)
Hähnchenfleisch, frisch oder	Rosinen
tiefgefroren	Rumpsteak bzw. Sirloin-Steak,
Honig	mager
Honigmelone	Salsa
Ingwer, frisch	Schinken, gekochter
Italienische Kräutermischung	Sellerie
Italienisches Salatdressing,	Semmelbrösel
fettarm	Tabascosoße
Käse, fettreduziert (Cheddar,	Tomaten, frisch und aus der Dose
Streichkäse, Mozzarella)	Tomatensoße
Ketchup	Tortillas
Kichererbsen	Vollkornmuffins
Knoblauch	Vollkornpittas
Lachsfilet	Worcestershire-Soße
Limonen	Zitronen
Mais (aus der Dose oder	Zwiebeln
tiefgefroren)	Zwiebelsuppe, Instant

Für das Heimtraining
(im Fitnessstudio sollten alle Geräte vorhanden sein)

- Übungsmatte (wahlweise)
- Flache Bank (wahlweise, aber empfehlenswert)
- Medizinball (wahlweise, aber empfehlenswert)
- Gymnastikball
- Ein bis zwei Paar mittelschwere Hanteln (2,25–12 kg, je nach Erfahrung, Anfänger beginnen mit leichten Gewichten)
- Laufschuhe

Kapitel 2
Warum *Sexy Sixpack*? Und warum jetzt?

Wichtiges zum Thema Ernährung

Ich habe Ihnen bereits kurz aufgezeigt, auf wie viele Arten eine Ernährungsumstellung und ein gezieltes Bauchtraining Ihr Leben verbessern können, auch von dem wissenschaftlich belegten Versprechen von *Sexy Sixpack*, wie Sie in sechs Wochen neun Kilogramm Fett loswerden und einen straffen Bauch bekommen. Die nächsten Schritte jedoch liegen ganz bei Ihnen.

Wenn Sie keine Lust haben, Ihr Leben zu verbessern, weil die Vorstellung, schlanker, fitter, gesünder, schmerzfreier, erfolgreicher und sexuell aktiver zu werden, Sie nicht anspricht, dann klappen Sie das Buch jetzt einfach zu und stellen Sie es zurück (aber wischen Sie vorher die Flecken von den Chipskrümeln ab). Wenn Sie nicht erfahren möchten, wie man mit geringstmöglichem Aufwand das bestmögliche Resultat erzielt, ist dieses Buch sicher nichts für Sie.

Wenn Sie jedoch eine Veränderung wünschen – eine sicht- und fühlbare Verbesserung, die ein Leben lang anhält –, dann ist dies genau das richtige Buch für Sie! Die Ernährungsempfehlungen beruhen auf zwölf Lebensmitteln mit wichtigen

Nährstoffen. Wenn diese Produkte bei Ihrer Ernährung künftig an erster Stelle stehen, bekommen Sie automatisch alle Vitamine, Mineralien und Ballaststoffe, die Sie für Ihre Gesundheit brauchen, zugleich fördern sie das Muskelwachstum und versorgen den Körper mit natürlichen Fettverbrennern. Mehr darüber erfahren Sie in einem späteren Kapitel, aber hier bekommen Sie schon einmal einen raschen Überblick:

- **Mandeln und Nüsse**
- **Bohnen und andere Hülsenfrüchte**
- **Spinat und anderes grünes Blattgemüse**
- **Milchprodukte (fettarme Milch, fettfreier oder fettarmer Jogurt und Käse)**
- **Haferflocken (ungesüßt, ohne Aromazusätze)**
- **Eier**
- **Geflügel oder anderes mageres Fleisch**
- **Erdnussbutter**
- **Olivenöl**
- **Vollkornbrot und Müsli**
- **Whey-Protein**
- **Himbeeren und andere Beeren**

Diese Lebensmittel wurden aufgrund ihres Nährstoffgehalts und ihrer Einfachheit ausgewählt. Auf meinem Schreibtisch landen täglich neue Diätbücher und Empfehlungen zur Gewichtsreduktion. Der Markt ist unüberschaubar vielfältig. Manche Diätmethoden sind dabei etwas einseitig (Grapefruitdiät, Kohlsuppendiät, Hüttenkäsediät). Manche hingegen klingen gut, weil sie fettarme, kohlenhydratarme oder salzarme Ernährung propagieren. Aber die meisten haben eines gemeinsam: Langfristig werden Sie damit scheitern.

Denn selbst Diätpläne, die auf ganz vernünftigen Grundlagen basieren, gehen mitunter an der Realität vorbei – dass Sie nämlich viel zu beschäftigt sind, um komplizierte Gerichte wie Garnelenkebab mit Mangos zuzubereiten. Dass Sie viel zu gerne essen, um Kartoffeln und Nudeln für alle Zeiten abzuschwören. Dass Essen Genuss sein soll und keine lästige Pflicht. Deshalb beruht die Diät von *Sexy Sixpack* auf normalen Lebensmitteln, die sich leicht zubereiten lassen und lecker schmecken.

Meiner Ansicht nach sind die meisten anderen Diätpläne viel zu kompliziert und begünstigen drei Hauptformen des Scheiterns:

1. Die Kalorienzufuhr wird zu stark eingeschränkt. Bei einer drastischen Drosselung der Kalorienzufuhr nehmen Sie anfangs vielleicht ab, doch Sie werden dabei ständig Hunger haben. Wer aber hungrig ist, neigt verstärkt dazu, sich irgendwann im Laufe des Tages vollzustopfen. Nach einem solchen Heißhungeranfall fühlt man sich als Versager, bekommt Schuldgefühle, bricht die Diät ab und isst lieber wieder Nutellabrötchen zum Frühstück. Mit der in diesem Ratgeber empfohlenen Ernährung hingegen haben Sie nie Hunger. Sie können sogar viel öfter essen als jetzt, nämlich sechsmal täglich!

2. Zu viele Lebensmittel sind tabu. Ein Plan ganz ohne Pizza, Hamburger oder Bier ist leicht aufzustellen, wäre allerdings wohl mit der ersten Fußballübertragung der Saison gleich wieder hinfällig. Denn auch wenn eine Veränderung der eigenen Essgewohnheiten fundamentaler Bestandteil des Programms ist, werden Sie sicher leichter dabei bleiben, wenn Sie nicht alles aufgeben müssen, was Sie mögen. Es ist einfach normal, mit seinen Kunden essen zu gehen, den Grillabend zu genießen oder nach der Arbeit noch ein Glas Bier zu trinken. Wer sich jeden Genuss verkneifen muss, wird selbst bei größtmöglicher Motivation vermutlich nach einigen Wochen schwach. Mit *Sexy Sixpack* essen Sie dagegen, was Ihnen schmeckt, und dürfen hin und wieder auch mal über die Stränge schlagen.

3. Die moderne Lebensweise wird zu wenig beachtet. Wenn wir alle eine eigene Köchin hätten – oder auch einfach nur mehr als ein paar Minuten, um unsere Speisen selbst zuzubereiten –, wäre das Abnehmen viel einfacher. Aber Hand aufs Herz, wann hatten Sie zum letzten Mal Zeit, zwei Stunden zu kochen? Wir haben alle viel zu tun, also essen wir im Restaurant und in der Kantine oder lassen das Essen nach Hause liefern. Natürlich hätten wir gern die Zeit, den genauen Fettgehalt einer Mahlzeit zu berechnen, alles abzuwiegen und lauter gesunde Gerichte auf den Tisch zu bringen. Realistisch besehen ist das jedoch den meisten von uns nicht möglich, ganz gleich, wie viel wir abnehmen sollten. Denn Arbeit, Familie und Hausarbeit benötigen so viel Zeit, dass die meisterlich zubereiteten Mangokrabben auf der Prioritätenliste mit Sicherheit rasch ganz weit nach unten rutschen würden. Darum ist *Sexy Sixpack* auch genau das, was Sie brauchen: ein einfaches Programm mit einfachen Lebensmitteln und noch einfacheren Rezepten.

Werfen Sie doch einmal einen Blick auf ein paar derzeit beliebte Diäten, dann zeige ich Ihnen, warum viele zwar einen kurzfristigen Gewichtsverlust bringen, aber langfristig doch ein höheres Gewicht ergeben.

Atkins-Diät: weniger Nahrung, weniger Nährstoffe

Die Atkins-Diät streicht zunächst praktisch alle Kohlenhydrate aus der Ernährung, sodass man nur noch Eiweiß und Fett zu sich nimmt – kein Brot, keine Nudeln, kein Obst, kein Gemüse, kein Saft: kein Spaß! Selbstverständlich kann man mit der Atkins-Diät abnehmen. Ich kenne Männer, die auf diese Weise über 13 kg verloren und dabei reichlich Steaks, Käse und Schinken verzehrt haben. Studien belegen, wie wirkungsvoll diese Ernährung Menschen bei der Gewichtsreduktion unterstützen kann, zumindest auf kurze Sicht. Die Betonung der Eiweißversorgung ist ein kluger Gedanke, die Streichung vieler anderer Nahrungsmittel, die für die Gesundheit von Bedeutung sind, hingegen nicht. Aber mein eigentlicher Kritikpunkt an solchen Diäten wird bei der ganzen Debatte um die Streichung der Kohlenhydrate oft übersehen. Ich könnte Ihre Ernährung auf praktisch jedes beliebige Nahrungsmittel begrenzen – zum Beispiel Pommes frites, Eiskrem und Hamburger. Wenn Sie sich ausschließlich von diesen Speisen ernähren, werden Sie wahrscheinlich dennoch abnehmen – weil Sie es einfach nicht über sich bringen, immer wieder dasselbe zu essen. Wer nur noch eine Hand voll Nahrungsmittel zu sich nehmen darf, nimmt automatisch ab, weil die Gesamtkalorienzufuhr deutlich gesenkt wird. Zugleich aber ist auch die Versorgung mit Vitaminen, Mineralstoffen und Ballaststoffen entscheidend gesunken, während andererseits deutlich mehr gesättigte Fettsäuren in den Körper gelangen und dort die Arterien verstopfen. Entscheidend ist jedoch, dass niemand eine solche Ernährungsform langfristig durchhalten kann, weil unsere Lebensweise (und unsere Geschmacksknospen) mehr Abwechslung und Genuss beim Essen fordert. Zudem ist der Körper darauf programmiert, nicht nur nach Hamburgern und Pommes, sondern auch nach Obst, Getreide und Saft zu verlangen.

Mit der Atkins-Diät lassen Sie sich also auf eine extrem restriktive, nährstoffarme Diät ein. Sie essen eine begrenzte Anzahl Nahrungsmittel, die größtenteils Eiweiß und gesättigte Fettsäuren enthalten. Wegen der Streichung der Kohlenhydrate werden Sie zwar Gewicht verlieren, doch das erkaufen Sie mit einem erhöhten Risiko, Ihre Gesundheit aufs Spiel zu setzen. So ist sicher belegt, dass reichlich gesättigte Fettsäuren vermehrt zu Herzerkrankungen führen. Darüber hinaus geht der Verzicht auf die meisten Kohlenhydrate mit einem Verzicht auf einige wichtige Nährstoffe wie Vitamin B, Ballaststoffe und sekundäre Pflanzenstoffe einher, die das Immunsystem stärken. Der größte Nachteil jedoch ist, dass Atkins später zwar wieder Kohlenhydrate zulässt, jedoch nur wenige Menschen sich auf die begrenzte Anzahl Lebensmittel beschränken können, die bei dieser Diät erlaubt sind. Aus diesem Grunde folgen dem kurzfristigen Gewichtsverlust langfristig eine Gewichtszunahme und möglicherweise auch langfristige gesundheitliche Probleme.

Weight Watchers: zu viel Rechnerei, zu wenig zu essen

Die Weight Watchers verwenden ein beliebtes Punktesystem, das einen dazu zwingt, die tägliche Nahrungsaufnahme genau zu protokollieren. Vielen Menschen hilft das. Wer zu viel isst, kann auf diese Weise nachvollziehen, was er zu sich nimmt, und die Kalorien bewusst reduzieren. Dennoch hat das Programm Nachteile. Erstens weiß ich nicht, wie viele Menschen langfristig die Zeit oder die Disziplin aufbringen, täglich ihr Essen zu wiegen und alle Kalorien zu zählen. Zweitens wird keine ausgewogene Ernährung garantiert. Es ist praktisch gleichgültig, was man zu sich nimmt, so lange die Punkte stimmen. Wer sich daraufhin auf eine oder zwei Mahlzeiten pro Tag beschränkt, verlangsamt den Stoffwechsel und kann sogar zunehmen. Kalorien zu zählen ist nur eine Komponente eines erfolgreichen Programms zur Gewichtskontrolle. Am wichtigsten jedoch ist, dass viele Menschen mit dem Selbsthilfesystem der Weight-Watchers-Gruppen nicht zurechtkommen.

Sears-Diät: ein schwieriger Balanceakt

Der Biochemiker Barry Sears propagiert eine Ernährung, bei der die einzelnen Lebensmittelgruppen in einem exakt aufeinander abgestimmten Verhältnis so ausbalanciert werden, dass die Teilnehmer in »die Abnahmezone« geraten. Grundsätzlich sollte dabei jede Mahlzeit Kohlenhydrate, Eiweiß und einige einfach ungesättigte Fettsäuren enthalten. Bei den Kohlenhydraten unterscheidet er zwischen erwünschten (Gemüse und bestimmte Früchte) und unerwünschten Kohlenhydraten (Brot, Saft, Bier und Kuchen), Proteine und Fette werden ähnlich aufgeteilt. Damit haben Sie die Freiheit, zu essen, was Sie wollen. Sogar »schlechte« Kohlenhydrate dürfen in Maßen verzehrt werden, sofern sie von Eiweiß und etwas Fett begleitet werden. Wer also ein Bier trinken möchte, braucht auch eine Portion Hüttenkäse und ein paar Oliven, um das Bier auszubalancieren. Viele Menschen haben daher Probleme mit der Sears-Diät – manche Kombinationen sind ungewohnt, und das Abmessen, wie viel man von welcher Gruppe essen kann, ist mitunter recht kompliziert. Sears gibt auch Formeln an, anhand derer man bestimmen kann, wie viel von welcher Nahrungsgruppe man in Abhängigkeit von den Bewegungsgewohnheiten und dem eigenen Körperfett essen sollte. Diese Angaben werden in Nährstoffblöcke umgerechnet, die man selbstständig über den Tag verteilen kann, wobei zwischen den einzelnen Mahlzeiten nicht mehr als fünf Stunden liegen sollten. Das viele Abmessen, Teilen und Kombinieren ist allerdings ziemlich komplex, und so erstrebenswert eine ausgewogene

Ernährung auch prinzipiell ist, braucht man schon fast einen Fluglotsen, um alles zu überblicken. Wer bringt dann die Energie auf, diese starren Regeln lange zu befolgen?

Zucker-Knacker: wenn Süßes Sünde ist

Die Zucker-Knacker-Philosophie beruht auf der Streichung stark zuckerhaltiger Lebensmittel sowie Speisen, die den Blutzucker in die Höhe schnellen lassen und dadurch hungrig machen (z. B. manche Kohlenhydrate wie Nudeln, Zuckermais, Bier und Kartoffeln). Die Befürworter sehen den Vorteil darin, dass Fleisch, Eier und Käse erlaubt bleiben und man dennoch abnimmt. Doch allein durch weniger Zuckerzufuhr nehmen wir nicht ab. Ohne dass gleichzeitig auf eine ausreichende Nährstoffversorgung geachtet wird, dürfen Sie hierbei zahlreiche kalorienreiche Nahrungsmittel verzehren und nehmen dadurch am Ende vielleicht sogar noch zu. Insgesamt wird der Körper auch nicht dazu animiert, die Art der Nahrungsverarbeitung zu verändern, um den höchstmöglichen Kalorienverbrauch zu erzielen.

South-Beach-Diät: richtig essen ist nur der Anfang

In der South-Beach-Diät nach Dr. Arthur Agatston geht es um eine ausgewogene Ernährung auf der Grundlage magerer Eiweiße, guter Fette und gehaltvoller Kohlenhydrate. Damit sind die Prinzipien der Ernährung denen von *Sexy Sixpack* zum Teil recht ähnlich. Agatston konzentriert sich dabei sehr auf die Rolle des Insulins und der Blutzuckerspitzen, die uns hungrig machen. Es geht zwar darum, wie die Ernährung das Abnehmen unterstützen kann, doch man erfährt nicht, wie der Stoffwechsel auf Fettverbrennung eingestellt werden kann. Die Ernährung in *Sexy Sixpack* hingegen bezieht den Faktor Bewegung mit ein, der nicht nur die Fettmenge beeinflusst, die man verlieren kann, sondern auch das Tempo des Gewichtsverlusts. Durch Wiederbelebung der körpereigenen Fettverbrennung erhalten Sie somit nicht nur die Kontrolle über die Kalorienaufnahme, sondern auch über den Kalorienverbrauch.

* * *

Wie schon erwähnt, konzentrieren sich die meisten Diäten auf das Thema »Verlieren«. Bei *Sexy Sixpack* hingegen geht es um den Gewinn. Die Diät basiert auf der Einsicht, dass unser Körper eine lebende Kalorienverbrennungsmaschine ist. Wenn wir die Fettverbrennung permanent mit den richtigen Lebensmitteln – wichtig! – zur rechten Zeit in Gang halten, beginnt umgehend der Abbau des Bauchfetts. In nur zwei Wochen können Sie auf diese Weise bis zu 5,4 kg abnehmen, zunächst am Bauch. Und dabei erzielen Sie auf mehrfache Weise Gewinn.

Sie bekommen mehr Mahlzeiten. Viele Menschen haben großen Appetit. Wir hungern nach Erfolg, wir hungern nach Freiheit, und natürlich hungern wir auch nach Nahrung. Traditionelle Diäten, welche die Kalorien- oder Nahrungszufuhr be-

Erfolg mit *Sexy Sixpack*

Von Brando zu Rambo!

Name: Bill Stanton
Alter: 40
Größe: 1,72 m
Ausgangsgewicht: 99,8 kg
Sechs Wochen später: 86,2 kg

Mit 15 hatte der Sicherheitsberater Bill Stanton mit Gewichtheben begonnen, doch trotz intensiven Trainings wurde er immer dicker. Mit 40 wog er 99,8 kg bei 1,72 m Körpergröße – warum? Weil er nach dem Fitnesstraining den Abend mit Hähnchenteilchen und Alkohol abschloss.

»Meine Hosen saßen wie ein Korsett. Ich lebte wie in einer schlechten Ehe – ungemütlich gemütlich«, so Stanton. »*Sexy Sixpack* brachte mich dazu, mein Programm durchzuziehen und die Esserei in den Griff zu bekommen.«

Nach sechs Wochen Diät hatte Stanton 13,6 kg abgenommen und sein Körperfett von 30 auf 15 Prozent reduziert. »Früher sah ich aus, als wäre ich schwanger. Jetzt bin ich ein echter Gewichtheber – starke Arme, eine breite Brust und ein kräftiger Bauch. Ein echter Rambo.«

Stanton gefielen die abwechslungsreichen Gerichte bei *Sexy Sixpack* und das Ganzkörpertraining. Nur die sechs Mahlzeiten am Tag waren gewöhnungsbedürftig. »Ich musste erst wieder lernen, dass ich esse, um zu leben, und nicht le-

> be, um zu essen«, berichtet er. Danach jedoch ging alles wie von selbst. Sobald das Umdenken vollzogen war – Entscheidung für den Plan, Begrenzung der nächtlichen Partys und Verzicht auf späte Mahlzeiten –, konnte er das Blatt wenden. »Nun wache ich auf und nehme den Tag in Angriff, anstatt zu warten, dass er zu Ende geht«, sagt Stanton.
> Inzwischen geht es ihm rundum besser. Er ist immer gut gelaunt, läuft aufgerichtet und steckt voller Energie. Damit wurde er zum Vorbild für andere.
> »Ich trainiere im Sports Club/LA, wo es darum geht, super auszusehen«, erzählt Stanton. »Selbst dort werde ich angesprochen. Einer sagte mal: ›Sie haben was ins Rollen gebracht. Jeder sieht, wie Sie sich verändert haben. Dadurch inspirieren Sie viele andere.‹«
> Stantons Äußeres hat sich so verändert, dass er schon verdächtigt wurde, Anabolika zu nehmen. »Das betrachte ich als Kompliment«, lacht er.

grenzen, berücksichtigen diese Form des Appetits zu wenig. Deshalb fühlen wir uns dabei meist auch so elend und hungrig und stehen schließlich doch irgendwann am Süßigkeitenregal. Nicht so bei *Sexy Sixpack*. Hier bekommen Sie zu essen, und zwar häufig. Sie können ständig nachtanken, und mit jeder Haupt- und Zwischenmahlzeit schüren Sie die körpereigene Fettverbrennung. Stellen Sie sich das einmal vor: Wann immer Sie essen, helfen Sie Ihrem Körper beim Abnehmen und verwandeln überflüssiges Fett in Bauchmuskeln!

Sie bekommen mehr Muskeln. Sowohl durch die Diät als auch durch das Trainingsprogramm bauen Sie Muskeln auf und verlieren Fett. Das Programm verwandelt die Nahrung in Muskeln. Und je mehr Muskelmasse vorhanden ist, desto mehr Energie wird zu deren Ernährung benötigt. Das heißt, dass die Kalorien der Erhaltung der Muskeln dienen und nicht mehr in Fett umgewandelt werden können. Allein die zusätzliche Muskelmasse ist nachweislich ein eingebauter Fettverbrenner. Zur Wiederholung: Für jedes Pfund Muskelmasse, das Sie aufbauen, steigt der Ruheumsatz des Stoffwechsels um 50 Kalorien am Tag. Durch das Krafttraining werden Sie mehrere Kilo Muskeln gewinnen. Das macht Sie zwar nicht gleich zum Bodybuilder, aber es werden trotzdem ausreichend Muskeln sein, um Ihren Bauch zu straffen. Je nach Ausgangsgewicht werden die Bauchmuskeln auch wieder zum Vorschein kommen.

Wenn Sie die Übungen hinzurechnen, kommt es zu einer einfachen Gleichung:

Mehr Essen = mehr Muskeln = weniger Fett

Halten Sie nun die Alternative dagegen:

Weniger Essen = weniger Muskeln = mehr Fett

Ist es nicht unglaublich, dass die meisten Diäten sich ganz auf »weniger Essen« konzentrieren? Es wird Zeit, hier umzudenken! (Natürlich gibt es Studien, die belegen, dass eine extrem restriktive Diät von unter 1400 Kalorien am Tag das Leben verlängert. Aber wer würde sich dabei wohl fühlen und das durchhalten?)

Sie gewinnen Freiheit. Die meisten Diäten enthalten Ihnen etwas vor, ob Kohlenhydrate, Fett oder Ihre Männlichkeit (Tofu? Nein, danke!). Mit *Sexy Sixpack* fehlt Ihnen nichts. Sie sind immer satt. Sie dürfen knabbern und naschen. Sie bekommen Eiweiß, Kohlenhydrate und Fett. Einmal pro Woche dürfen Sie sogar alles essen, was Sie wollen. In der übrigen Zeit konzentrieren Sie sich auf Nahrungsmittel, die Ihren Stoffwechsel ankurbeln und den Kampf gegen die Versuchungen unterstützen. Zugleich bleiben Sie so frei und flexibel, dass Sie Ihre Gelüste befriedigen können, ohne gleich alles aufs Spiel zu setzen, was Sie bereits geleistet haben.

Sie gewinnen Zeit. Bei manchen Diäten scheint es weniger aufwändig, einen Jagdtrupp zusammenzustellen und auf Mammutjagd zu gehen, als die vorgegebenen Rezepte zu planen und zuzubereiten. Alle Gerichte in diesem Buch sind dagegen einfach umzusetzen. Dazu sollten Sie das Programm allerdings möglichst in Zwei-Tages-Schritten planen. Da zügelloses Essen der Hauptdiätkiller ist, rüsten Sie sich dagegen am besten mit einer einfachen Planung, was Sie am kommenden Tag wann essen wollen, und nehmen Sie sich jeden Abend fünf Minuten Zeit dafür. Damit sind die Versuchungen weniger groß, und Sie behalten die Oberhand.

Der Gesundheitsreport

Was ist das eigentlich – ein hoher Cholesterinspiegel?

Cholesterin ist eine weiche, wachsartige Substanz, die zu den Blutfetten (Lipiden) zählt und in allen Körperzellen vorhanden ist. Obwohl es so verschrien ist, brauchen wir Cholesterin zum Aufbau von Zellmembranen und Hormonen sowie für verschiedene wichtige Vorgänge im Körper. Ein hoher Cholesterinspiegel ist jedoch ein Hauptrisikofaktor für eine koronare Herzkrankheit, die zum Herzinfarkt führen kann.

Der Körper verfügt über zwei Cholesterinquellen. Zum einen erzeugt der Körper – hauptsächlich die Leber – unterschiedliche Mengen dieser Substanz, gewöhnlich rund 1000 mg pro Tag. Wenn man jedoch Nahrung mit einem hohen Gehalt an gesättigten Fettsäuren (besonders Transfettsäuren) verzehrt, reagiert der Körper darauf, indem er mehr Cholesterin erzeugt, als er je verbrauchen kann. (Auch manche Nahrungsmittel, vor allem Eigelb, Fleisch, Geflügel, Fisch, Muscheln und Vollmilchprodukte, enthalten Cholesterin. Der Löwenanteil jedoch und das, worauf ich Sie aufmerksam machen möchte, wird vom Körper selbst produziert.)

Ein Teil des überschüssigen Cholesterins im Blut wird dem Körper durch die Leber wieder entzogen. Ein Teil jedoch heftet sich genau dort an, wo wir es nicht haben wollen – an den Wänden der Arterien, wo es zusammen mit anderen

Substanzen zu Plaquebildung führt. Plaque ist aus mehreren Gründen schädlich. Zum einen treibt sie den Blutdruck in die Höhe, weil das Herz sich mehr anstrengen muss, um das Blut durch die verengten Blutgefäße zu pressen, und dadurch überbeansprucht wird. Zum anderen kann die Plaque auch wieder abreißen, mit dem Blut durch den Körper pulsieren und irgendwann ein Blutgerinnsel hervorrufen, das einen Schlaganfall, eine Lähmung und sogar den Tod nach sich ziehen kann.

Im Körper findet zu jeder Zeit ein Krieg zwischen zwei Trägermolekülen aus der Gruppe der Lipoproteine statt, die das Cholesterin mit jeweils eigenen Zielen durch den Organismus transportieren. Es gibt zwar verschiedene Arten, doch die, auf die wir uns konzentrieren, sind Doktor Jekyll und Mister Hyde der Gesundheit: HDL-Cholesterin (high-density bzw. »hilfreiches« Lipoprotein) und LDL-Cholesterin (low-density bzw. »lähmendes« Lipoprotein).

Erwünscht: HDL-Cholesterin. Etwa ein Viertel bis ein Drittel des Cholesterins im Blut wird von hilfreichem HDL transportiert. HDL unterstützt uns, indem es überschüssiges Cholesterin einsammelt und schnellstens aus dem Blut zurück in die Leber befördert, wo es dem Körper wieder entzogen wird. Manche Experten meinen, dass HDL auch den Plaques überschüssiges Cholesterin entzieht und auf diese Weise deren Wachstum drosselt. Ein hoher HDL-Spiegel scheint demnach einen guten Schutz vor Herzinfarkten zu bieten, während ein niedriger HDL-Spiegel (unter 1 mmol pro Liter) das Schlaganfallrisiko erhöht.

Unerwünscht: LDL-Cholesterin. Das lähmende LDL will Cholesterin dagegen nur am nächsterreichbaren Ort loswerden, und das sind die Arterien. LDL schert es auch nicht, ob zu viel Cholesterin in den Arterien zu Plaquebildung und damit zu Arteriosklerose führt. Ein hoher LDL-Cholesterinspiegel (3,0 mmol pro Liter) ist deshalb ein Hinweis auf ein erhöhtes Herzerkrankungsrisiko, wohingegen das Herz bei einem niedrigen LDL-Spiegel weniger gefährdet ist.
Wenn Sie also das HDL-Cholesterin unterstützen wollen, sollten Sie mit unseren Fitmachern und dem Körpertraining beginnen. Nachfolgend noch einige Tipps, wie Sie dem unerwünschten LDL-Cholesterin die Tür weisen.

Rauchen. Rauchen ist einer der sechs Hauptrisikofaktoren für eine Herzerkrankung, die veränderbar oder behandelbar sind. Denn Rauchen senkt den HDL-Cholesterinspiegel.

Alkohol. In einigen Studien geht ein höherer HDL-Spiegel mit gemäßigtem Alkoholgenuss einher. Aber Vorsicht! Gemäßigter Alkoholkonsum (im Durchschnitt ein bis zwei Gläser pro Tag für Männer und ein Glas für Frauen) fördert zwar ein gesünderes Herz, doch zu viel regelmäßiger Alkoholgenuss kann andere Gefahren wie Abhängigkeit, hohen Blutdruck, Übergewicht und Krebs nach sich ziehen.

Vitamin B. Niacin, ein Vitamin aus der B-Gruppe, lässt das unerwünschte LDL-Cholesterin zurückgehen und das erwünschte HDL ansteigen. Niacin eignet sich zur Behandlung von zu hohem Cholesterin sogar noch besser als bekannte Cholesterinsenker, die eher auf das gesamte Cholesterin im Körper wirken und LDL begünstigen. Doch auch hier ist Vorsicht geboten: Niacin aus der Nahrung und aus frei verkäuflichen Vitaminpräparaten ist unbedenklich. Hohe Dosen Niacin können jedoch ernste Nebenwirkungen haben und sollten nur unter ärztlicher Aufsicht genommen werden.

Grüner Tee. Gleich drei neuere Studien belegen, dass der Genuss von grünem Tee sowohl den Cholesterinspiegel als auch das Krebsrisiko senkt. In einer zwölfwöchigen Studie stellten Forscher der Vanderbilt University fest, dass bereits sieben Tassen grüner Tee pro Tag den LDL-Spiegel um 16 Prozent absinken lassen. Sieben Tassen sind natürlich viel Tee, aber auch ein bis zwei Tassen am Tag könnten eine günstige Wirkung entfalten. Parallel dazu haben Wissenschaftler der University of Rochester kürzlich herausgefunden, dass Grüntee-Extrakt Krebszellen am Wachstum hindert. Am Medical College von Ohio wurde entdeckt, dass das so genannte EGCG im grünen Tee das Fortschreiten von Blasenkrebs verlangsamen oder sogar aufhalten kann.

Grapefruit. Wenn Sie Ihre Ernährung nur ein kleines bisschen umstellen wollen, dann essen Sie doch einfach täglich eine weiße oder rote Grapefruit, denn diese wird schon bald zu den Fitmachern gehören. Aktuelle Forschungen ergaben, dass sie Herzerkrankungen und Krebs zurückdrängt, den Körper beim Abnehmen unterstützt und sogar zu einem besseren Nachtschlaf verhilft. Die tägliche Grapefruit kann den Gesamtcholesterinspiegel bzw. den LDL-Cholesterinspiegel um acht bzw. elf Prozent senken.

Preiselbeeren. Forscher der University of Scranton in Pennsylvania stellten fest, dass der Genuss von drei Gläsern Preiselbeersaft pro Tag den günstigen HDL-Cholesterinspiegel um zehn Prozent ansteigen ließ. Gleichzeitig sank das Herzerkrankungsrisiko um 40 Prozent. Diese Wirkung beruht vermutlich auf den Polyphenolen, die zu den sekundären Pflanzenstoffen zählen. (Achtung: Preiselbeersaft wird oft verdünnt angeboten. Der Preiselbeersaftgehalt sollte mindestens 27 Prozent betragen.)

Transfettsäuren. Das *New England Journal of Medicine* veröffentlichte eine Studie, in der 14 Jahre lang die Ernährungs- und Bewegungsgewohnheiten von 80 000 Frauen dokumentiert wurden. Dabei stellte sich heraus, dass Herzerkrankungen in erster Linie mit dem Verzehr von Nahrungsmitteln zusammenhängen, die Transfettsäuren enthalten und vor allem in Pommes frites reichlich enthalten sind. Diese Fettsubstanzen senken das gute HDL-Cholesterin und erhöhen das schlechte LDL-Cholesterin.

Vollkorn, Nüsse, Bohnen. Forscher am St. Michael's Hospital in Toronto untersuchten Probanden, die ihre Ernährung täglich um mehrere Portionen Vollkornprodukte, Nüsse und Bohnen ergänzt hatten. Einen Monat später lag der LDL-Cholesterinspiegel um fast 30 Prozent unter dem Anfangswert. In einer anderen Studie der Tulane University wurde belegt, dass Menschen, die wöchentlich vier oder mehr Portionen dieser Produktgruppe verzehrten, zu 22 Prozent seltener am Herzen erkrankten als andere, die diese Lebensmittel weniger als einmal pro Woche zu sich nahmen.

Mehrere Mahlzeiten. Laut einer Studie aus dem *British Medical Journal* lag der Cholesterinwert von Menschen, die mindestens sechs kleinere Mahlzeiten pro Tag zu sich nahmen, um fünf Prozent unter dem von Personen, die sich auf ein bis zwei größere Mahlzeiten täglich beschränkten. Schon dieser Unterschied lässt das Risiko für das Herz um zehn bis 20 Prozent sinken.

Benecol®. Benecol-Produkte enthalten Stanol, eine pflanzliche Substanz, welche die Cholesterinaufnahme hemmt. Wissenschaftliche Studien belegen, dass zwei g Stanol am Tag (z. B. in einem Benecol-Jogurtdrink enthalten) das unerwünschte LDL-Cholesterin absinken lassen. Nach Abbruch des Verzehrs kehren die ursprünglichen Werte allerdings wieder zurück.

Hafer. Laut einer Studie der University of Connecticut sank bei Männern mit hohem Cholesterinspiegel, die acht Wochen lang regelmäßig Haferflocken aßen, der LDL-Wert um über 20 Prozent. Auch das *American Journal of Clinical Nutrition* veröffentlichte eine Studie, der zufolge zwei Portionen Vollkornzerealien (Müsli oder Vollkornflocken) pro Tag das Risiko einer Herzerkrankung für Männer um fast 20 Prozent senkten.

Frühstück. Eine Harvard-Untersuchung an 3900 Menschen ergab, dass Männer, die täglich frühstückten, zu 44 Prozent seltener Übergewicht aufwiesen und zu 41 Prozent seltener eine Insulinresistenz entwickelten. Beide Faktoren begünstigen eine Herzerkrankung.

Folsäure. Im *British Medical Journal* wurde eine Studie veröffentlicht, wonach Menschen, die täglich die empfohlene Menge Folsäure zu sich nehmen, ein um 16 Prozent geringeres Risiko einer Herzerkrankung haben als solche, denen dieses B-Vitamin fehlt. Folsäure ist beispielsweise in Spargel und Brokkoli enthalten.

Salat. Grüner Blattsalat, aber auch Eigelb enthalten Lutein, einen Pflanzenwirkstoff, der Zellen und Gewebe mit Herz stärkenden Antioxidanzien versorgt.

Flüssigkeit. Forscher der Loma Linda University fanden heraus, dass mindestens sechs Gläser Wasser à 200 ml pro Tag das Risiko einer Herzerkrankung um bis zu 60 Prozent senken konnten.

Knoblauch. Knoblauch senkt nicht nur den Cholesterinspiegel und stärkt die körpereigene Abwehrkraft, sondern begrenzt auch die Schädigung des Herzens nach einem Herzinfarkt oder einer Herzoperation. Indische Wissenschaftler entdeckten, dass Tiere, die regelmäßig Knoblauch bekamen, regelmäßig mehr Herz schützende Antioxidanzien im Blut hatten als solche, die keinen Knoblauch erhielten.

Chrom. Laut neueren Forschungsergebnissen aus Harvard leiden Männer mit niedrigem Chromspiegel signifikant häufiger an Herzproblemen als solche mit ausreichender Chromversorgung, wobei der Tagesbedarf bei 200 bis 400 Mikrogramm Chrom liegt. Da er über die normale Ernährung nur schwer zu decken ist, besorgen Sie sich am besten ein Ergänzungsmittel mit Chrompikolinat, das der Körper am leichtesten aufnehmen kann.

Nüsse. Laut einer Studie aus Harvard sank das Risiko einer Herzerkrankung bei Männern um 30 Prozent, nachdem diese anstelle eines regelmäßigen kohlenhydratreichen Snacks (z. B. eine kleine Portion Kartoffelchips mit 127 Kalorien) täglich 30 g Nüsse zu sich nahmen.

Kapitel 3
Fettverbrennung rund um die Uhr

**Wie der Stoffwechsel die Figur bestimmt –
und wie Sie den Stoffwechsel auf Trab bringen**

In Kapitel 2 habe ich dargelegt, wieso die meisten bekannten Diäten nur einen kurzfristigen Gewichtsverlust bewirken und weshalb Sie nach Befolgung dieser Programme nicht nur rasch wieder Ihr altes Gewicht erreicht haben, sondern auf lange Sicht sogar mehr Fett ansetzen. Denn die meisten Diäten bauen langfristig nicht etwa Fett, sondern Muskeln ab.

Doch so schädlich die meisten Diätansätze auch sein mögen, sie sind nicht der Hauptgrund für die epidemische Ausbreitung der Fettsucht im Westen. Hierfür gibt es zahlreiche Ursachen: Fastfood, Stress, sitzende Lebensweise, zu große Portionen, Buffets, die damit werben, dass Sie essen dürfen, so viel Sie wollen, zu wenig Sportunterricht in der Schule, kostenloser Nachschlag, Sofas, Kinos, Popcorn – führen Sie die Liste selbst weiter! Doch im Kampf um unser Gewicht sind das die einfachen Ziele. Einer der Gründe, weshalb wir immer fetter werden, ist meiner Meinung nach, dass wir uns auf zwei Dinge konzentrieren, die angeblich beim Abnehmen helfen. Diese

»Doppelagenten« in Sachen Gewichtsverlust werden für ihren Beitrag zur Gesundheit in hohen Ehren gehalten, aber sie haben unsere Denkweise zum Thema Abnehmen massiv beeinflusst. Hier kommen die beiden wahren Schuldigen am verbreiteten Übergewicht: Nährwertangaben und Fitnessgeräte.

Die Sache mit dem Kalorienzählen

Sowohl Nährwertangaben als auch Geräte haben ihren Sinn. Erstere informieren über Vitamine, Mineralien und Inhaltsstoffe unserer Nahrung, Letztere bringen Menschen dazu, ihre Trägheit zu überwinden. Mein Problem mit beidem ist nicht, was diese Faktoren grundsätzlich leisten, sondern der Mythos, mit dem sie behaftet sind. Allein durch ihre Existenz nähren sie eine Denkweise über das Abnehmen, die es uns realistisch besehen erschwert, unser Gewicht zu halten. Sie haben uns in eine Gesellschaft voller Schwergewichtler verwandelt, die dem Altar einer offenbar allmächtigen Größe huldigen: der Kalorie.

Bei allem, was wir essen, und bei jedem Körpertraining achten wir drauf, wie viele Kalorien wir zu uns nehmen oder wie viele wir verbrauchen. Von der Theorie her sieht es aus wie ein Drehkreuz: In 500 Gramm Fett sind rund 3500 Kalorien gespeichert. Wenn wir also täglich 500 Kalorien weniger essen, als wir bräuchten, oder täglich 500 Kalorien mehr verbrauchen, als wir essen, müssten wir jede Woche 500 Gramm Fett abbauen. Das klingt gut, doch in der Realität werden Sie durch das Konzept des Kalorienzählens eher den Mut verlieren als Ihre

Pfunde. Nach 30 Minuten Treppentraining sind Sie schweißgebadet, doch wenn am Ende dort steht: »Training beendet: 300 Kalorien verbraucht!«, kommen Sie sich vor, als hätten Sie gerade ein Stück Bauch weggehobelt und wären Ihrem Ziel näher gekommen. Jedenfalls bis Sie sich eine Stärkung gönnen möchten und feststellen, dass eineinhalb Portionen Rosinenmüsli ebenfalls 300 Kalorien haben. Was Sie sich in 30 Minuten mühsam abgestrampelt haben, nehmen Sie innerhalb von Minuten wieder zu sich. Psychologisch besehen ist dies das Ende Ihrer Diät.

Natürlich schadet es nichts, mit Hilfe der Nährwertangaben zu überprüfen, was wir essen, oder sich dadurch vorläufig mal von kalorienreichen Nahrungsmitteln fernzuhalten. Es kann auch hilfreich sein, anhand der Angaben des Geräts festzustellen, ob man intensiv genug trainiert hat. Aber wer sich einzig auf die Kalorien konzentriert, die er beim Essen zu sich nimmt und die er beim Sport verbraucht, macht sich das Abnehmen selber schwer. Günstiger ist es, sich darauf zu konzentrieren, was den Rest des Tages im Körper abläuft – wenn wir arbeiten, schlafen, lieben oder gerade still dasitzen und dieses Buch lesen. Gerade jetzt nehmen Sie entweder zu oder ab. Mit *Sexy Sixpack* lernt Ihr Körper, Fett abzubauen, auch wenn Sie still dasitzen, denn dieses Programm konzentriert sich auf etwas, das andere Pläne außer Acht lassen: den Stoffwechsel.

Was ist der Stoffwechsel?

Der Stoffwechsel bestimmt das Tempo, in dem der Körper Kalorien verbraucht, um am Leben zu bleiben – damit das Herz schlägt, die Lunge atmet, das Blut gepumpt wird und das Gehirn von der Karibik träumen kann, während es offiziell die Jahresendabrechnung durchgeht. Der Körper verbrennt unablässig Kalorien, auch jetzt, während Sie diesen Satz hier lesen. Frauen brauchen durchschnittlich zehn Kalorien pro 500 Gramm Körpergewicht, Männer im Durchschnitt elf Kalorien.

Über den Tag hinweg gibt es drei Hauptformen der Kalorienverbrennung. Wer versteht, wie sie funktionieren, begreift sofort, warum *Sexy Sixpack* den Körper in eine Fettverbrennungsmaschine verwandelt.

Kalorienverbrennung 1: **Die thermische Wirkung des Essens.** Zwischen zehn und 30 Prozent der verbrauchten Kalorien dienen einzig und allein der Verdauung. Das ist natürlich eine feine Sache – allein indem Sie Ihrem Appetit nachgeben, verbrennen Sie bereits Kalorien. Allerdings werden nicht alle Nahrungsmittel gleich behandelt. Die Eiweißverdauung ist mit 25 verbrannten Kalorien pro 100 verzehrten Kalorien aufwändiger als die Verdauung von Fett und Kohlenhydraten (zehn bis 15 verbrannte Kalorien pro 100 verzehrte Kalorien). Deshalb konzentriert sich die hier vorgeschlagene Diät auf gesunde, fettarme Proteine. Wer auf intelligente Weise mehr davon zu sich nimmt, verbraucht mehr Kalorien.

Kalorienverbrennung 2: **Bewegung und Körpertraining.** Weitere zehn bis 15 Prozent der Kalorienverbrennung stammen aus Muskelbewegungen – ob Sie nun Gewichte stemmen, eilig zum Bus rennen oder Däumchen drehen. Selbst das Umwenden der Seiten dieses Buches verbraucht Kalorien.

Kalorienverbrennung 3: **Grundstoffwechsel.** Das ist der Hauptofen. Der Ruhe- bzw. Grundstoffwechsel bezieht sich auf die Kalorien, die wir verbrennen, wenn wir gar nichts weiter tun, also schlafen, fernsehen oder die x-te einschläfernde Präsentation zum Thema Gewinn-und-Verlust-Leitsätze in der Firma verfolgen. Volle 60 bis 80 Prozent der Tageskalorien werden einfach beim Nichtstun verbrannt, weil der Körper ständig in Bewegung ist: Das Herz schlägt, die Lunge atmet, und die Zellen teilen sich unablässig, sogar im Schlaf.

Wenn man nun die Prozentzahlen zusammenrechnet, wird deutlich, dass der Löwenanteil des täglichen Kalorienverbrauchs aus den reinen Körperfunktionen stammt, über die niemand nachdenkt – den thermischen Wirkungen des Essens und des Grundstoffwechsels. Bewegung ist zwar wichtig, aber es muss klar sein, dass die Kalorien, die wir beim Sport verbrauchen, nebensächlich sind. Lassen Sie mich das wiederholen: Bewegung ist wichtig, doch die Kalorien, die wir beim Sport verbrauchen, sind nebensächlich. Deshalb zielt das Trainingsprogramm, das ich Ihnen vorstelle, darauf ab, den Grundstoffwechsel zu verändern, damit auch in der bewegungslosen Zeit Fett verbrannt wird. Und darum sind auch die Lebensmittel, die Ihnen nahe gelegt werden, so gewählt, dass allein durch ihre Aufnahme und Verdauung möglichst viele Kalorien verbraucht werden. Ich möchte, dass Sie nicht mehr zählen, wie viele Kalorien Sie durch 30 Minuten Gymnastik verbraucht haben. Konzentrieren Sie sich lieber auf die Kalorien, die Sie in den restlichen 23,5 Stunden des Tages verbrennen.

Sexy Sixpack wird Ihren Körper durch verschiedene Ansätze in einen fettverbrennenden Dynamo verwandeln.

Anders Sport treiben

Kennen Sie ein Fitnessstudio zur Haupttrainingszeit? Alle Laufbänder und Ergometer sind besetzt. Die Trainingszeit von 20 Minuten soll nicht überzogen werden, damit sofort der Nächste ins Schwitzen kommen kann. Jeder scheint auf aerobes Herz-Kreislauf-Training aus zu sein. Je mehr man schwitzt, desto mehr Kalorien werden verbrannt und desto schneller nimmt man ab, stimmt's? In gewisser Weise natürlich schon. Herz-Kreislauf-Training (gemäßigter Ausdauersport wie Laufen, Radfahren oder Schwimmen) verbrennt viele Kalorien, oft mehr als andere Formen der Bewegung wie Krafttraining oder Modesportarten wie Yoga oder Pilates. Was das Gewicht angeht, wird aerober Sport jedoch ungefähr so überschätzt wie das sommerliche Fernsehprogramm. Muskeln verbrauchen Fett. Ich wiederhole: 500 Gramm mehr Muskeln verbrennen 50 Kalorien am Tag, nur um diesen Muskel zu erhalten. Mit knapp drei Kilo zusätzlicher Muskelmasse verbrauchen Sie

Erfolg mit *Sexy Sixpack*

»Jetzt mag ich meinen Bauch wieder«

Name: Jessica Guff
Alter: 43
Größe: 1,63 m
Ausgangsgewicht: 60 kg
Sechs Wochen später: 54,5 kg

Jessica Guff steigt nur ungern auf die Waage, denn sie findet, dass Zahlen wenig über die Gesundheit aussagen. Wichtiger ist, wie wir uns selbst sehen – und natürlich wie andere uns sehen. Zum Beispiel als sie bei einem Kunden ins Büro kam. Die Angestellten hatten sie einige Zeit nicht gesehen, sodass die eine ihre Kollegin fragte: »Wer ist denn die Dünne da drüben?«

»Das ist Jessica«, erklärte ihr die andere. »Sie macht gerade dieses *Sexy-Sixpack*-Programm.«

Dieser Wortwechsel begab sich nur zwei Wochen, nachdem Jessica Guff mit der Diät begonnen hatte. Die Wirkung setzte sofort ein. Als Marathonläuferin war Jessica stets gut in Form gewesen, doch zwei Schwangerschaften hatten an ihrem Bauch Spuren hinterlassen. »Abgesehen von meinem Bauch sah ich ganz ordentlich aus«, sagte sie. »Aber seit ich dieses Programm befolge, merke ich einen echten Unterschied. Mit meinen Bauchmuskeln kann ich bestimmt bald Nüsse knacken.«

Bei Jessica ging es in erster Linie um eine Veränderung ihrer Essgewohnheiten. Weil sie ihre gewohnte Ernährung opferte, um die Kinder morgens fertig zu machen und ihr Training zu schaffen, begann sie mit Tee und häufig nicht viel mehr. »Bisher bin ich oft losgelaufen, ohne zuvor zu essen. Das war ziemlich dumm«, berichtet Jessica Guff. »Als ich hörte, dass Training auf leeren Magen nicht Fett verbrennt, sondern Muskeln, war ich wirklich schockiert.« Doch die einfachen Strategien von *Sexy Sixpack* änderten all das. »Jetzt mache ich mir Milchshakes zum Frühstück. Damit fühle ich mich fit und energiegeladen.«

Ein Programm, in dem Jessica Kalorien zählen oder Essen abwiegen müsste, wäre nichts für sie. »Was ich an dieser Diät liebe, ist ihre Flexibilität«, findet sie. »Alles rankt sich um die zwölf Fitmacher, und die sind einprägsam.«

Im Ergebnis ist sie inzwischen schlanker und zugleich kräftiger. Als ihre 25 kg schwere Tochter auf dem Sofa einschlief, trug Jessica sie selbst ins Bett. »Ich dachte, entweder bin ich stärker geworden, oder sie hat abgenommen«, erzählt sie.

Auch ihr Selbstbewusstsein ist gestiegen. »Wenn Frauen andere Frauen ansehen, begutachten sie deren Busen, den Po und die Taille – besonders Frauen, die Kinder haben. Jede Frau, die ein Kind geboren hat, macht sich Gedanken über einen flachen Bauch.«

Der wahre Erfolg zeigte sich jedoch in Form einer grünen Satinhose, von der Guff sagt: »Sie ist ziemlich gewagt, aber sie betont den Bauch, und da ich zwei Kinder habe, zeige ich

> meinen Bauch nicht so gerne vor.« Nach zwei Wochen Diät und Training beschloss sie jedoch den Öffentlichkeitstest. »Ich bekam so viele Komplimente. Ein Mann, der mit mir auf dem College gewesen war, meinte: ›Tolles Outfit.‹ Und mein eigener Mann fand, ich sähe spitze aus. Heute Abend gehe ich aus und werde die Hose wieder tragen.«

also bis zu 300 zusätzliche Kalorien am Tag einfach beim Herumsitzen.

Das Problem bei mäßigem aerobem Training ist einfach. So wie ein Auto ohne Benzin nicht fährt oder der Drache ohne Wind nicht fliegt, kann auch der Körper ohne Nahrung nicht funktionieren. Die Nahrung ist der Treibstoff, mit dem wir laufen, etwas heben oder die Kondition haben, eine ganze Nacht hindurch zu lieben. Bei Anstrengungen aktiviert der Körper Glykogen (gespeicherte Kohlenhydrate in den Muskeln und in der Leber), Fett und gelegentlich auch Protein. Bei mäßig anstrengender Bewegung wie Jogging greift der Körper in erster Linie auf die Energie aus Fett und Glykogen (Kohlenhydrate) zurück. Wenn wir länger trainieren (mehr als 20 Minuten), sind die ersten, leicht zugänglichen Reserven erschöpft, und der Körper nimmt die nächste verfügbare Energie, das Protein. Dann beginnt er, dem Muskelgewebe Protein zu entziehen, das für die aktuelle Anstrengung gebraucht wird. In diesem Stadium werden pro 30 Minuten anhaltender Bewegung fünf bis sechs Gramm Protein verbraucht (etwa so viel wie in einem hart gekochten Ei enthalten sind). Durch die Eiweißverbrennung geht nicht nur eine Gelegenheit der Fettverbrennung verloren, sondern auch wichtige, kräftige Muskelmasse. Deshalb werden durch aerobes Training tatsächlich Muskeln abgebaut. Weniger Muskelmasse verlangsamt jedoch letztlich den Stoffwechsel und macht anfällig für Gewichtszunahme.

Und nun kommt eine noch unangenehmere Nachricht: In früheren Studien haben Forscher Ausdauertraining mit Krafttraining verglichen und herausgefunden, dass durch aerobe Aktivitäten mehr Kalorien verbraucht wurden als durch das Stemmen von Gewichten. Also müsste aerobes Training der richtige Weg zum Abnehmen sein. Aber das ist nur die halbe Wahrheit.

Man hat festgestellt, dass Gewichtheber beim eigentlichen Training zwar weniger Kalorien verbrennen als Leute, die laufen oder Rad fahren. In den Stunden und Tagen nach dem Training hingegen liegt ihr Kalorienverbrauch deutlich höher, weil sich der Grundumsatz erhöht. Der Körper verbrennt einfach weiterhin mehr Kalorien. Wissenschaftliche Untersuchungen ergaben, dass die Ankurbelung des Stoffwechsels nach Aerobic nur 30 bis 60 Minuten anhielt. Nach Training mit Gewichten hingegen hielt die Wirkung bis zu 48 Stunden an. In diesen 48 Stunden verbrannte der Körper zusätzliches Fett. Auf lange Sicht nahmen beide Gruppen ab, doch die Teilnehmer, die Krafttraining betrieben, verloren nur Fett, während die Läufer und Radfahrer auch Muskelmasse einbüßten. Das Fazit lautet: Aerober Sport erhöht den Kalorienverbrauch in erster Linie während des Trainings. Krafttraining hingegen verbraucht noch lange nach dem Verlassen des Fitnessstudios Energie –

auch im Schlaf und vielleicht ununterbrochen bis zur nächsten Trainingseinheit. Darüber hinaus bedeuten die zusätzlichen Muskeln, die wir durch Krafttraining aufbauen, dass der Körper auf lange Sicht auch im Ruhezustand Kalorien verbrennt, um diese neuen Muskeln zu erhalten.

Damit stellt sich die Frage, welcher Aspekt des Krafttrainings für die anhaltende nachträgliche Verbrennung verantwortlich ist. Wahrscheinlich ist es der Vorgang der Muskelreparatur. Beim Gewichtestemmen wird Muskelgewebe zerstört, das sich anschließend schneller als üblich neu bildet. (Muskeln werden ständig ab- und wieder aufgebaut; Krafttraining beschleunigt diesen Prozess lediglich.) Und da der Abbau und Wiederaufbau eine Menge Energie kostet, könnte dies den langen Zeitraum der gesteigerten Verbrennung erklären. So fand etwa eine finnische Studie von 2001 heraus, dass die Proteinsynthese (der Vorgang, der stärkere Muskeln aufbaut) drei Stunden nach einer Trainingseinheit um 21 Prozent ansteigt.

Die gute Nachricht ist, dass Sie nicht wuchten müssen wie ein Rugbyspieler, um sichtbare Resultate zu erzielen. Neuere Untersuchungen an der Ohio University ergaben, dass kurzes, intensives Training dieselbe Wirkung hat wie längere Trainingseinheiten. Nach drei verschiedenen Übungen innerhalb von 31 Minuten verbrannten die Teilnehmer noch 38 Stunden später mehr Kalorien als sonst. Lassen Sie uns noch mal zusammenfassen: Der Muskelaufbau kurbelt den Stoffwechsel derart an, dass wir pro 500 Gramm Muskelmasse bis zu 50 Kalorien täglich verbrauchen. Je mehr Muskeln wir besitzen, desto leichter verlieren wir unser Fett. Deshalb ist das Trainingsprogramm, mit dessen Hilfe die zusätzlichen Muskeln wachsen, die man zur Fettverbrennung und für eine bessere Figur braucht, ein wesentliches Standbein von *Sexy Sixpack*. Es erklärt auch, warum das aerobe Herz-Kreislauf-Training in den Hintergrund treten sollte, wenn es um Fettabbau geht: weil es dem Körper Fett verbrennende Muskeln entzieht.

Ehe Sie nun meinen, ich sei ein fanatischer Gegner von Ausdauersport, möchte ich klarstellen: Ich laufe fast täglich und habe sogar den New-York-City-Marathon bewältigt. Aerobes Training verbraucht Kalorien, hilft beim Stressabbau und ist gut für Herz und Kreislauf. Daneben trägt es zur Blutdrucksenkung bei und verbessert das Cholesterinprofil. Wenn die Alternative lautet, Ausdauersport oder gar keiner, dann gehen Sie lieber sofort nach draußen und laufen! Zur langfristigen Gewichtskontrolle jedoch ziehe ich die Hanteln den Joggingschuhen unbedingt vor.

Anders essen

Wie schon im letzten Kapitel erläutert, versagt in unserer Gesellschaft kaum etwas so oft wie Diäten. Ich glaube, es gibt eine Erklärung dafür. Zum einen konzentrieren sich viele Diäten auf fettarme Ernährung (das Thema Fett wird in einem späteren Kapitel noch genauer behandelt). Eines der Probleme mit fettarmer Ernährung ist jedoch, dass hierdurch auch die Erzeugung von Testosteron gedrosselt wird, dem Hormon, das den Muskelaufbau und die Fettverbrennung unterstützt. Bei niedrigem Testosteronspiegel aber speichert der Körper das Fett, wie ein Eichhörnchen seine Nüsse sammelt. Einer Studie zufolge neigten Männer mit hohem Testosteronspiegel zu 75 Prozent seltener zu Übergewicht als Männer mit niedrigem Testosteronspiegel. Viele Diäten scheitern aber auch, weil sie den wichtigsten Nährstoff für Muskelaufbau und die Ankurbelung des Stoffwechsels nicht nutzen, das Protein.

Im richtigen Verhältnis zu Nahrungsmitteln aus anderen Gruppen bewirken Proteine zweierlei: Zum einen liegt der thermische Verbrauch bei der Verdauung um über ein Drittel höher. Zum anderen ist Eiweiß auch der Nährstoff, der Kalorien verbrauchende Muskeln aufbaut. Man verbrennt also doppelt – bei der Nahrungsaufnahme und später beim Muskelaufbau. Aus diesem Grund wird der Proteinverzehr bei *Sexy Sixpack* auch betont, wobei besonderes Augenmerk auf die wirkungsvollsten Proteine gelegt wird. Das *American Journal of Clinical Nutrition* (Amerikanisches Journal für Klinische Ernährung) veröffentlichte eine dänische Studie, in der Männer eine eiweißreiche Diät erhielten, die entweder auf Soja oder auf Schweinefleisch basierte. Wer tierisches Protein verzehrte, verbrauchte über 24 Stunden hinweg zwei Prozent mehr Kalorien als diejenigen, die Sojaproteine zu sich nahmen, obwohl die Gruppe mit dem Schweinefleisch sogar etwas weniger Nahrung bekam. Bei einer Tagesmenge von 2500 Kalorien sind das 50 Kalorien. Wer also Kalorien verbrennen will, sollte die Schweinelende dem Tofu vorziehen.

Wie der Stoffwechsel die Figur bestimmt

Der Gesundheitsreport
Was ist das eigentlich – Diabetes?

Wenn einer Ihrer Angehörigen oder Freunde mit der Geißel Diabetes (Zuckerkrankheit) kämpft, wissen Sie, wie grausam diese Krankheit werden kann. Sie ist nicht nur eine der häufigsten Todesursachen, sondern trägt vermutlich auch zu vielen weiteren Todesfällen durch Herzversagen, Nierenversagen oder Schlaganfall bei. Andere Komplikationen sind Blindheit, Amputation, Impotenz und Nervenschäden.

Bei Diabetes geschieht Folgendes: Das Verdauungssystem verwandelt die aufgenommene Nahrung in Glukose – die Zuckerform, die der Körper als Energiequelle nutzt – und gibt diese ins Blut ab. Sobald die Glukose erscheint, erzeugt die Bauchspeicheldrüse (eine große Drüse in Magennähe) das Hormon Insulin, das ebenfalls ins Blut gelangt. Insulin ist der Fluglotse des Körpers. Es übernimmt das Kommando über die gesamte Glukose und lenkt sie in die Zellen, wo sie zum Muskelaufbau, zur Erhaltung des Herzschlags, zum Denken oder zum Tanzen gebraucht wird (falls Sie gern tanzen).

Schlechte Gewohnheiten jedoch setzen der Kommandozentrale zu. Wer zu viel isst – insbesondere Nahrungsmittel mit hohem glykämischen Index –, überflutet den Körper wieder und wieder mit großen Mengen Glukose. Wie jeder Fluglotse kann dann auch das Insulin überfordert sein, wenn es zu viel gleichzeitig tun muss. Irgendwann ist es ausgebrannt und verliert seine Fähigkeit, den Zellen zu sagen, wie sie die Glukose im Blut richtig verwerten sollen – es kommt zu einer Insulinresistenz. Im Laufe der Jahre schraubt die Bauchspeicheldrüse dann die Produktion des vielen unwirksamen Insulins zurück, bis sie schließlich weniger erzeugt, als wir brauchen. Damit beginnt der Typ-2-Diabetes der Erwachsenen. (Da schlechte Ernährung ein Hauptrisikofaktor ist, überrascht es auch nicht, dass 80 Prozent der Menschen mit Typ-2-Diabetes übergewichtig sind.) Im Blut staut sich die Glukose, geht in den Urin über und verlässt den Körper auf diesem Weg. So verliert der Körper seine wichtigste Energiequelle, obwohl das Blut große Mengen Glukose enthält.

Nun geschehen zwei unangenehme Dinge. Erstens verliert man Energie, und der Körper bekommt Schwierigkeiten mit der Selbsterhaltung: Man fühlt sich müde, hat ungewöhnlich viel Durst und nimmt ohne ersichtlichen Grund ab. Krankheiten häufen sich, und die Wundheilung verzögert sich. Zweitens beginnt der Zucker im Blut, die winzigen Blutgefäße und Nerven im gesamten Körper zu schädigen, besonders in den Extremitäten und den lebenswichtigen Organen. Es kommt zu Blindheit, Impotenz, Taubheitsgefühlen und Herzproblemen.

Aber Diabetes kann auf relativ einfache Weise vorgebeugt werden, wobei sportliche Aktivitäten und richtige Ernährung die richtigen Ansätze sind – folgen Sie am besten den Empfehlungen von *Sexy Sixpack* und berücksichtigen Sie zusätzlich die folgenden Ratschläge:

Hafer. Haferflocken enthalten viele lösliche Ballaststoffe, die das Risiko für Herzerkrankungen, bestimmte Krebsarten, Divertikulitis und Diabetes senken. Wechseln Sie am besten regelmäßig ab: Einen Tag gibt es Haferflocken mit Beeren und Nüssen, am anderen Eier und Fleisch.

Bewegung. Forscher in Yale fanden heraus, dass Männer mit Insulinresistenz, einem Risikofaktor für Diabetes und Herzerkrankungen, die sechs Wochen lang viermal pro Woche 45 Minuten am Stepper trainierten, ihre Insulinsensitivität um 43 Prozent verbessern konnten.

Äpfel. Wissenschaftler des Nationalen Instituts für Volksgesundheit in Helsinki überprüften ein Jahr lang die Ernährungsgewohnheiten von 60 000 Männern und Frauen. Dabei fanden sie heraus, dass die Sterberate bei denjenigen mit dem höchsten Apfelverzehr gegenüber der Gruppe, die nur selten in einen Granny Smith oder Cox Orange biss, um zwölf Prozent geringer war. Das Diabetesrisiko der Apfelliebhaber war sogar um 27 Prozent geringer.

Kohlenhydrate. Der glykämische Index sagt etwas darüber aus, wie schnell die Kohlenhydrate aus einem bestimmten Nahrungsmittel in Glukose umgewandelt und in das Blut abgegeben werden. Einer Harvardstudie zufolge erkrankten Männer, die Nahrungsmittel mit dem niedrigsten Index bevorzugten (z. B. Vollkornbrot), zu 37 Prozent seltener an

Diabetes erkrankten als Männer, die Lebensmittel mit einem hohen glykämischen Index aßen (z. B. polierter weißer Reis). Den glykämischen Index Ihrer Lieblingsspeisen können Sie entsprechenden Tabellen entnehmen.

Vitamin E. Bei der Auswertung der Ernährung von 944 Männern stellten finnische Forscher fest, dass das Diabetesrisiko der Gruppe mit der höchsten Vitamin-E-Zufuhr um 22 Prozent unter dem der Gruppe mit der niedrigsten Zufuhr lag. Vitamin E beugt auch Schäden durch freie Radikale vor, die an Komplikationen in Folge von Diabetes beteiligt sind.

Alkohol. Eine Studie an 23 000 Zwillingen ergab, dass Personen, die ein bis zwei Gläser Alkohol pro Tag zu sich nahmen, zu 40 Prozent seltener an Diabetes erkrankten als diejenigen, die weniger als ein Glas am Tag tranken. Auch frühere Forschungen brachten Alkoholkonsum mit erhöhter Insulinsensitivität in Verbindung. Übertreiben Sie jedoch nicht. Eine andere Studie ergab nämlich, dass unkontrolliertes Trinken das Darmkrebsrisiko verdreifacht.

Kapitel 4
Das Geheimnis von *Sexy Sixpack*

**Was macht Ihr Körper gerade
mit der letzten Mahlzeit?**

Grundsätzlich erscheint der Weg, den unsere Nahrung durch den Körper nimmt, überschaubar. Es gibt einen Weg hinein und einen Weg hinaus, und alles, was zwischendurch übrig bleibt, sammelt sich als Fett an Bauch, Hüften oder Kinn an. Tatsächlich jedoch lässt sich die Reiseroute von Frühstück, Mittagessen und Abendbrot eher mit einer Autobahn vergleichen. Da gibt es Verkehrsstaus (verlegte Arterien) und gelegentlich einen Unfall (Verdauungsstörung), aber auch ein komplexes Netz aus Zufahrts- und Abfahrtswegen, auf denen die Nährstoffe von und zu wichtigen Organen und Gewebearten transportiert werden. Die Fähigkeit, Gewicht abzubauen und Muskelmasse aufzubauen, hängt vornehmlich davon ab, wie und wann wir den Körper »betanken«, um in diesem System zu funktionieren.

Im vorherigen Kapitel habe ich dargelegt, wieso der Fokus zur wirkungsvollen Gewichtskontrolle auf der Kalorienverbrennung liegt – nicht darauf, wie effektiv wir Kalorien durch Sport verbrennen, sondern wie effektiv wir sie verbrennen, wenn wir uns gerade *nicht* sportlich betätigen. Außerdem haben Sie etwas darüber erfahren, wie die aufgenommene Nahrung den täglichen Kalorienverbrauch beeinflussen kann. Ehe ich zur Funktionsweise der Ernährung nach *Sexy Sixpack* komme, sollten Sie noch über die wichtigsten Substanzen und Nährstoffe Bescheid wissen, die mit der Nahrungsverarbeitung im Körper zusammenhängen.

Protein – der Hansdampf in allen Gassen

Vielseitigkeit ist im Sport ein hoch geschätztes Talent – ein Kricketspieler, der schlagen und fangen kann, ein Fußballer, der in der Abwehr so gut ist wie im Sturm. In unserem Körper sind die Proteine die vielseitigsten Spieler in der Mannschaft der Nährstoffe. Sie kommen in vielerlei Gestalt und erfüllen zahlreiche Funktionen:

- ▶ Proteine sind die Grundbausteine des Körpers für Muskeln, Organe, Knochen und Bindegewebe.
- ▶ In Form von Enzymen unterstützen sie die Verdauung.
- ▶ Als Hormone teilen sie dem Körper mit, wann Nahrung als Energie genutzt werden sollte und wann sie als Fett einzulagern ist.
- ▶ Sie transportieren Sauerstoff durch das Blut in die Muskeln und Organe.

▶ Als Antikörper schützen sie vor Erkrankungen durch Viren und Bakterien.

Proteine sind also wichtig für die optimale Körperfunktion. Aber wir haben das Eiweiß aus vier anderen, entscheidenden Gründen zur Basis der Ernährung gemacht:

1. **Es schmeckt.** Saftige Schnitzel. Geräucherter Putenaufschnitt. Gebratene Schweinelende. Gedämpfter Hummer. Erdnussbutter. Die empfohlene *Sexy-Sixpack*-Diät rankt sich um genau die Lebensmittel, die wir besonders mögen. Deshalb ist es auch kein Programm, an das Sie sich halten müssen, sondern Sie werden sich daran halten wollen.

2. **Die Kalorien werden schon bei der Aufnahme verbrannt.** Nahrung enthält Energie in Form von chemischen Verbindungen, die der Körper in dieser Form jedoch nicht nutzen kann. Er muss die Nahrung zerlegen, um den chemischen Verbindungen Energie zu entziehen. Dieser Prozess der Energiegewinnung verschlingt selbst Energie. Also verbraucht der Körper dabei Kalorien. Das ist die thermische Wirkung des Essens, die ich im dritten Kapitel näher erklärt habe. Bei Proteinen ist der thermische Effekt besonders hoch, denn die Zerlegung von Eiweißverbindungen verschlingt beinahe doppelt so viel Energie wie der Abbau von Kohlenhydraten. Wenn Sie dem Körper also größere Mengen Protein zuführen, verbrennt er im Laufe des Tages automatisch mehr Kalorien. Als Forscher der Arizona State University den Nutzen einer eiweißreichen Diät mit dem einer

kohlenhydratreichen Diät verglichen, stellten sie fest, dass Menschen, die viel Protein verzehrten, in den Stunden nach den Mahlzeiten ihre Kalorien mehr als doppelt so schnell verbrannten wie diejenigen, die in erster Linie Kohlenhydrate zu sich nahmen.

3. **Sie bleiben zufrieden.** Forschungen haben ergeben, dass Mahlzeiten, bei denen proteinreiche Lebensmittel im Mittelpunkt stehen, uns rascher satt machen als solche mit hohem Kohlenhydratanteil. Eine entsprechende Studie wurde im *European Journal of Clinical Nutrition* (Europäisches Journal für Klinische Ernährung) veröffentlicht: Die Teilnehmer erhielten einen von vier verschiedenen Shakes, die entweder 60 Prozent Proteine, 60 Prozent Kohlenhydrate, 60 Prozent Fett oder alle Nährstoffe zu gleichen Teilen enthielten. Diejenigen, die proteinreiche oder gleichmäßig gemischte Shakes bekamen, aßen zum Abendessen am wenigsten. Alle Mixgetränke enthielten zwar gleich viel Kalorien, doch mit Proteinen fühlten die Probanden sich satter und aßen daher später weniger.

4. **Protein baut Muskeln auf und erhält so die Fettverbrennung.** Sie erinnern sich – mehr Muskeln verbrennen mehr Fett. Wenn Sie beispielsweise Gewichte stemmen, entstehen mikroskopisch kleine Risse in den Muskeln. Um diese Risse zu reparieren, wirken Proteine wie das Rote Kreuz in einem Notstandsgebiet, indem sie durch den Aufbau neuer Muskelfasern die ursprüngliche Zellstruktur stärken.

Dieser ganze Prozess, während dem Proteine nach dem

Training neue Muskelfasern aufbauen, dauert 24 bis 48 Stunden. Wenn Sie also dreimal pro Woche Gewichte heben, damit die Proteine all die winzigen Risse reparieren, bleibt der Körper mit dem Muskelaufbau beschäftigt und ist damit ständig auf Fettverbrennung gepolt.

Eiweiß steht in vielerlei Form zur Verfügung, z. B. als Putenfleisch, Rindfleisch, Fisch, Nüsse oder Tofu. Sie sollten sich jedoch auf die Eiweißverbindungen konzentrieren, die den Muskelaufbau bestmöglich unterstützen, da Forschungen gezeigt haben, dass tierische Proteine wie Geflügel, Fisch und mageres Rind- oder Schweinefleisch hierfür besser geeignet sind als Proteine aus Soja oder Gemüse. Bei der Berechnung der Eiweißmenge, die der Körper täglich braucht, sollten Sie etwa ein Gramm Protein pro 500 Gramm Körpergewicht und Tag anstreben. Bei 80 kg Körpergewicht benötigt ein Mann demnach 160 Gramm Protein am Tag, die man ungefähr so verteilen könnte:

- 3 Eier (18 g)
- ½ Liter fettarme Milch (16 g)
- 170 g Hüttenkäse (28 g)
- 1 Roastbeef-Sandwich (28 g)
- 75 g Erdnüsse (16 g)
- 230 g Hähnchenbrustfilet (54 g)

Wer die eben genannten vier Punkte kombiniert – durch eine einfache, leckere Ernährung, einen höheren Kalorienverbrauch, eine geringere Kalorienzufuhr und mehr Fettverbrennung durch die Muskeln –, erkennt leicht, wieso eine eiweißreiche Diät zu Gewichtsverlust führt. In einer dänischen Studie erhielten 65 Teilnehmer eine Diät mit zwölf Prozent Proteinanteil, 25 Prozent Proteinanteil oder aber gar keine Diät. In den ersten beiden Gruppen stammten jeweils etwa 30 Prozent der Kalorien aus Fett. Während die Gruppe mit wenig Protein durchschnittlich 5 kg Gewicht verlor, bauten die Teilnehmer mit der proteinreichen Ernährung 9 kg Gewicht ab und verzehrten weniger Kalorien als die erste Gruppe.

Besonders verblüffend war jedoch nicht die Menge des Gewichtsverlustes, sondern der Ort: Die Teilnehmer mit der proteinreichen Ernährung verloren auch doppelt so viel Bauchfett. Ein Grund dafür könnte sein, dass eine eiweißreiche Ernährung dem Körper hilft, seinen Kortisolspiegel zu regulieren. Kortisol ist ein Stresshormon, das die Fettablagerung im Bauchraum reguliert.

Fett – unterschätzt und unverstanden?

Wenn man an Fett denkt, kommen einem vermutlich sofort fettreiche Nahrungsmittel in den Sinn – oder fette Menschen. Aber Fett ist vermutlich einer der Nährstoffe, über den es die meisten Missverständnisse gibt. Sie stammen aus dem verbreiteten Irrglauben, dass Fett die Hauptschuld am epidemischen Übergewicht trägt.

In den 80er-Jahren erschienen zahlreiche Ernährungsempfehlungen, die erklärten, wir sollten mehr Kartoffeln, Getreideprodukte und Reis zu uns nehmen und dafür den Verzehr fettreicher und stark proteinhaltiger Lebensmittel einschränken. So kam es zu der Vorstellung, Fett mache fett. Daraufhin wurden zahlreiche neue Diäten geboren, die propagierten, dass eine Einschränkung der Fettzufuhr auch das Fett begrenze, das sich ungeniert an Bauch und Hüften breit macht. Aber als die Wissenschaftler versuchten, eine Verbindung zwischen fettarmer Ernährung und Übergewicht herzustellen, konnte diese Denkweise nicht standhalten. 1998 meinten zum Beispiel zwei bekannte Übergewichtsexperten, dass wir durch eine Beschränkung der Fettkalorien auf zehn Prozent unserer Kalorienaufnahme täglich 16 Gramm Fett verlieren müssten. Das wären in einem Jahr über 22 kg. Doch als der Harvardepidemiologe Walter Willett versuchte, diese These zu beweisen, konnte er keine Verbindung zwischen Gewichtsabnahme und fettarmer Ernährung herstellen. Manche Langzeitstudien (ein Jahr oder länger) ergaben in bestimmten Gruppen sogar eine Gewichtszunahme bei fettarmer Ernährung. Willett ging davon aus, dass es hierfür einen speziellen Mechanismus gibt: Wenn der Körper längere Zeit wenig Fett erhält, wird die Gewichtsabnahme unterbrochen.

Die Rebellion des menschlichen Körpers gegen fettarme Diäten ist zum Teil darin begründet, dass wir Fett brauchen. Es spielt eine wichtige Rolle bei der Verwertung der Vitamine A, D, E und K, die im Fettgewebe und in der Leber eingelagert werden, bis der Körper sie benötigt. Fett ist aber auch an der Testosteronproduktion beteiligt, die wiederum das Muskelwachstum stärkt. Und es trägt wie Protein zur Zufriedenheit

Erfolg mit *Sexy Sixpack*

»Dem Tod ein Schnippchen geschlagen«

Name: Dan Shea
Alter: 40
Größe: 1,70 m
Ausgangsgewicht: 103 kg
Sechs Wochen später: 94 kg

Dan Shea hatte miterlebt, was geschieht, wenn man nicht auf sein Gewicht und seine Gesundheit achtet, und wollte nicht dasselbe durchmachen müssen. Sein Vater – einst Pilot der Luftwaffe und in Topform – stand mit 70 Jahren kurz davor, wegen Diabetes einen Fuß zu verlieren. Shea wollte einen anderen Weg einschlagen: »Ich will mit 70 noch Ski laufen«, nahm er sich vor.

Doch bei einer Körpergröße von 1,70 m und einem Gewicht von 103 kg im Alter von 40 Jahren war Shea sich bewusst, dass er etwas verändern musste – genau 27 Kilo. Er hatte eine 13-jährige Tochter, deren Hochzeit er noch erleben wollte, doch bei seinem Lebenswandel steuerte er direkt auf den Herzinfarkt zu. Also begann er mit *Sexy Sixpack* und sprach sofort darauf an. Ihm wurde klar, dass er nicht ausreichend frühstückte und auch nicht häufig genug aß. Also sorgte er dafür, am Vormittag Fitmacher einzuschieben. »Ich aß, obwohl ich keinen Hunger hatte«, räumt er ein. »Dabei kam es mir so vor, als würde ich mit diesem zweiten Frühstück gegen jede Diätvorschrift verstoßen. Ich war noch nicht hungrig, aber wenn ich nichts gegessen hätte, wäre ich beim Mittagessen völlig ausgehungert gewesen.«

Ganz besonders liebt er die Milchshakes, die er mit fettarmem Jogurt, fettarmer Milch, Früchten und einem Schuss Proteinpulver zubereitet. »Das Beste auf dieser Erde, so gut wie mein Lieblingseis«, sagt Shea. »Diese Shakes sind einfach genial, mein absolutes Lieblingsessen. Wenn ich einen Mixer im Büro hätte, würde ich sie dreimal am Tag zu mir nehmen.«

Innerhalb von sechs Wochen hat Shea 9 kg abgenommen. Mit Hilfe von *Sexy Sixpack* will er nun sein Zielgewicht von 75 kg erreichen. »Ich sehe super aus, sagt meine Frau. Die Hosen sitzen wieder viel bequemer, und einen neuen Gürtel brauche ich auch. Das Hemd stecke ich jetzt in die Hose, und ich gehe und stehe aufrechter. Auch mein Selbstbewusstsein hat einen Schub bekommen. Kürzlich hatte ich ein Vorstellungsgespräch für einen Job, für den ich etwas unterqualifiziert war. Aber ich stand ziemlich weit oben in der Auswahlliste und hätte den Job sogar beinahe bekommen, einfach wegen meines Auftretens«, berichtet Shea. »Ich habe an Bauch und Gesäß abgenommen, insbesondere aber an der Brust, die sich allmählich wieder normalisiert. Es ist ein phantastisches Programm, und ich weiß, dass ich mein Ziel erreichen werde. Ich habe mich auf eine langfristige Veränderung eingestellt, und dieses Programm lässt sich problemlos durchhalten.«

und Appetitkontrolle bei. Das Wichtigste, was wir in den letzten Jahren über Gewichtskontrolle gelernt haben, ist daher, dass die Reduzierung der Fettzufuhr nicht sehr viel zum Abbau von Körperfett beiträgt. In einer kleineren Studie, in der eine kohlenhydratreiche Diät mit einer fettreichen Diät verglichen wurde, stellten die Forscher fest, dass in der Gruppe mit der fettreichen Ernährung weniger Muskelmasse abgebaut wurde als in der Kontrollgruppe. Sie stellten daher die These auf, dass die Muskeln bei fettreicherer Ernährung geschont werden, weil Fettsäuren besser in Energie umgesetzt werden können als Kohlenhydrate.

Vernünftige Mengen Fett können uns sogar helfen, unser Gewicht zu reduzieren. In einer Studie aus dem *International Journal of Obesity* (Internationales Journal für Fettsucht) setzten Forscher vom Boston's Brigham and Women's Hospital und der Medizinischen Fakultät Harvard *(Harvard Medical School)* 101 übergewichtige Teilnehmer entweder auf eine fettarme Diät (Fettanteil an der Gesamtkalorienzahl bei 20 Prozent) oder auf eine Diät mit gemäßigter Fettzufuhr (35 Prozent der Gesamtkalorien). Diese Diät sollte 18 Monate lang eingehalten werden. Anfangs bauten beide Gruppen Gewicht ab, doch nach eineinhalb Jahren hatte die Gruppe mit gemäßigter Fettzufuhr durchschnittlich 4 kg Gewicht verloren, während die Teilnehmer mit fettarmer Ernährung 2,75 kg *zugenommen* hatten. Dieses Ergebnis deutet darauf hin, dass ein gesunder Fettanteil in der Ernährung zur Gewichtskontrolle beiträgt.

Diese Fette spielen eine wichtige Rolle:

Schädliche Transfettsäuren. In den Nährwertangaben sind Transfettsäuren normalerweise nicht aufgeführt, obwohl zahlreiche Fertigprodukte diese Form von Fett enthalten. Sie werden deshalb nicht erwähnt, weil sie für die Gesundheit so nachteilig sind, dass die Lebensmittelproduzenten in den USA Jahre lang darum kämpften, sie nicht bekannt geben zu müssen. Erst 2003 hat die amerikanische *Food and Drug Administration* (Gesundheitsbehörde) daher Vorschriften erlassen, denen zufolge die Hersteller den Gehalt an Transfettsäuren künftig angeben müssen, wobei sich die Umsetzung dieser Vorschriften allerdings wohl noch einige Jahre hinziehen wird. Auch die Europäische Kommission plant eine Überarbeitung ihrer Vorschriften zu den Nährwertangaben. Bis dahin jedoch können nur geschulte Verbraucher erkennen, wo die Gefahren liegen.

Transfettsäuren wurden in den 50er-Jahren entwickelt, als die Lebensmittelindustrie unseren natürlichen Appetit auf fettreiche Nahrung befriedigen wollte. Doch Transfettsäuren sind unnatürlich und ungesund, denn diese chemischen Verbindungen lassen den Cholesterinspiegel ansteigen, schwächen das Herz, fördern Diabetes und lassen den Bauch wachsen. Manche Studien lasten ihnen sogar vorzeitige Todesfälle an. Einer Harvarduntersuchung zufolge erhöht bereits ein täglicher Kalorienanteil von drei Prozent aus Transfettsäuren das Risiko einer Herzerkrankung um 50 Prozent. Drei Prozent der täglichen Kalorienzufuhr entsprechen sieben Gramm Transfettsäuren. Diese Menge ist bereits in einer Portion industriell hergestellter Pommes frites enthalten.

Was aber sind nun diese Transfettsäuren? Vergleicht man die

> ## Das passende Multivitaminpräparat
>
> Multivitamine sorgen dafür, dass Sie jeden Tag optimal mit Nährstoffen versorgt sind. Achten Sie jedoch darauf, dass das Präparat ausreichend Chrom und die Vitamine B_6 und B_{12} enthält: Chrom unterstützt den Körper bei der Umwandlung von Aminosäuren in Muskelmasse. Laut einer Studie der Universität Maryland bauten Männer, die neben ihrem regelmäßigen Training täglich 200 Mikrogramm Chrom zu sich nahmen, mehr Muskelmasse auf und deutlich mehr Fett ab als diejenigen, die kein Ergänzungsmittel bekamen. Da intensives Training die Vitamin-B-Reserven angreift, sollte ein Präparat gewählt werden, das besonders viel Vitamin B_6 und B_{12} und zusätzlich eine Tagesration Zink liefert, das die Ausdauer stärkt.

Konsistenz von Pflanzenöl und Margarine, ist das Öl bei Raumtemperatur flüssig und die Margarine einigermaßen fest. Werden Kekse in Öl gebacken, sind sie relativ fettig, und wer kauft schon Kekse, die in Öl schwimmen? Um also Kekse, Kuchen, Kartoffelchips, Muffins, Waffeln und viele andere Nahrungsmittel herzustellen, die wir täglich verzehren, erhitzen die Hersteller das Öl auf sehr hohe Temperaturen und versetzen es mit Wasserstoff. Dieser verbindet sich mit dem Öl zu einer neuen Art Fett (Transfett), das bei Raumtemperatur fest bleibt. Pflanzliches Öl wird auf diese Weise zu Margarine. Da solche Transfettsäuren in der Natur jedoch nicht existieren, hat der Körper größte Schwierigkeiten bei ihrer Verarbeitung, und daher können diese Fette viele schädliche Wirkungen entfalten. Sie treiben das unerwünschte LDL-Cholesterin im Blut in die Höhe und senken den hilfreichen HDL-Wert. Auch andere Blutfette (Lipoproteine) steigen an. Je mehr Lipoproteine jedoch im Blut mitschwimmen, desto gefährdeter ist das Herz. Vermehrter Konsum von Transfettsäuren wurde aber auch mit einem erhöhten Risiko für Diabetes und Krebs in Verbindung gebracht.

Dennoch sind diese Stoffe, deren Grundlage meist Pflanzen- bzw. Palmöl ist, in erschreckend vielen Fertiglebensmitteln enthalten und werden in den Zutatenangaben meist als »teilweise hydrogenisierte Öle« aufgeführt. Werfen Sie mal einen Blick in Kühlschrank und Speisekammer. Sie werden staunen, wie viele Nahrungsmittel Transfettsäuren beinhalten: salzige und süße Kekse, Popcorn, Schmelzkäse, Schokoriegel oder Soßen. Selbst Produkte, die auf den ersten Blick gesund aussehen, wie Vollkornmuffins, Frühstücksflocken und pflanzlicher Kaffeeweißer, stecken häufig voller Transfettsäuren. Und weil diese sich auch in scheinbar fettarmen Lebensmitteln verstecken, schaden sie der Gesundheit, ohne dass man zunächst etwas davon merkt.

Achten Sie daher auf Ihre Fettzufuhr und prüfen Sie stets die Zutatenliste. Wenn dort »teilweise hydrogenisierte Öle«, »pflanzliche Öle und Fette, z. T. gehärtet«, »zum Teil gehärtetes Pflanzenfett« aufgeführt sind, sollte man sich nach Alternativen umsehen. Oft gibt es Konkurrenzprodukte, die allein schon deshalb gesünder sind, weil sie keine Transfettsäuren enthalten. (Nähere Angaben hierüber finden Sie z. B. in aktuellen Untersuchungen der *Stiftung Warentest*.) Je weiter oben die Angabe »teilweise hydrogenisierte Öle« in der Zutatenliste steht, desto schlechter ist dieses Nahrungsmittel für den Körper. Transfettsäuren lassen sich möglicherweise nicht vollständig meiden, aber man kann durchaus Nahrungsmittel wählen, die möglichst wenig davon enthalten.

Da Transfettsäuren weniger leicht verderben als natürliche Fette und bessere Transport- und Lagereigenschaften besitzen, werden praktisch alle gebratenen Fertigprodukte nicht mit natürlichem Öl, sondern mit Transfettsäuren zubereitet. Pommes frites und Fischstäbchen, Tortillas oder Hähnchenteile – all das steckt voller Transfettsäuren. Auch Fastfood sollte besser ganz gemieden werden, denn es enthält fast immer reichlich Transfettsäuren. Mehr über Transfettsäuren finden Sie im Spezialreport auf Seite 198. Bis dahin gilt:

Meiden Sie

▶ industriell vorgebratene Produkte
▶ abgepackte Backwaren
▶ alle Lebensmittel, die als Zutaten »teilweise hydrogenisierte Öle und Fette« enthalten

Ungeeignet: Gesättigte Fettsäuren. Gesättigte Fette natürlichen Ursprungs kommen in Fleisch und Milchprodukten vor. Wenn sie in den Körper gelangen, lagern sie sich, anstatt als Energie verbrannt zu werden, an den Hüften, zwischen den Rippen und sogar im Lendenbereich an. Ihre Speicherfähigkeit scheint größer zu sein als bei anderen Fetten, wie auch eine neuere

Studie der Johns Hopkins University zeigt, wonach der Anteil gesättigter Fette in der Ernährung in direktem Verhältnis zum Anteil des Bauchfetts steht. Dabei analysierten die Forscher die Ernährungsgewohnheiten von 84 Menschen und maßen deren Körperfett mittels Magnetresonanztomographie. Diejenigen, die mit der Nahrung die meisten gesättigten Fette aufnahmen, hatten auch am meisten Bauchfett vorzuweisen. Gesättigte Fette erhöhen zudem den Cholesterinspiegel und damit das Risiko für Herzerkrankungen und bestimmte Krebsarten.

Ich will Sie gar nicht auffordern, gesättigte Fette vollständig vom Speisezettel zu verbannen, denn sie sind in den meisten tierischen Produkten enthalten, und diese sind aus anderen Gründen wichtig (etwa Milch wegen des Kaliums oder Fleisch wegen seines Proteingehalts). Aber es ist in jedem Fall sinnvoll, fettarme, magere Fleischsorten und Milchprodukte zu wählen, denn damit bekommen Sie die erwünschten Nährstoffe ohne dabei zu viele gesättigte Fette aufzunehmen.

Meiden Sie

▶ durchwachsenes oder fettes rotes Fleisch
▶ Vollmilchprodukte

Empfehlenswert: Mehrfach ungesättigte Fettsäuren. Es gibt zwei Arten mehrfach ungesättigter Fette: Omega-3-Fettsäuren und Omega-6-Fettsäuren. Von Omega-3-Fettsäuren haben Sie vermutlich schon gehört. Es handelt sich um Fette, die in Fisch vorkommen, und eine Diät, die reichlich Omega-3-Fettsäuren enthält, schützt nachweislich vor Herzgefäßerkrankungen. Das allein ist schon Grund genug, Seefisch auf den Speiseplan zu setzen, doch neuere Untersuchungen deuten darauf hin, dass diese Art Fett auch wesentlich bei der Gewichtskontrolle helfen kann. In einer Studie wurde nachgewiesen, dass die Teilnehmer, die täglich sechs Gramm Fischöl als Nahrungsergänzungsmittel zu sich nahmen, im Laufe des Tages mehr Fett abbauten als die Kontrollgruppe ohne Fischöl. Vermutlich veranlasst also eine Omega-3-reiche Ernährung den Stoffwechsel zu einer gründlicheren Fettverbrennung.

Nun können Sie natürlich Fischölkapseln einnehmen, doch damit würden Sie auf das die Muskelmasse fördernde Fischprotein verzichten. Die Fische mit dem höchsten Omega-3-Gehalt schmecken Ihnen wahrscheinlich ohnehin am besten, denn in diese Gruppe fallen Lachs und Thunfisch. (Wie viel Omega-3-Fettsäure Ihr Lieblingsfisch enthält, finden Sie in der Tabelle auf der folgenden Seite.) Denn neben den Herz stärkenden, Fett abbauenden Omega-3-Fettsäuren liefert Fisch auch ausgezeichnetes mageres Protein für die Muskeln.

Es gibt aber noch einen weiteren Fitmacher: Leinsamen, der ebenfalls reichlich Omega-3-Fettsäuren sowie Cholesterin senkende Ballaststoffe enthält. Leinsamen mit seinem leicht nussigen Geschmack wie auch Leinöl sind in Reformhäusern, Drogeriemärkten und vielen Supermärkten erhältlich. Greifen Sie zu – er könnte Ihre beste Waffe gegen das Fett werden!

Ich selbst bewahre gemahlenen Leinsamen im Kühlschrank auf und streue ihn über die Frühstücksflocken, in Milchshakes und über mein Eis. Auch Omega-6-Fettsäuren tragen zur Senkung des unerwünschten und zur Erhöhung des erwünschten

Seefisch mit dem höchsten Omega-3-Gehalt

Alle Angaben gelten für 90-Gramm-Portionen (außer bei Sardinen, dort beziehen sich die Angaben auf 105 Gramm). Sie sollten täglich ein Gramm Omega-3-Fettsäuren zu sich nehmen.

FISCHART	OMEGA-3-GEHALT	ZUBEREITUNG
Sardinen	2,3 g	in Salzlake in der Dose
Lachs	2,0 g	gedünstet
Makrele	1,8 g	gegrillt
Thunfisch	1,4 g	gegrillt
Forelle	1,1 g	gegrillt
Hai	1,1 g	gegrillt
Schwertfisch	1,1 g	gegrillt
Austern	0,5 g	gekocht
Thunfisch	0,07 g	250-g-Dose in Wasser

Cholesterins bei. Sie sind in pflanzlichen Ölen, Fleisch, Eiern und Milchprodukten enthalten und damit so häufig, dass nur jemand, der auf einer einsamen Insel lebt, möglicherweise nicht genug davon zu sich nimmt.

Essen Sie mehr

▶ Fisch

▶ Leinsamen und Leinöl

Empfehlenswert: Einfach ungesättigte Fettsäuren. Einfach ungesättigte Fette kommen in Nüssen, Oliven, Erdnüssen und Avocados sowie in Oliven- und Rapsöl vor und tragen wie Omega-3-Fettsäuren zur Senkung des Cholesterinspiegels und zum Schutz vor Herzerkrankungen bei, darüber hinaus unterstützen sie die Fettverbrennung. Forschungen ergaben, dass der Körper in den fünf Stunden nach einer Mahlzeit mit reichlich einfach ungesättigten Fettsäuren mehr Fett verbrennt als nach einer Mahlzeit mit reichlich gesättigten Fettsäuren.

Einfach ungesättigte Fettsäuren senken nicht nur den Cholesterinspiegel und helfen beim Abbau von Bauchfett, sondern lassen uns auch weniger essen. Wissenschaftler an der Penn State University stellten fest, dass Männer durch den Verzehr von Kartoffelbrei, der mit einem Öl zubereitet wurde, das viele einfach ungesättigte Fettsäuren enthielt (z. B. Olivenöl), länger satt waren als bei einer Zubereitung mit mehrfach ungesättigten Fettsäuren, wie sie in anderen pflanzlichen Ölen vorkommen.

Kohlenhydrate – wirklich Dickmacher?

Angesichts dessen, was die Kohlenhydrate in den letzten Jahren an Prügel einstecken mussten, ist es ein Wunder, dass es überhaupt noch Brot gibt. Natürlich sind Protein und Fett für die Ernährung von größter Bedeutung, doch es ist sicherlich äußerst ungesund, die Kohlenhydrate ganz aus der Ernährung zu verbannen.

Seitdem zahlreiche Beweise vorgelegt wurden, dass eine kohlenhydratreiche Ernährung die Fetteinlagerung fördert, greift die Vorstellung um sich, dass eine kohlenhydratarme Ernährung die Gewichtskontrolle unterstützt. 2002 wurde im Journal *Metabolism* (Metabolismus) eine Studie veröffentlicht, die diesen Standpunkt untermauert. Damals wurde festgestellt, dass Menschen, die täglich nur 46 Gramm Kohlenhydrate verzehrten (etwa acht Prozent ihrer Kalorien), innerhalb von sechs Wochen 3,2 kg Fett abbauten und 900 g Muskelmasse gewannen. Dabei durften sie immerhin täglich rund 2300 Kalorien zu sich nehmen. Doch der vollständige Verzicht auf Kohlenhydrate kann ein schwer wiegender Fehler sein, da viele Kohlenhydrate aus Obst, Gemüse, Vollkornprodukten und Bohnen zum Schutz vor Krebs und anderen Erkrankungen beitragen. Manche enthalten zudem wichtige Ballaststoffe, die das Abnehmen unterstützen.

Bei Kohlenhydrate unterscheidet man zwischen einfachen oder komplexen Kohlenhydraten. Einfache Kohlenhydrate bestehen aus nur einem oder zwei Zuckermolekülen wie Sacharose (Haushaltszucker), Fruktose (aus Früchten) und Laktose (aus Milchprodukten). Komplexe oder langkettige Kohlenhydrate enthalten mehr als zwei Zuckermoleküle wie beispielsweise in Nudeln, Reis, Brot und Kartoffeln. Leider kann man allein aufgrund der Molekularstruktur nicht generell sagen, ob bestimmte Kohlenhydrate gut oder schlecht sind. Ein Apfel zum Beispiel liefert Nährstoffe und hält schlank, Zucker hingegen nicht. In beiden Fällen nehmen wir einfache Kohlenhydrate zu uns, doch der Nährwert lässt sich kaum vergleichen.

Daher sollten wir die Wahl der Kohlenhydrate lieber davon abhängig machen, wie unser Körper chemisch auf sie reagiert. Eines der Instrumente, das Ernährungsfachleute dazu anwenden, ist der glykämische Index (GI). Der GI bewertet Nahrungsmittel danach, wie rasch sie Glukose freisetzen. Nahrung mit einem hohen GI, die rasch verdaut und in Glukose umgewandelt wird, gilt gemeinhin als ungesünder als solche mit niedrigem GI.

Im Blut wird Glukose als Blutzucker bezeichnet, dessen Vorliegen den Körper auffordert, Insulin zu produzieren. Dieses Hormon soll den Zucker, der gerade nicht als Energie gebraucht wird, aus dem Blut entfernen und im Körper einlagern. Hier kommt der GI zum Tragen: Nahrung mit hohem GI – wie Nudeln, Weißbrot, weißer Reis oder Schokoriegel – wird zügig verdaut und überflutet den Stoffwechsel mit Zucker, sodass sämtliche Glukose, die nicht sofort für die Verbrennung gebraucht wird, möglichst rasch als Fett eingelagert wird. Am schlimmsten ist der gleichzeitige Verzehr von Kohlenhydraten mit hohem GI und Fett (z. B. ein Weißbrot mit Butter). Dann kann auch das aufgenommene Fett nicht zur Energiegewinnung genutzt werden, weil der Blutzuckerspiegel so rasant steigt, dass das Insulin ihn sofort in Fett umwandelt, damit er bald wieder abfällt, mit der bekannten Folge, dass Sie rasch wieder hungrig sind.

Wenn Sie dagegen Lebensmittel mit niedrigem GI zu sich nehmen – z. B. eine ausgewogene Mahlzeit mit Huhn, ballaststoffreichem Gemüse und Naturreis –, verläuft die Verdauung langsamer. Der Blutzucker steigt nur ganz allmählich an, und die Glukose steht über Stunden als Energie zur Verfügung bzw. der Blutzuckerspiegel sinkt nur langsam wieder. Das Insulin muss also nicht abrupt Zucker in Fett umwandeln, sondern kann ihn als Baustoff für andere Aufgaben wie etwa den Aufbau und die Reparatur von Muskelmasse nutzen. Wegen des gleichmäßigen Blutzuckerspiegels kommt es auch nicht so schnell zu Heißhungerattacken. Bei den Stichworten Blutzucker und Insulin kommt auch das Thema Diabetes wieder ins Spiel: Wenn das Blut immer wieder mit großen Mengen Zucker und anschließend großen Mengen Insulin überschwemmt wird, klinkt sich der Körper irgendwann allmählich aus der Blutzuckerverarbeitung aus – es kommt zu einer Insulinresistenz, auch Diabetes genannt. Einer Harvardstudie zufolge erkrankten Männer, die Nahrungsmittel mit sehr niedrigem GI zu sich nahmen (z. B. Vollkornbrot) zu 37 Prozent seltener an Diabetes als jene, die Nahrung mit hohem GI bevorzugten (z. B. weißen Reis). Mehr Informationen zur Diabetesvorbeugung finden Sie im Gesundheitsreport ab Seite 89.

Es ist schwer zu sagen, welche Kohlenhydrate auf der GI-Liste ganz oben stehen und welche ganz unten, weil es sich beim glykämischen Index um ein Zeitmaß handelt: Wie lange brauchen 50 Gramm Kohlenhydrate aus der Nahrung, bis sie zu Blutzucker werden (unabhängig von der Größe der Portion). Damit kann z. B. angegeben werden, wie lange ein ganzer Apfel oder eine Wassermelone braucht, bis sie umgewandelt sind. Man weiß allerdings noch lange nicht, wie viele Kohlenhydrate eine Portion dieses Lebensmittels enthält – wer isst denn schon eine ganze Wassermelone?

Deshalb konzentriert sich die Wissenschaft mittlerweile lieber auf die glykämische Last (GL). Die GL berücksichtigt sowohl den GI eines Nahrungsmittels als auch die Menge der Kohlenhydrate in einer Portion, wodurch sich die glykämische Wirkung – der voraussichtliche Blutzuckeranstieg – leichter einschätzen lässt.

Je höher die glykämische Last eines Nahrungsmittels, desto stärker treibt es den Blutzucker in die Höhe und desto weniger haben wir Energieniveau und Appetit unter Kontrolle. Doch im Rahmen einer ausgewogenen Ernährung ist die Beachtung der glykämischen Last nur ein Einzelaspekt. »Eine Diät mit hoher glykämischer Last ist immer noch besser als eine Diät voller gesättigter Fettsäuren«, sagt die Ärztin Jennie Brand-Miller, Dozentin für Ernährung an der University of Sydney und Autorin der *International Table of Glycemic Index and Glycemic Load*. Wer nur auf einen möglichst niedrigen glykämischen Index abzielt, tut sich keinen Gefallen, weil er dann zu wenig Kohlenhydrate und zu viel Fett zu sich nimmt, wahrscheinlich gesättigtes Fett. Für eine optimale glykämische Reaktion sollten möglichst oft Nahrungsmittel mit einem GI unter 19 gewählt werden, und die glykämische Last sollte nicht über 120 ansteigen.

Verwirrt? Nicht nötig. Alle Fitmacher und die in diesem Buch empfohlenen Rezepte gehen mit einer niedrigen bis mäßigen glykämischen Last einher. Sie brauchen also nur den Plan zu befolgen. Wenn Sie dann einmal zwischen einem oder mehreren Nahrungsmitteln wählen müssen, können Sie sich anhand der Tabelle auf Seite 378f. informieren.

Insulin: Das Hormon mit den zwei Gesichtern

Das Hormon Insulin hamstert einfach gern, hat aber leider Probleme mit der richtigen Entscheidung: Manchmal lässt es die Muskeln wachsen, manchmal die Fettzellen.

Verschiedene Nahrungsmittel erzeugen unterschiedliche Insulinreaktionen. Ein hoher glykämischer Index (wie bei Weißbrot, den meisten Getreideflocken, Trauben und Bananen) schleust bald nach dem Essen reichlich Zucker ins Blut, worauf der Insulinpegel hochschnellt. In diesem Fall wandelt das Insulin den Blutzucker rasch in Fett um.

Manche Speisen hingegen erzeugen eine gegenteilige Reaktion. Milchprodukte wie Milch, Jogurt oder Eis lassen den Insulinspiegel ohne die entsprechende Wirkung auf den Blutzucker rasch ansteigen. Insulin wird sogar bei Speisen ausgeschüttet, die praktisch frei von Kohlenhydraten sind (z. B. Rindfleisch oder Fisch) und daher den Blutzucker kaum beeinflussen. Solange der Blutzucker halbwegs konstant bleibt, gestattet er dem Insulin, die Nährstoffe im Blut für den Aufbau und die Reparatur von Zellen – auch Muskelzellen – zu verwerten. Deshalb konzentriert sich *Sexy Sixpack* auf faser- und nährstoffreiche Produkte, die zugleich hilfreich bei der Gewichtskontrolle sind. Die meisten enthalten mäßig bis viel Protein, manche sind gute Kalziumquellen, und die kohlenhydrathaltigen Nahrungsmittel versorgen den Körper mit Ballaststoffen und wichtigen Nährstoffen.

Kalzium – der Hoffnungsträger im Kampf gegen das Fett

Dass Kalzium gut für die Knochen ist, weiß jeder, aber wussten Sie schon, dass es auch den Bauch straffen kann? Forscher der Harvard Medical School (Medizinische Fakultät Harvard) stellten fest, dass Menschen, die drei Portionen Milchprodukte am Tag verzehrten (was zusammen mit anderen Nahrungsmitteln den Tagesbedarf von etwa 1200 mg Kalzium liefert) zu 60 Prozent seltener übergewichtig waren. In Untersuchungen an der University of Tennessee setzten die Wissenschaftler die Teilnehmer auf Diät und gaben ihnen täglich 500 Kalorien weniger zu essen, als sie gewohnt waren. Selbstverständlich nahmen alle ab, und zwar ungefähr 500 g Fett pro Woche. Als jedoch eine zweite Gruppe dieselbe Diät bekam, nur mit mehr Milchprodukten, verdoppelte sich der Fettverlust auf etwa 1 kg pro Woche. Der doppelte Fettverlust bei gleicher Kalorienmenge!

Kalzium scheint die Bildung von neuem Fett im Körper zu drosseln, so die Forscher der University of Tennessee. In einer anderen Studie des gleichen Labors verloren Männer, die ihre Ernährung um drei Jogurt pro Tag ergänzten, in einem Zeitraum von zwölf Wochen 61 Prozent mehr Körperfett und 81 Prozent mehr Bauchfett als diejenigen, die keinen Jogurt aßen. In einer Untersuchung aus Hawaii waren Jugendliche mit der höchsten Kalziumzufuhr schlanker als diejenigen, die weniger Kalzium erhielten.

Einige Forscher vermuten, dass das Kalzium aus der Milch gegen Fett hilft, weil es die thermische Wirkung des Essens erhöht. Mit anderen Worten, die Verdauung kalziumreicher Nahrungsmittel verbraucht mehr Kalorien als die Verdauung kalziumarmer Kost. Das ist einer der Gründe, weshalb ergänzende Kalziumgaben zwar gut für die Knochen und für andere Körperfunktionen sind, aber nicht dieselbe Wirkung haben wie Milchprodukte – weniger Kalorien zu verdauen und zu verbrennen.

Zudem bewirkt Kalzium noch mehr als starke Knochen und einen schlankeren Körper. Nach der Analyse der Daten von 47 000 Männern in der *Health Professional's Follow-Up*-Studie stellten die Wissenschaftler fest, dass Männer, die mit der Ernährung täglich 700 bis 800 mg Kalzium aufnahmen, zu 50 Prozent seltener an bestimmten Formen von Dickdarmkrebs erkrankten als Männer, die höchstens 500 mg zuführten. Optimalerweise sollte man täglich 1200 mg Kalzium zu sich nehmen.

Sexy Sixpack empfiehlt daher folgende kalziumreiche Nahrungsmittel:

- 30 g geriebener Parmesan (314 mg)
- 170 g Hüttenkäse (126 mg)
- 250 ml Magerjogurt (432 mg)
- 250 ml fettarme Milch (275 mg)
- 30 g Gruyère (224 mg)
- 30 g Cheddar (204 mg)
- 30 g Mozzarella (143 mg)
- 1 Messlöffel (28 g) Whey-Protein-Pulver (110 mg)

Der Gesundheitsreport

Was ist das eigentlich – Krebs?

Krebs ist eine Geißel, die jeden von uns jederzeit treffen kann. Er bildet sich an Orten, die wir täglich im Blick haben (Haut, Lunge oder Gehirn), oder aber an Stellen, die wir von außen nicht sehen (z. B. in der Bauchspeicheldrüse, den Nieren oder im Lymphsystem).

Einfach ausgedrückt beginnt die Krebsentwicklung mit dem unkontrollierten Zellwachstum in irgendeinem Teil des Körpers. In der Kindheit teilen sich unsere Zellen ständig, um neue Zellen zu bilden, mit denen wir wachsen können. Sobald wir erwachsen sind, hört dieses Zellwachstum weitgehend auf. Haben wir erst einmal unsere genetisch festgelegte Höhe und das entsprechende Gewicht erreicht, teilen sich die meisten Körperzellen nur noch, um überalterte oder sterbende Zellen zu ersetzen oder um Verletzungen zu heilen. Krebszellen verhalten sich jedoch wie Zellen in der Kindheit – sie wachsen weiter, teilen sich und vermehren sich, leben länger als normale Zellen und stören zahlreiche Funktionen im Körper. Bei Männern wird besonders häufig die Prostata von Krebs befallen (die Drüse hinter dem Hodensack, die den Großteil der Samenflüssigkeit erzeugt), während Frauen am häufigsten unter Brustkrebs leiden. An Prostatakrebs erkranken in Deutschland jährlich 25 000 Männer, an Brustkrebs rund 47 000 Frauen.

Die Ursachen von Krebs sind noch nicht vollständig geklärt,

doch wir kennen einige Risikofaktoren: Übergewicht, ballaststoffarme Ernährung, Rauchen, starker Alkoholgenuss, zu starke Sonneneinstrahlung sowie Kontakt mit Strahlen und anderen Toxinen zählen zu den größten Gefahren. Darüber hinaus spielt die erbliche Veranlagung eine große Rolle. Wenn einer oder mehr nahe Verwandte an Krebs erkrankt waren, ist das eigene Krebsrisiko sowohl allgemein als auch speziell für diese Krebsart erhöht.

Ich würde Ihnen gern mitteilen, dass *Sexy Sixpack* eine Geheimwaffe gegen Krebs ist, aber das kann ich nicht. Veränderungen unserer Ernährungs- und Bewegungsmuster können das Risiko für Herzerkrankungen, Schlaganfall und besonders auch Diabetes drastisch senken. Bei Krebs ist das schwieriger. Dennoch senken Sie durch eine gesunde Ernährung nach den Prinzipien der vorgestellten Diät automatisch auch Ihr Risiko für viele Krebsarten, denn Sie bauen Gewicht ab und erhöhen den Anteil der Ballaststoffe in der Ernährung. Um Ihr Risiko noch weiter zu senken, können Sie zusätzlich die folgenden Tipps befolgen.

Tomaten. Tomaten sind eine der besten Quellen für Lykopen, das nachweislich das Wachstum von Prostatakrebszellen hemmt. Berichten zufolge können zwei bis vier Portionen Tomaten pro Woche das Risiko für Prostatakrebs um 34 Prozent senken. Lykopen wird durch Erhitzen nicht zerstört, sodass auch Spaghettisauce und Pizza zur Vorbeugung helfen.

Obst und Gemüse. Eine Langzeitstudie über 14 Jahre ergab, dass die Männer, die reichlich Früchte und Gemüse verzehrten, zu 70 Prozent seltener an Krebs der Verdauungsorgane erkrankten als solche mit geringem Obst- und Gemüsekonsum.

Rotwein aus Chile. Chilenischer Cabernet Sauvignon enthält 38 Prozent mehr Flavonole als französischer Rotwein. Flavonole sind Antioxidanzien, welche die Krebsabwehr unterstützen.

Käse. Eine groß angelegte Untersuchung an 120 000 Frauen ergab, dass Frauen vor der Menopause, die reichlich Milchprodukte, insbesondere fettarme und fettfreie Käsesorten, verzehrten, ein geringeres Brustkrebsrisiko hatten als Frauen mit geringem Käsekonsum. Achtung: Auch Männer können an Brustkrebs erkranken. Forscher aus Harvard ermittelten darüber hinaus, dass Männer mit kalziumreicher Ernährung bis zu 50 Prozent seltener an bestimmten Formen des Darmkrebs litten.

Karottensaft. Ein Glas (200 ml) reiner Karottensaft versorgt uns mit fast der 600fachen empfohlenen Tagesmenge Betakarotin (bei nur 58 Kalorien). Verschiedene Studien haben eine Verbindung zwischen Betakarotin und einem geringeren Krebsrisiko festgestellt.

Brokkoli. In Brokkoli ist Indol-3-Carbinol enthalten, ein Stoff, der verschiedene Krebsarten bekämpft. Gleiches gilt auch für Daikon, ein entfernter asiatischer Verwandter des Brokkoli, der einer großen weißen Möhre ähnelt.

Lachs. Ebenso natürlich jeder andere Fisch mit reichlich Omega-3-Fettsäuren, die das Krebsrisiko mindern.

Zitrusschalen. Eine Arbeit an der University of Arizona erklärt, dass Zitronen- und Orangenschalen d-Limonen enthalten, ein Antioxidans, welches das Hautkrebsrisiko um bis zu 30 Prozent senken kann. Man braucht davon nur einen Teelöffel pro Woche zu sich zu nehmen.

Grüner Tee. Eine aktuelle Studie der Rutgers University zeigte, dass Mäuse, die grünen Tee erhielten, zu 51 Prozent seltener an Hautkrebs erkrankten als eine Kontrollgruppe. Grüner Tee ist eine ausgezeichnete Quelle für Krebs hemmende Antioxidanzien.

Vitamin D. Nahrungsmittel mit viel Vitamin D, wie z. B. fettarme Milch, wirken Krebs fördernden Substanzen entgegen, die bei der Verdauung fettreicher Nahrungsmittel freigesetzt werden. Das ist das Ergebnis einer Studie am Southwestern Medical Center der University of Texas.

Spinat. Japanische Forscher entdeckten, dass Neoxanthin, ein Bestandteil von Spinat, das Wachstum von Prostatakrebszellen erfolgreich verhindern konnte.

Whey-Protein. Whey-Protein ist ein hervorragender Lieferant für Cystein, ein wichtiger Baustein des Stoffes Glutathion, der ebenfalls Prostatakrebs bekämpft.

Vollkornprodukte. Kohlenhydrate aus Vollkornprodukten werden von reichlich Ballaststoffen begleitet. Forscher stellten fest, dass das Risiko einer Darmkrebserkrankung bei Männern mit der höchsten täglichen Ballaststoffzufuhr um 40 Prozent niedriger lag als bei jenen, die kaum Ballaststoffe zu sich nahmen.

Kapitel 5
In sechs Wochen ein flacher und straffer Bauch

Der Woche-für-Woche-Plan

Wenn Sie dieses Buch durchblättern, finden Sie immer wieder Berichte von Männern und Frauen, die das Programm erfolgreich ausprobiert haben.

Jeder Körper ist anders, und jeder, der diese Diät ausprobiert, hat eine unterschiedliche Ausgangsbasis. Doch aufgrund der wissenschaftlichen Ergebnisse, die ich angeführt habe, sind durch das sechswöchige Programm durchschnittlich neun Kilo Fettverlust zu erwarten. Männer bauen in dieser Zeit zwischen 1,8 und 2,75 kg Muskeln auf, Frauen etwa halb so viel. Beim Durchschnittsmann reicht diese Veränderung aus, um die Bauchmuskeln wieder sichtbar werden zu lassen. Sinnvoll ist die Protokollierung Ihrer Fortschritte anhand der vier wichtigsten Maße, damit Sie erkennen können, wie wirkungsvoll die Diät Sie unterstützt.

Gewicht. Das ist das Einfachste. Je schwerer wir sind, desto größer ist das Erkrankungsrisiko und desto weniger fit sind wir. Das Gewicht ist ein guter Anhaltspunkt dafür, wie gut die Diät voranschreitet, doch es berücksichtigt nicht, wie viel Muskelmasse währenddessen aufgebaut wird. Da Muskeln etwa 20 Prozent mehr als Fett wiegen, schlägt selbst ein erheblicher Fettverlust sich nicht unbedingt ebenso deutlich auf der Waage nieder.

Body Mass Index (BMI). Der Body Mass Index ist eine Formel, die Größe und Gewicht berücksichtigt und einen Anhaltspunkt dafür liefert, ob jemand übergewichtig, fettsüchtig oder normalgewichtig ist. Zur Ermittlung des BMI teilt man das Gewicht in Kilogramm durch die Körpergröße im Quadrat. Für einen Mann mit beispielsweise 1,83 m Größe und einem Gewicht von 90 kg ergibt sich folgende Rechnung:

$$1{,}83 \times 1{,}83 = 3{,}348$$
$$90 : 3{,}348 = 26{,}9$$

Ein BMI zwischen 25 und 30 bedeutet Übergewicht, ein BMI über 30 zeigt Fettsucht an.

Allerdings hat auch diese Messmethode ihre Tücken: Sie berücksichtigt weder die Muskelmasse noch Gewichtsverteilung, also wo das meiste Körperfett sich abgelagert hat. Dennoch ist der BMI ein guter Anhaltspunkt für die Ermittlung des Gewichts.

Das Taille-Hüft-Verhältnis. Als noch genauere Methode zur Bestimmung des Gesundheitsrisikos nutzen Forscher inzwischen das Verhältnis von Taillen- zu Hüftumfang, da es das bereits besprochene Bauchfett berücksichtigt. Da Bauchfett das gefährlichste Fett ist, bedeutet ein niedrigeres Taille-Hüft-Verhältnis ein geringeres Gesundheitsrisiko. Um diesen Wert zu bestimmen, messen Sie die Taille in Höhe des Bauchnabels sowie die Hüfte am breitesten Punkt um das Gesäß und teilen den Taillenwert durch den Hüftwert. Bei einem Hüftmaß von z. B. 101,6 cm und einem Bauchumfang von 96,5 cm beträgt das Taille-Hüft-Verhältnis 0,95.

96,5 : 101,6 = 0,95

Das ist nicht schlecht, aber auch nicht ideal. Erstrebenswert ist ein Verhältnis von 0,92 oder weniger. Wenn Sie Ihren Taillenumfang um nur fünf Zentimeter reduzieren – was Ihnen mit der empfohlenen Diät innerhalb von zwei Wochen gelingen kann – sind Sie im grünen Bereich.

91,5 : 101,6 = 0,90

Prozentuales Körperfett. Dieses Maß ist am schwierigsten zu ermitteln, weil dazu eine gewisse technische Ausrüstung erforderlich ist, doch es zeigt besonders genau, wie gut eine Diät wirkt, weil es nicht nur das Gewicht, sondern auch den Fettanteil im Körper berücksichtigt. Viele Fitnessstudios bieten Körperfettmessungen mit Hilfe von Körperfettwaagen oder Messgeräten an, die die Fettfalten an verschiedenen Stellen im Körper messen, es gibt aber auch Heimgeräte zur Körperfettermittlung.

Einen einfachen Anhaltspunkt (der lange nicht so genau ist wie die elektronischen Methoden) erhalten Sie durch eine einfache Übung: Setzen Sie sich auf einen Stuhl. Die Knie sind ge-

Erfolg mit *Sexy Sixpack*

»Ich habe mein Körperfett halbiert«

Name: James Schellman
Alter: 26
Größe: 1,72 m
Ausgangsgewicht: 74,4 kg
Sechs Wochen später: 70,8 kg

Als ehemaliger Profisportler, der immer noch 60 Tage im Jahr Snowboard fuhr, hatte James Schellman nicht das Gefühl, unbedingt abnehmen zu müssen. Doch als mehrere Verletzungen seine aktive Lebensweise beeinträchtigten, sammelten sich rasch 4,5 kg Bauchfett bei ihm an. Das zusätzliche Gewicht und die Verletzungen hätte Schellman natürlich auf das Alter schieben können, doch das war nicht seine Art. »Ich wollte nicht langsamer leben«, sagt er, »aber ich wusste, dass ich etwas ändern musste.« Deshalb begann er mit *Sexy Sixpack*, um seine Kondition und den Muskeltonus zu verbessern.

Im Laufe der Diät nahm Schellman 3,6 kg ab und reduzierte sein Körperfett von 18 auf 11 Prozent.

Zwar hatte er sich immer gesund ernährt, doch die Umstellung auf die *Sexy-Sixpack*-Ernährung zahlte sich aus. »Früher habe ich meist viermal am Tag gegessen und dabei auf die Kalorien geachtet. Jetzt esse ich sechsmal täglich und brauche mich um die Kalorien nicht mehr zu kümmern«, freut

> er sich. Schellman, der ohnehin viel Zeit im Fitnessstudio verbrachte, schreibt es dem neuen Trainingsprogramm mit der Betonung auf der unteren Körperhälfte zu, dass er mittlerweile stärker und schlanker ist und den beginnenden Bauch bekämpfen konnte.
> »Inzwischen kann ich einige Bauchmuskeln wieder klar erkennen. Das Programm war ein enormer Erfolg – ich habe insgesamt mehr Kraft, bin motivierter und selbstbewusster und fühle mich wohler.«

beugt, die Füße stehen flach auf dem Boden. Kneifen Sie nun mit Daumen und Zeigefinger vorsichtig in die Haut auf dem rechten Oberschenkel und messen Sie die Dicke der gekniffenen Stelle mit einem Lineal. Wenn diese maximal 1,9 cm beträgt, haben Sie etwa 14 Prozent Körperfett. Damit liegen Sie als Mann im Idealbereich, als Frau wären Sie ausgesprochen fit. Bei 2,5 cm liegt das Körperfett eher bei 18 Prozent. Das ist für einen Mann recht hoch, für eine Frau immer noch wünschenswert. Wenn der Kneiftest mehr als 2,5 cm ergibt, könnte ein erhöhtes Risiko für Diabetes und Herzkrankheiten vorliegen.

Diese letzte Messung kann die aussagekräftigste sein, weil sie wirklich verdeutlicht, wie gut jemand beim Programm dabeibleibt. Je mehr das Körperfett abnimmt, desto mehr Muskeln kommen zum Vorschein. Damit die Bauchmuskeln sichtbar sind, dürfen wir nur acht bis zwölf Prozent Körperfett haben. Ein leicht übergewichtiger Durchschnittsmann muss dazu sein Körperfett ungefähr halbieren.

Bevor Sie mit dem Programm beginnen, sollten Sie sich zumindest einige dieser Maße notieren, damit Sie die Fortschritte verfolgen können, und messen Sie wieder, sobald Sie einen Motivationsschub brauchen. Ich empfehle einen Abstand von jeweils zwei Wochen. Damit bleibt ausreichend Zeit, um einen deutlichen Unterschied zu sehen, der Sie durch die nächsten zwei Wochen trägt. Sofern Sie keinen Zugang zu einem Körperfett-Messinstrument haben, sollten Sie das Körperfett nur zu Beginn und gegen Ende des Programms ermitteln lassen. Bei engeren Zeitabständen konzentrieren Sie sich sonst möglicherweise zu sehr auf die Zahlen anstatt auf Ihre Fortschritte.

MASS-EINHEIT	ZU BEGINN	NACH 2 WOCHEN	NACH 4 WOCHEN	AM ENDE
Gewicht				
BMI				
Taille-Hüft-Verhältnis				
Körperfett in Prozent*				

Wie bei jeder Diät ist es wichtig, sich ein bestimmtes Ziel zu setzen – das Idealgewicht, ein bestimmter Taillenumfang oder ein bestimmtes Maß an Körperfett. Die Tabelle hilft Ihnen, herauszufinden, wo Sie stehen und wo Ihr Ziel liegt.

* Achten Sie darauf, das Körperfett von derselben Person mit derselben Methode ermitteln zu lassen, damit die Zahlen aussagekräftig sind.

Ich will Sie aber auch nicht mit Zahlen erschlagen. Am einfachsten ist es wahrscheinlich, sich auf eine einzige Zahl zu konzentrieren: die Sechs. Dann stellen alle anderen sich von selbst ein. Sobald Sie Ihre sechs Bauchmuskeln wieder sehen können, ist auch alles andere zurückgegangen – Ihr Gewicht, Ihr BMI, Ihr Taille-Hüft-Verhältnis und Ihr Körperfettanteil. Mit dem Sechs-Wochen-Plan schaffen Sie es! Folgendes können Sie erwarten:

WOCHEN	DAS KÖNNEN SIE ERWARTEN
1–2	Es kommt zu einem deutlichen Gewichtsverlust, während der Körper sich an die neue Ernährungsform anpasst. In Einzelfällen purzeln in den ersten beiden Wochen bis zu 5,4 kg (besonders wenn Sie täglich walken oder anderweitig aktiv sind). Der durchschnittliche Gewichtsverlust beträgt 2,25 bis 3,6 kg.
3–4	Sobald Sie mit einem moderaten Krafttraining beginnen, werden Sie spüren, wie Ihr Körper sich durch den angeregten Stoffwechsel verändert. Es kommt zu weiterem Gewichtsverlust (durchschnittlich zwischen 2,25 bis 3,6 kg), aber nun bemerken Sie auch eine deutliche Veränderung der Figur.
5–6	Nach zwei Wochen Training ist der Körper in Topform, er baut weiterhin Fett ab, während gleichzeitig neue Muskelmasse entsteht. Sie werden feststellen, dass Ihr Oberkörper einen besseren Tonus bekommen hat. Die Taille und andere Stellen, an denen sich Fett angesammelt hatte, sind schmaler geworden. Je nach Ausgangsgewicht zeichnen sich nun allmählich auch die Bauchmuskeln ab.

Um dieses Ziel zu erreichen, wird Ihnen lediglich Folgendes abverlangt:

- ▶ Sie essen jeden Tag drei Hauptmahlzeiten und drei Zwischenmahlzeiten, wobei jeweils mehrere der Fitmacher enthalten sein sollen, die später noch besprochen werden.
- ▶ Sie behalten eine Hand voll Diätkiller im Blick, die Sie rasch erkennen und leicht einschränken können, ohne sie gänzlich verbannen zu müssen.
- ▶ Drei Mal pro Woche schieben Sie ein einfaches, 20-minütiges Körpertraining ein, um den Fettverlust und das Muskelwachstum zu beschleunigen.

Dieses Programm ist so einfach, dass wir es – im Gegensatz zu vielen anderen Diäten – nicht in Phasen unterteilen und auch kein komplexes Erhaltungsprogramm aufstellen müssen (ein paar einfache Richtlinien dazu finden Sie ab Seite 361). Der Gewichtsverlust und die neuen Muskeln sollen Ihnen Ihr Leben lang erhalten bleiben, ebenso das geänderte Essverhalten. Und Sie werden garantiert nicht darauf warten, dass diese »Diät« endlich vorüber ist, denn das Programm wird Ihnen so gut gefallen (und die Ergebnisse erst recht!), dass Sie es bereitwillig Ihr Leben lang fortsetzen werden wollen.

Kapitel 6
Der Verzicht auf Kohlenhydrate macht dick

Der Trend, der Ihre Gesundheit bedroht

Bisher habe ich Sie mit wissenschaftlichen Erkenntnissen bombardiert, Erfahrungsberichte eingestreut und zahlreiche Studien aufgeführt, um zu erklären, wie *Sexy Sixpack* funktioniert und warum das Programm für jeden geeignet ist, der sein Gewicht in den Griff bekommen und ein gesundes, aktives Leben führen möchte. Nun aber möchte ich all die harten Fakten kurz in den Hintergrund treten lassen und Sie zu einer Phantasiereise einladen. Folgen Sie mir einfach – ich verspreche Ihnen eine aufschlussreiche Fahrt.

Zunächst sollten Sie sich vorstellen, dass eine Zeitmaschine Sie ins Mittelalter zurückbefördert. Sie stehen an der Tür zum Labor eines Alchimisten, dessen Regale voller magischer Elixiere und Tränke stehen, und Zaubersprüche erfüllen die Luft. Sie haben eine lange, gefährliche Reise hinter sich, haben schauerliche düstere Wälder und endlose trockene Wüsten durchquert, um Ihren persönlichen Gral zu finden: einen Trunk, der Sie – Legenden zufolge – auf magische Weise abnehmen lässt.

Der Verzicht auf Kohlenhydrate macht dick

Da erscheint der Magier und hält Ihnen zwei Phiolen hin. Die erste enthält ein Elixier, das Sie vor den meisten bekannten Krankheiten schützt. Die Inhaltsstoffe bewirken eine Veränderung des Cholesterinspiegels und Schutz vor Herzkrankheiten. Sie helfen, den Körper von Giftstoffen zu reinigen, bieten bestmöglichen Schutz vor Krebs und vor den Auswirkungen des Alterns, versorgen Körper und Gehirn mit Energie, lassen uns klarer denken und beugen Alzheimer vor. Im Laufe Ihres langen Lebens können Sie damit Ihr Gewicht kontrollieren und Übergewicht und Diabetes vermeiden.

Die zweite Phiole wird dagegen aller Wahrscheinlichkeit nach Ihren Cholesterinspiegel in die Höhe treiben und das Risiko für Krebs, Schlaganfall, Herzinfarkt und andere Erkrankungen erhöhen. Wenn Sie es nehmen, werden Sie vermutlich sehr schnell abnehmen – wenn auch nur für kurze Zeit. Und es gibt noch einen weiteren Haken: Wenn Sie den zweiten Trunk wählen, können Sie niemals mehr den ersten probieren.

Welchen wählen Sie?

In den letzten fünf Jahren haben Millionen Menschen zur zweiten Phiole gegriffen.

Nun wischen Sie den Staub vom Etikett dieses Trunks und raten Sie mal, was dort steht: WENIGER KOHLENHYDRATE.

Das erste Fläschchen hingegen strotzt nur so vor Obst und Gemüse, Vollkornbrot und Müsli, Bohnen und Nüssen – das, was wir von Natur aus essen sollten, was aber z. B. die Atkins-Diät uns nicht gestattet. Auf lange Zeit gesehen werden wir die Wahl von Phiole zwei meiner Meinung nach teuer bezahlen.

Der Hunger auf Süßes

Um zu begreifen, warum Kohlenhydrate wichtig sind, müssen wir auf eine weitere Reise gehen, die uns diesmal in die ersten Tage der Menschheit führt. In den Savannen Afrikas, den Hochebenen Europas, den feuchten Niederungen Asiens und in den Urwäldern Amerikas haben die frühen Menschen gelernt, von der reich gedeckten Tafel der Natur zu leben. Sie lernten fischen und jagen, später auch, wie man Tiere hält und Getreide aussät. Doch seit der erste Mensch den aufrechten Gang erprobte, begleitet uns das Verlangen nach Süßem.

Natürlich gibt es einen Grund für dieses Verlangen. Vor der Zeit des Schokoriegels waren Früchte die süßesten Dinge auf Erden – wilde Beeren, Birnen, Zitrusfrüchte und dergleichen. Solche Früchte jedoch stecken zugleich voller Nährstoffe: Vitamine, die Krankheiten abwehren, Mineralien, welche die Zellfunktionen unterstützen, Ballaststoffe, die den Hunger steuern, den Blutdruck stabilisieren und die Verdauung erleichtern. Ohne den Süßhunger hätten wir bereitwillig nur von Mammut- und Büffelfleisch gelebt – Atkins pur! Die Natur jedoch sorgte dafür, dass wir nach Dingen lechzen, die unserer Gesundheit zuträglich sind.

Nun machen wir einen Zeitsprung in die Gegenwart, wo Mandarinen längst nicht mehr das Süßeste sind, was man sich nur vorstellen kann. Während unser Süßhunger uns einst auf natürliche Weise vor Krankheiten bewahrte, verführen uns heute die Lebensmittelkonzerne zu krankmachenden Süßigkeiten. Wir greifen zu Keksen, Kuchen und Schokolade anstatt zu Äpfeln, Birnen und Brombeeren. Das ist einer der Hauptgründe, weshalb viele Menschen heute so dick sind, und einer der Hauptgründe, warum kohlenhydratarme Diäten kurzfristig wirken.

Durch Begrenzung der Kohlenhydrate bewirken einseitige Diäten (z. B. nach Atkins) quasi nebenher eine Gewichtsabnahme. Wer sich auf eine Nahrungsgruppe beschränkt – in diesem Fall auf Lebensmittel mit wenig Kohlenhydraten –, nimmt voraussichtlich ab. Das liegt daran, dass das, was wir gewöhnlich essen – von der Apfeltasche im Auto auf dem Weg zur Arbeit bis hin zum Schokoriegel vor dem Heimweg –, einfach gestrichen wurde. Man isst weniger, bekommt weniger Kalorien und nimmt daher ab.

Der andere Vorteil z. B. der Atkins-Diät ist, dass sie sich auf Lebensmittel konzentriert, die sich nicht so leicht nebenbei verzehren lassen. Ein Amerikaner oder eine Grapefruit passen noch in die Aktentasche, doch bei Steaks und Eiern wird die Sache schon schwieriger. Damit beschränken kohlenhydratarme Diäten die Kalorienzufuhr auf zweierlei Weise: durch die Begrenzung der Auswahl und die Erschwerung des leichten Zugangs zu den gestatteten Lebensmitteln.

Doch es gibt zwei wichtige Gründe, warum diese Diäten auf lange Sicht nicht helfen: die Natur selbst und die Macht des Geldes.

Dilemma Nummer 1: **Nimm das aus dem Mund**

Jemand mit einem guten Verständnis für Ernährung und einer sadistischen Ader könnte Anhänger der kohlenhydratarmen Ernährung prächtig quälen. Hier kommt ein gemeiner Trick: Man nehme zwei Scheiben frisches, weiches Vollkornbrot und bestreiche die eine mit zwei Teelöffeln naturbelassener Erdnussbutter. Danach nimmt man 75 g Brombeeren, zerdrückt sie etwas mit der Gabel und streicht sie (und nun wird es wirklich fies) auf die andere Scheibe. Zusammengeklappt ergibt dies ein supergesundes Sandwich: 7 g Ballaststoffe (mehr als die Hälfte unserer üblichen Zufuhr), 25 Prozent der täglichen Vitamin-C-Zufuhr, 13 g Protein und (potzblitz!) verbotene 33 g Kohlenhydrate (schmeckt übrigens unglaublich gut!)

Wenn Sie diese Zusammenstellung einem Kohlenhydratfeind anbieten, könnten Sie ihm auch gleich gegrillte Ratte offerieren (die er vermutlich sogar bevorzugen würde – keine Kohlenhydrate). Ein solches Brot ist geradezu schmerzhaft süß, weich und delikat, ein köstlicher Snack, der sogar noch den Cholesterinspiegel senkt, mit seinen Ballaststoffen vor Herzerkrankungen, Schlaganfall und Darmkrebs schützt und mit seinem Vitamin C das Immunsystem stärkt. Dazu kommen die ballaststoffreichen, qualitativ hochwertigen Kohlenhydrate, die lang anhaltende Energie und Nahrung für das Gehirn liefern. Doch Phase eins der Atkins-Diät verbietet jede einzelne Zutat dieses einfachen Brotes. Sie konzentriert sich sogar auf die so genannten *Nettokohlenhydrate*, die angeblich die Sorte Kohlenhydrate sind, die den Blutzucker in die Höhe treiben. Eine grobe Formel zur Ermittlung der Nettokohlenhydrate wäre, den Gewichtsanteil der Ballaststoffe vom Gesamtgewicht der Kohlenhydrate abzuziehen (weil Ballaststoffe weder den Blutzucker beeinflussen noch zu Insulinausschüttung führen noch die Fettspeicherung fördern). Bei einer solchen Rechnung hat das oben genannte Brot noch 33 g Nettokohlenhydrate. Phase eins der Atkins-Diät gestattet jedoch nur 20 g Nettokohlenhydrate *pro Tag*. Wenn Sie also dieses ausgesprochen gesunde Brot verzehren, müssen Sie bei konsequenter Atkins-Diät anschließend erst einmal anderthalb Tage ganz auf Kohlenhydrate verzichten.

Vielleicht stehe ich ja ganz allein mit meiner Meinung, aber ich finde eine solche Limitierung der Kohlenhydrate einfach absurd.

Kohlenhydrate sind nämlich nicht unsere Feinde. Wie bereits erläutert gieren wir danach, weil sie uns vor zahlreichen Gesundheitsproblemen bewahren können. Der trendige Verzicht auf Kohlenhydrate funktioniert allein deshalb zeitweise, weil er nicht nur die Kohlenhydrate, sondern die gesamte Nahrungsaufnahme einschränkt. Wenn ich jedoch mit einem verrückten Plan ankäme, der vorschreibt, man dürfe nur fettreiche oder eiweißarme Nahrung oder alles essen, was größer ist als eine Brotdose oder mit dem Buchstaben P anfängt – glauben Sie mir: Sie nehmen ab. Jedenfalls eine Zeit lang, ehe man Pudding, Pastinaken und Pute nicht mehr sehen kann.

Man würde abnehmen, weil durch die Beschränkung der erlaubten Lebensmittel automatisch auch die Kalorienzufuhr beschränkt wird. Wer weniger Kalorien bekommt, als er ver-

Fünfmal mehr Ballaststoffe

Zu Eiern: Mit einer halben, gewürfelten Zwiebel und einer Knoblauchzehe können Sie zwei Rühreier mit einem Gramm Ballaststoffen anreichern.

Zum Brot: Sie mögen kein Vollkornbrot? Dann greifen Sie zu Roggenbrot, das mit ebenfalls zwei Gramm Ballaststoffen pro Scheibe mehr als doppelt so viel wie Weißbrot enthält.

Zum Abendessen: Probieren Sie Süßkartoffeln aus. Eine Süßkartoffel enthält zwei Gramm mehr Ballaststoffe als eine normale Kartoffel.

Zum Müsli: 75 Gramm Himbeeren liefern zwei Gramm Ballaststoffe.

Als Zwischenmahlzeit: Stellen Sie Ihr eigenes Studentenfutter aus 30 Gramm Sultaninen, 30 Gramm gemischten Nüssen und fünf getrockneten Aprikosenhälften zusammen. Das ergibt fast sieben Gramm Ballaststoffe.

brennt, nimmt ab. Wer mehr bekommt, als er verbrennt, nimmt zu. Das gilt unabhängig davon, woher die Kalorien stammen. Das Verwirrende an den Kohlenhydraten ist, dass wir heutzutage von kohlenhydratreichen Lebensmitteln umgeben sind, denen praktisch alle guten Inhaltsstoffe entzogen wurden. Je weißer das Brot, desto ungesünder wird es. Ausgemahlene Mehle, raffinierter Zucker und Zuckerersatzstoffe in zahllosen Produkten, von Keksen über Eis bis hin zu Ketchup, liefern uns sämtliche Kalorien, aber leider nicht die Nährstoffe der ursprünglichen Vorfahren Vollkorn und Obst. Der Mangel an Ballaststoffen, z. B. in einem Bagel, führt dazu, dass dessen Kalorien rasch verdaut werden, unser Blut mit Glukose überflutet und das Verdauungshormon Insulin überbeansprucht wird. Auf diese Weise wird der Blutzucker in Fettzellen umgewandelt, und wir sind bald wieder hungrig.

Obst, Gemüse und Vollkornbrot hingegen haben eine ganz andere Wirkung auf den Körper. Sie werden langsam verdaut und versorgen uns mit Langzeitenergie. Der Insulinspiegel bleibt konstant, während die Faserstoffe unseren Körper von Cholesterin und anderen schädlichen Stoffen befreien und die Vitamine und Mineralien in diesen Nahrungsmitteln uns vor einer Vielzahl von Krankheiten schützen.

Je länger wir versuchen, ohne Kohlenhydrate auszukommen, desto intensiver verlangt unser Körper danach, denn unser Körper ist auf Kohlenhydrate programmiert, so wie er blinzelt, wenn uns etwas ins Auge fliegt. Das ist Teil unseres natürlichen Abwehrsystems, und die Natur nimmt sich irgendwann, was sie braucht.

Doch auch die Konzerne nehmen sich, was sie brauchen. Womit wir bei Grund zwei angelangt sind, weshalb der wahnhafte Verzicht auf Kohlenhydrate in die Katastrophe führt.

Dilemma Nummer 2: **das liebe Geld**

Wieso scheint eine kohlenhydratarme Diät anzuschlagen? Sie verbietet zahlreiche Lebensmittel, die wir gerne mögen, und erschwert das Essen zwischendurch. Diese beiden Faktoren tragen zur Kalorienreduzierung bei, denn weniger Kalorien bedeuten weniger Gewicht.

Nun stellt sich eine einfache Frage: Womit verdienen die Lebensmittelhersteller ihr Geld? Indem sie uns Lebensmittel verkaufen. Was aber geschieht, wenn Millionen Menschen beschließen, keine Schokoriegel, Brote, Teigwaren und zuckerhaltigen Brotaufstriche mehr zu kaufen, die von den Herstellern im Laufe der letzten 50 Jahre mit Kohlenhydraten überladen wurden?

Dann müssen die Konzerne etwas anderes verkaufen. Es soll kohlenhydratarm sein, damit es dem Trend entspricht, muss aber trotzdem vertraut erscheinen, leicht zu finden und noch leichter zu konsumieren sein. Damit beginnt die nächste Phase der Fettsuchtepidemie.

Im Februar 2004 berichtete die *New York Times* von dem zunehmenden Trend zu kohlenhydratarmen Gerichten in amerikanischen Restaurants und Lebensmittelmärkten. Verkaufsberater rieten den Märkten zu »kohlenhydratarmen« Gängen, Restaurants buhlten darum, mit dem begehrten Etikett »Atkins approved« *(Atkins-konform)* werben zu dürfen. Prompt waren kohlenhydratarme Süßigkeiten, Kuchen und Kekse erhältlich, die man sogar noch mit ein paar Flaschen kohlenhydratarmem Bier herunterspülen kann.

Der Verzicht auf Kohlenhydrate macht dick

Um einen Eindruck davon zu erhalten, wohin uns dies führt, springen wir einfach wieder in unsere Zeitmaschine. Dieses Mal trägt sie uns nur etwa 15 Jahre zurück in die Vergangenheit, zum Beginn des letzten Diätwahns in den frühen 90er-Jahren, als die kohlenhydratarme Ernährung ebenso wenig bekannt war wie Britney Spears und ein anderes Mantra sich durchzusetzen begann: ESST WENIGER FETT.

Diese Direktive stammt nicht aus einem populären Diätbuch, sondern direkt vom amerikanischen Gesundheitsministerium, das Fett als die Wurzel aller Ernährungssünden ansieht – kurz und knapp: Wer Fettes isst, wird fett. Diätexperten verfechten diese einleuchtende Vorstellung seither mit großer Vehemenz, weil sie so logisch klingt: Nahrungsfette werden leichter in Körperfett umgewandelt, während Kohlenhydrate in erster Linie Energie verbrennen. Also braucht man nur die Fettkalorien gegen Kohlenhydratkalorien einzutauschen, und schon ist man in der magischen Zone des Abnehmens.

Natürlich nutzte die Lebensmittelindustrie diese aufregende Entwicklung rasch Gewinn bringend aus. Parallel zum steigenden Absatz fettarmer Milch füllten immer mehr Packungen fettreduzierter, fettarmer und fettfreier Käsesorten, Brotaufstriche, Jogurts, Eiskrem, Kuchen und Kekse die Regale der Supermärkte. Manche schmecken ganz annehmbar, andere wie verzuckerte Pappe. Aber was soll's – fettarm ist ein Muss. Allerdings hat diese ganze fettarme Theorie einen gewaltigen Haken. (Und ganz nebenbei verdreifachte sich die Zahl der Fettsüchtigen in den USA in den letzten 20 Jahren.) Genau wie der derzeitige Feldzug gegen Kohlenhydrate scheint auch der Anti-

Fett-Wahn hauptsächlich deshalb zu funktionieren, weil er ein restriktives Essprogramm aufstellt, das bestimmte Nahrungsmittel und damit eine bestimmte Anzahl Kalorien einfach streicht. Wer plötzlich auf Steaks, Backwaren, Butter, Nüsse, Milchprodukte und mehr verzichten muss, nimmt natürlich rasant ab.

Aber unser Körper hungert ebenso nach Fett wie nach Kohlenhydraten. Fetthaltige Lebensmittel (z. B. Rindfleisch, Fisch und Milchprodukte) beliefern uns mit reichlich Muskel bildenden Proteinen und wichtigen Vitaminen und Mineralstoffen (Vitamin E steckt in Nüssen und Ölen, Kalzium in Käse und Jogurt). Über kurz oder lang fallen wir daher bei Fettverzicht plötzlich doch über das Schokoladeneis her. So hat die Natur es für uns vorgesehen.

Was jedoch niemand vorhergesehen hatte, war die Findigkeit der Lebensmittelproduzenten. Weil diese genau wussten, dass Menschen, die auf Fett verzichten, sich heimlich nach den alten Zeiten sehnen, in denen ein schönes Stück Kuchen und eine Portion Eiskrem jedes Festmahl beschlossen, verschwanden sie im Labor und tauchten mit Hunderten neuer, fettarmer Produkte wieder auf. Damit beginnt der historische Abschnitt des gesunden Genusses.

In den USA war SnackWell's von Nabisco die Antwort auf den Anti-Fett-Wahn. Dabei handelt es sich um fettfreie oder fettarme Kekse, die dennoch nach echten Keksen schmecken und die in Amerika noch immer erhältlich sind. Das Geheimnis ist der zusätzliche Zucker (außer in den zuckerfreien Varianten). So kann der Verbraucher seinen Süßhunger befriedigen, ohne dass ihm das Fett fehlt. Was diese Entwicklung im Denken des Durchschnittsverbrauchers anrichtet, lässt sich leicht vorhersehen:

»Um abzunehmen, muss ich nur auf Fett verzichten. – Oha! Diese Kekse enthalten kein Fett. Da nehme ich doch gleich zwei Packungen.«

Die Zauberwaffe hat versagt, denn zum einen brauchen wir Fett, und zum anderen wurde uns vorgegaukelt, dass wir essen können, was und so viel wir wollen, solange es nur kein Fett enthält. Also schaufeln wir löffelweise Zucker in uns hinein – und werden dabei alle ein kleines bisschen dicker.

Doch jetzt raus aus der Zeitmaschine, wir leben wieder zehn Jahre später, und statt des Anti-Fett-Wahns sind wir vom Anti-Kohlenhydrate-Wahn erfasst. Das Szenario jedoch ist dasselbe. Die Supermärkte füllen sich mit Ersatzprodukten, die als *zuckerfrei* oder *zuckerreduziert* angepriesen werden.

Plötzlich ist es gar nicht mehr so schwer, wenig Kohlenhydrate zu essen. Schon können wir den Einkaufswagen mit allem füllen, worauf wir in den letzten Jahren verzichten mussten. Die Marketingfachleute sorgen für eine neue Zusammensetzung ihrer Produkte, die sie mit Sojaproteinen, Ballaststoffen und Zuckeralkohol versetzen, um den Nettokohlenhydratgehalt zu senken, wobei mehr Protein und Ballaststoffe natürlich ganz in meinem Sinne sind. Zuckeralkohol (z. B. Sorbit) besteht dagegen aus leeren Kalorien, die in größeren Mengen Magenbeschwerden und Blähungen verursachen, aber was soll's.

Ich wende mich nur gegen die Vorstellung, dass man uns vortäuscht, wir könnten essen, was und wann wir wollen, solange es nur keine Kohlenhydrate enthält. Denn das ist die gleiche Falle, in die wir bereits vor 15 Jahren getappt sind: eine restriktive Diät, die kurzfristigen Erfolg verspricht, aber zu einem Verlangen führt, das noch größere Gesundheitsrisiken und noch mehr übergewichtige Menschen mit sich bringen wird.

Das jedoch ist ein Ziel, das niemand ernsthaft wünscht.

Kapitel 7
Die Ernährung bei *Sexy Sixpack*

Die Grundregeln einer gesunden Ernährung

In den bisherigen Kapiteln habe ich Ihnen einen Überblick über wissenschaftliche Erkenntnisse verschafft – wie der Körper auf verschiedene Nahrungsmittel reagiert, wieso manche Fette gut und andere schlecht sind, und dass bestimmte Lebensmittel wie z. B. Milchprodukte bestimmte Inhaltsstoffe haben, welche die Fettverbrennung des Körpers unterstützen. Wissenschaft kann Spaß machen, aber inzwischen interessiert eine Frage Sie wahrscheinlich schon brennend:

Wann gibt es etwas zu essen?

Kommen wir also zur Sache, denn öfter mehr vom Richtigen zu essen, ist das Grundprinzip von *Sexy Sixpack*. Denken Sie daran:

Mehr essen = mehr Muskeln = weniger Fett

Deshalb ist *Sexy Sixpack* auch keine Diät, die wir befolgen *müssen*, sondern befolgen *wollen*.

Ich habe mit vielen Männern gesprochen, die es mit einer Diät versucht haben. Viele von ihnen beschrieben den Versuch, bei einem strengen Diätplan zu bleiben, als würde man bis zum Bauch im Ozean stehen und eine Welle nach der anderen würde einen überrollen. Die Wellen kommen in Form des Kuchens, den der Chef verteilt, des Snackautomaten, der das einzig Verfügbare ist, wenn wir zu Überstunden verdonnert werden, und dem Umtrunk, wenn der Chef gefeuert wurde, dem wir all den Kuchen und die einsamen Stunden mit dem Automaten verdanken.

Wenn wir auf eine Welle starren, die deutlich größer ist als wir, haben wir drei Möglichkeiten: Wir können zum Strand zurücklaufen oder versuchen zu springen. Beides würde uns den Boden unter den Füßen wegziehen. Doch wenn wir kopfüber durch die Welle tauchen, kommen wir unbeschadet wieder hoch. So ist es auch mit einer Diät. Man kann versuchen, Restaurants, Feiern, Hochzeiten und alles andere zu umgehen, wo uns wahrscheinlich ein großer Teller Pommes frites begrüßt. Selbstverständlich kann man sich auch ganz korrekt verhalten, doch nach einem Fußballspiel einen Salat und Wasser zu bestellen, fühlt sich schon komisch an.

Wenn eine Diät helfen soll – wenn Sie am Ende mit einem neuen Körper daraus hervorgehen wollen –, kommt es darauf an, sich flexibel und ohne Hunger frei zu bewegen und zu wissen, dass man auf jeden Fall etwas Gutes zu essen bekommt.

Damit tauchen Sie in die *Sexy-Sixpack*-Ernährung ein.

Richtlinie 1: sechs Mahlzeiten am Tag

Da alle Welt davon redet, weniger zu essen, ist dieses Thema zur Doktrin des Abnehmens geworden. Doch um der Physiologie des Stoffwechsels zu entsprechen, müssen Sie häufiger essen, um Ihre Figur zu verändern. Was Sie sich merken sollten, ist das Konzept der »Energiebalance«.

Forscher an der Georgia State University haben eine Technik entwickelt, mit der die stündliche Energiebalance gemessen werden kann, also wie viele Kalorien verbrannt und wie viele zu sich genommen werden. Die Untersuchungen ergaben, dass das Ungleichgewicht – ob Überschuss oder Defizit – ständig zwischen 300 und 500 Kalorien liegen sollte, wenn man sein Körperfett verringern und stattdessen Muskelmasse aufbauen möchte. Die Teilnehmer mit dem größten Ungleichgewicht (entweder 500 Kalorien zu viel oder zu wenig) waren am dicksten, während die mit dem ausgewogensten Energieniveau die schlanksten waren. Mit nur drei Mahlzeiten am Tag sorgen wir für ein erhebliches Ungleichgewicht in unserem Energiehaushalt. Zwischen den Mahlzeiten verbrennen wir dann deutlich mehr Kalorien, als wir zu uns nehmen, doch beim Essen nehmen wir deutlich mehr zu uns, als wir verbrennen können. Wenn Sie schlanker aussehen, sich fitter fühlen und – als Ergebnis – länger leben möchten, dann müssen Sie häufiger essen. In derselben Studie konnten Teilnehmer, die ihre Hauptmahlzeiten durch drei Zwischenmahlzeiten ergänzten, ihr Energieniveau besser ausgleichen, abnehmen und magere Körpermasse aufbauen (und zugleich Kraft und Ausdauer erhöhen).

Welche Gewohnheiten machen fett?

Der Zeitpunkt, wann wir essen, ist beinahe ebenso wichtig wie das, was wir essen. Wissenschaftler der University of Massachusetts haben die Essgewohnheiten von 500 Männern und Frauen untersucht und dabei Verbindungen zwischen den Essgewohnheiten und dem Risiko, übergewichtig zu werden, entdeckt.

GEWOHNHEIT	BEEINFLUSST DAS ÜBERGEWICHTSRISIKO UM
Mindestens eine kleine Mittagsmahlzeit zu sich nehmen	− 39 Prozent
Abendessen ist größte Mahlzeit des Tages	+ 6 Prozent
Erst mindestens drei Stunden nach dem Aufwachen frühstücken	+ 43 Prozent
Mehr als ein Drittel der Mahlzeiten in Restaurants einnehmen	+ 69 Prozent
Hungrig zu Bett gehen (drei oder mehr Stunden nach dem letzten Essen)	+ 101 Prozent
Auswärts frühstücken	+ 137 Prozent
Nicht frühstücken	+ 450 Prozent

In einer ähnlichen Untersuchung stellten japanische Forscher fest, dass Boxer, die entweder zwei oder sechs Mahlzeiten am Tag mit derselben Kalorienmenge zu sich nahmen, jeweils durchschnittlich fünf Kilo in zwei Wochen abnahmen. Diejenigen, die sechs Mahlzeiten pro Tag verzehrten, verloren jedoch 1,4 kg mehr Fett und 1,4 kg weniger Muskeln als die, die nur zweimal täglich aßen.

Es gibt also wissenschaftliche Belege dafür, dass mehr Mahlzeiten sinnvoll sind, aber es gibt auch einen völlig einleuchtenden Grund, denn mit Zwischenmahlzeiten ist man jederzeit satt und zufrieden, sodass die Wahrscheinlichkeit von Heißhungerattacken sinkt.

So geht es: Ergänzen Sie einfach die größeren Mahlzeiten durch kleine Zwischenmahlzeiten, die jeweils etwa zwei Stunden vor dem Mittag- bzw. Abendessen sowie nochmals zwei Stunden nach dem Abendessen eingenommen werden sollten.

Ihr Zeitplan fürs Essen könnte also so aussehen:

- 8 Uhr: Frühstück
- 11 Uhr: Zwischenmahlzeit
- 13 Uhr: Mittagessen
- 16 Uhr: Zwischenmahlzeit
- 18 Uhr: Abendessen
- 20 Uhr: Zwischenmahlzeit

Einen kompletten Wochenplan finden Sie ab Seite 158. Bitte betrachten Sie ihn jedoch nicht als A und O, sondern als Vorschlag dafür, wie Sie die Ernährungsvorschläge für sich umsetzen könnten. Er ist auch ein Beispiel, wie man die Rezepte aus Kapitel 9 in den Alltag einbauen kann.

Richtlinie 2: **die zwölf Fitmacher als Fixpunkte der Ernährung**

Mit *Sexy Sixpack* lernen Sie, sich auf eine Hand voll Nahrungsmittel zu konzentrieren (nicht zu beschränken): die zwölf Fitmacher, mit denen Ihre grundlegenden Bedürfnisse gestillt werden können. All diese Nahrungsmittel sind gut für uns, ja, sogar so gut, dass sie nahezu nebenbei Fett gegen Muskeln austauschen (sofern Sie sich an das Rezept halten). Fast ebenso wichtig ist, dass die Fitmacher so gewählt sind, dass sie buchstäblich Tausende von Nahrungskombinationen abdecken. Es gibt unzählige Milchprodukte, Früchte, Gemüse, magere Fleischsorten und andere gute Dinge, die Ihren Geschmack treffen können. Wenn Sie dann die Fitmacher in Ihre sechs Mahlzeiten am Tag einbauen, wird das Essen schmecken, alle Bedürfnisse befriedigen und Sie davon abhalten, zu gefährlichen Fettmachern zu greifen.

In Kapitel 8 können Sie mehr über die Fitmacher nachlesen. Vorläufig möchte ich Sie nur erinnern:

- Mandeln und Nüsse
- Bohnen und sonstige Hülsenfrüchte
- Spinat und anderes grünes Blattgemüse
- fettarme oder fettfreie Milchprodukte (Milch, Jogurt, Käse)
- Haferflocken (ungesüßt, ohne Aromazusätze)
- Eier
- Putenfleisch und andere magere Fleischsorten

- Erdnussbutter
- Olivenöl
- Vollkornbrot und Müsli
- Whey-Protein-Pulver
- Himbeeren und andere Beeren

Richtlinie 3: regelmäßig Milchshakes trinken

Unsere Zeitpläne sind heutzutage so knapp bemessen, dass es niemanden erstaunt, wenn das wichtigste Küchengerät der Dosenöffner ist. Für die *Sexy-Sixpack*-Diät brauchen Sie dagegen einen Mixer, in den viel hineinpasst. Ich empfehle einen Mixer mit mindestens 400 Watt, damit das Gerät Eis, Früchte und nahezu alles andere zerhäckseln kann, was man hineingibt.

Wenn Sie berücksichtigen, dass die Veränderung Ihres Körpers Zeit, Motivation und Wissen benötigt, dann betrachten Sie Ihren Mixer als wertvolles Werkzeug in diesem Plan. Die *Sexy-Sixpack*-Milchshakes können eine Mahlzeit ersetzen oder eine perfekte Zwischenmahlzeit darstellen. Sie sind aus mehreren Gründen zu empfehlen:

- Sie sind rasch zubereitet.
- Mit Beeren, aromatisiertem Whey-Pulver oder Erdnussbutter schmecken sie wie ein Dessert und stillen damit den Süßhunger.
- Die Sämigkeit ist angenehm magenfüllend.

> ## So geht's
>
> Trinken Sie einen Shake (240 ml) zum Frühstück (als Ersatzmahlzeit) oder als Zwischenmahlzeit vor oder nach dem Körpertraining.

Ich koche nicht viel. Wenn ich ein schnelles, gesundes Essen will, gebe ich Milch, fettarmen Vanillejogurt, Eis, Haferflocken, naturbelassene Erdnussbutter und ein paar Teelöffel Whey-Pulver mit Schokoladengeschmack in meinen Mixer und drücke auf den Knopf. Die Zutaten können Sie ganz nach persönlichem Geschmack wählen (siehe Rezepte in Kapitel 9), aber Milch, Jogurt, Whey-Pulver und Eis sollten stets dabei sein.

Dass solche Mixgetränke wirklich die Gewichtskontrolle unterstützen, ist wissenschaftlich belegt:

▶ Forscher an der Purdue University fanden heraus, dass das Sättigungsgefühl nach sämigen Getränken länger anhält als nach sehr flüssigen – selbst bei gleicher Kalorienzahl, Temperatur und Menge.

▶ Eine Studie an der Penn State ergab, dass Männer nach dem Genuss von Jogurtshakes, die auf das doppelte Volumen aufgeschäumt waren, 96 Kalorien pro Tag weniger zu sich nahmen als Männer, die normal dicke Shakes tranken.

▶ Die Nordamerikanische Vereinigung zur Untersuchung von Übergewicht *(North American Association of the Study of Obesity)* veröffentlichte eine Untersuchung, der zufolge der regelmäßige Ersatz von Mahlzeiten durch Mixgetränke die Chancen auf Gewichtsverlust, der länger als ein Jahr anhält, erhöht.

▶ An der University of Tennessee wurde ermittelt, dass Männer, die ihre Ernährung um drei Jogurts pro Tag ergänzten, innerhalb von zwölf Wochen 61 Prozent mehr Körperfett und 81 Prozent mehr Bauchfett verloren als Männer, die keinen Jogurt aßen. Die Forscher vermuten, dass das Kalzium die Fettverbrennung unterstützt und die Neubildung von Körperfett hemmt.

Richtlinie 4: Schluss mit dem Kalorienzählen

Auch wenn die Kalorienverbrennung für den Fettabbau unerlässlich ist – Kalorienzählen lenkt ab und ist demotivierend. Wenn Sie die zwölf Fitmacher und ihre zahlreichen Verwandten zu sich nehmen, werden diese Nahrungsmittel sozusagen das Kalorienzählen für Sie übernehmen. Man fühlt sich damit gesund, satt und zufrieden. Natürlich ist das kein Freibrief für eine Gigaportion. Fast jeder behauptet, auf seine Ernährung zu achten, doch in Wahrheit hat kaum jemand eine Übersicht darüber, wie viel er wirklich isst. Eine Studie des amerikanischen Landwirtschaftsministeriums befragte Männer nach ihren Essgewohnheiten und überprüfte danach die tatsächliche Nahrungsaufnahme. Dabei kam heraus, dass Männer zwischen 25 und 50 doppelt so viel Getreide, Fett und Süßigkeiten aßen, wie sie geschätzt hatten. Bei sechs ausgewogenen Mahlzeiten reguliert der Körper die Portionsgröße über deren Gehalt an Ballaststoffen, Eiweiß und das pure Volumen der Shakes. Deshalb ist es auf jeden Fall ratsam – vor allem zu Beginn der Umstellungsphase, wenn Sie noch unsicher sind –, die Größe der Portionen durch begrenzte Mengen bestimmter Lebensmittel einzuschränken, besonders bei fettreichen (wie Erdnussbutter) und solchen, die viele Kohlenhydrate enthalten (wie Reis oder Brot). Sinnvollerweise halten Sie sich zunächst an eine bis zwei Portionen pro Nahrungsgruppe und essen jeweils nicht mehr, als nebeneinander auf einen Teller passt.

Richtlinie 5: Was darf man trinken – und was nicht?

Ich trinke gerne Bier und Wein, an einem heißen Sommertag auch mal Gin Tonic und viele andere Dinge. Ein bis zwei Drinks am Tag sind zwar keineswegs ungesund, doch Alkohol kann uns auf vielerlei Weise in Schwierigkeiten bringen. Insbesondere enthält er – ebenso wie Cola und ähnliche Erfrischungsgetränke – Kalorien, die Sie momentan nicht brauchen können. Dabei handelt es sich um leere Kalorien, die weder sättigen noch die verzehrte Nahrungsmenge begrenzen. Stattdessen lässt Alkohol uns mehr essen und behindert die Fettverbrennung. Als Schweizer Forscher acht Männern so viel Alkohol gaben, dass ihr täglicher Kalorienbedarf damit um über 25 Prozent überschritten wurde (das entspricht fünf Bier für jemanden, der 3000 Kalorien am Tag verzehrt), stellten sie fest, dass die Fähigkeit zur Fettverbrennung sogar um 36 Prozent

Erfolg mit *Sexy Sixpack*

»Mein Rettungsring ist viel kleiner geworden«

Name: Patrick Austin
Alter: 33
Größe: 1,83 m
Ausgangsgewicht: 111 kg
Sechs Wochen später: 97,5 kg

Patrick Austin glaubte, die perfekte Lösung für seinen Rettungsring gefunden zu haben. Mit 111 kg Gewicht bei 1,83 m Körpergröße wollte er nach etlichen Jahren ohne Sport auf eigene Faust wieder fit werden. Daher nahm er sich einen Privattrainer und fing an zu trainieren.

Doch selbst nach sechs Monaten Einzeltraining hatte sich nichts verändert. »Ich glaube, der Trainer hat kein persönliches Programm für mich entwickelt, sondern eins, das er bei jedem abspult. Es gab einfach keinen richtigen Anreiz«, meint Austin.

Dann stolperte er über *Sexy Sixpack* und probierte es einfach aus. Schon zehn Tage später fragte man ihn im Fitnessstudio, wie er denn das gemacht hätte. Innerhalb der ersten Wochen nahm er 6,8 kg ab, was er den veränderten Essgewohnheiten zuschreibt.

»Ich esse eigentlich nicht viel, aber ich habe bisher das Falsche gegessen«, erklärt Austin. »Wenn ich früher versucht

Die Grundregeln einer gesunden Ernährung

> habe abzunehmen, habe ich ständig auf die Kalorien geschielt. Jetzt hingegen esse ich mehr, achte ich darauf, das Richtige zu essen.«
> Anstatt also jedes Essen mit Kuchen und Süßem abzuschließen, genießt Austin jetzt Shakes, mageres Fleisch und Eier. »Mein bester Freund sind die Mandeln. Die helfen mir über den kleinen Hunger zwischendurch hinweg.«
> Und auch das Training zieht Austin eisern durch – drei Tage pro Woche arbeitet er mit Gewichten, an drei anderen Tagen macht er Herz-Kreislauf-Training.

sank. Auch der Alkohol selbst lässt uns Fett speichern, denn für den Körper ist Alkohol ein Gift, das er gern eliminieren möchte. Deshalb unterbricht die Leber die Verarbeitung aller anderen Kalorien, bis sie den Alkohol zerlegt hat. Was auch immer Sie essen, während Sie Alkohol trinken, wird daher mit großer Wahrscheinlichkeit in Fett umgewandelt werden. Auf indirektere Weise kann Alkohol auch die körpereigene Produktion von Testosteron und dem menschlichen Wachstumshormon hemmen, die beide an der Fettverbrennung und am Muskelaufbau beteiligt sind.

Ich rate zwar ungern zum Wassertrinken, doch es ist ausgesprochen sinnvoll, etwa acht Gläser pro Tag zu sich zu nehmen, da sie zum einen zur Sättigung beitragen (ein scheinbares Hungergefühl ist in Wahrheit häufig Durst), zum anderen werden so die Abfallprodukte ausgespült, die bei der Zerlegung von Fett oder bei der Eiweißverarbeitung entstehen. Auch für den Nährstofftransport in die Muskeln, zur Verdauung und zur Aufrechterhaltung des Stoffwechsels wird ausreichend Wasser benötigt.

Wenn Sie also ernsthaft Bauchfett abbauen wollen, rate ich Ihnen, für die nächsten sechs Wochen auf Alkoholgenuss möglichst zu verzichten bzw. sich zumindest auf zwei bis drei Drinks pro Woche zu beschränken. Das Beste, was Sie zu sich nehmen können, ist fettarme Milch, Wasser und grüner Tee (oder notfalls eine Dose Diätgetränk pro Tag).

Richtlinie 6: Einmal pro Woche dürfen Sie Richtlinie 1 bis 5 vergessen

Ich würde Sie nie ermutigen, Ihre Partnerin oder das Finanzamt zu betrügen. Aber bei dieser Diät dürfen Sie ausscheren, d. h. einmal pro Woche sollten Sie alles vergessen, was Sie über gute Kohlenhydrate und Fette wissen. Essen Sie eine halbe Pizza, einen Burger oder was auch immer Sie am meisten vermissen. Essen Sie, genießen Sie und gehen Sie dann voll Schwung an die nächste Woche. Für diesen Ausbruch gibt es mehrere Gründe. Zum einen möchte ich, dass der Bruch kontrolliert abläuft. Planen Sie Ihr Zuckerchen ein – am Samstagabend, beim Fußballspiel oder wann auch immer. Aber halten Sie sich dann an Ihren Plan. Wir beherrschen unsere Gelüste am besten, wenn wir sie hin und wieder befriedigen. Wer das an sechs Tagen schafft, darf sich belohnen und weiß, dass sechs Tage gutes Essen langfristig durchzuhalten sind.

Es gibt noch einen weiteren wichtigen Grund, weshalb ich möchte, dass Sie ausbrechen: Es hilft tatsächlich bei der Veränderung Ihres Körpers. Eine erfolgreiche Diät verändert die *normale* Ernährung, nicht die *ständige*. Ein kalorienreicher Tag kann Ihren Stoffwechsel sogar ankurbeln. Forscher der amerikanischen nationalen Gesundheitsinstitute *(American National Institutes of Health)* fanden heraus, dass bei Männern, die einen Tag doppelt so viel Kalorien verzehrten wie sonst, der Stoffwechsel in den 24 Stunden danach um neun Prozent mehr arbeitete. Deshalb: Die Mogelmahlzeit ist das i-Tüpfelchen am Ende einer guten Woche, bei der Sie nach Herzenslust genießen dürfen, was Ihnen schmeckt.

Der *Sexy-Sixpack*-Wochenplan

Nachfolgend gebe ich Ihnen ein Beispiel, wie ein *Sexy-Sixpack*-Wochenplan aussehen könnte. Dieser Plan ist allerdings nicht in Stein gemeißelt, das heißt, Sie können die Mahlzeiten austauschen und einzelne Bestandteile durch andere ersetzen. Wenn Sie möchten, können Sie auch jeden Tag dasselbe essen. Wichtig ist nur, zu verstehen, auf welche Weise Sie die Ernährungsregeln einhalten können. Viel Vergnügen!

MONTAG

Frühstück:	1 Glas (240 bis 350 ml) ultimativer Power-Shake (Seite 203), gleich die doppelte Menge zubereiten
Zweites Frühstück:	2 Teelöffel Erdnussbutter und rohes Gemüse (so viel Sie mögen)
Mittag:	Vollkornsandwich mit Putenaufschnitt oder Roastbeef, 240 ml fettarme Milch, 1 Apfel
Nachmittags:	30 g Mandeln und 200 g Beeren
Abendessen:	Mas Macho-Frikadellen (Seite 221)
Nachtessen:	240 bis 350 ml ultimativer Power-Shake

DIENSTAG

Frühstück:	Eiersandwich (Seite 208)
Zweites Frühstück:	2 Teelöffel Erdnussbutter, eine Schale Müsli oder Haferflocken
Mittag:	Salatmuffel-Salat (Seite 212)
Nachmittags:	3 dünne Scheiben Putenbrust, 1 große Orange
Abendessen:	Brasilianisches Kampfhuhn (Seite 222)
Nachtessen:	30 g Mandeln, 115 g Cantaloupe-Melone

MITTWOCH

Frühstück:	1 Glas (240 bis 350 ml) Erdbeer-Feldmarschall-Shake (Seite 203), gleich die doppelte Menge zubereiten
Zweites Frühstück:	30 g Mandeln und 30 g Rosinen
Mittag:	Guacarolle (Seite 214)
Nachmittags:	30 g Tilsiter, rohes Gemüse (so viel Sie mögen)
Abendessen:	Chilipfeffersteak (Seite 223)
Nachtessen:	240 bis 350 ml Erdbeer-Feldmarschall-Shake

DONNERSTAG

Frühstück:	1 Scheibe Vollkornbrot mit 1 Teelöffel Erdnussbutter, 1 mittelgroße Orange, 75 g Vollkornflocken mit 240 ml fettarmer Milch, 145 g Beeren
Zweites Frühstück:	240 ml fettarmer Jogurt, 1 Glas Multivitamin- oder Gemüsesaft
Mittag:	Tortilla für Genießer (Seite 213)
Nachmittags:	3 dünne Scheiben Roastbeef, 1 große Orange
Abendessen:	Philadelphia-Pfanne (Seite 224)
Nachtessen:	2 Teelöffel Erdnussbutter, 240 ml fettarme Milch

FREITAG

Frühstück:	1 großes Glas (240 bis 350 ml) Banana-Split-Shake (Seite 204), gleich die doppelte Menge zubereiten
Zweites Frühstück:	30 g Mandeln, 115 g Cantaloupe Melone
Mittag:	Überbackene Thunfischmuffins (Seite 215)
Nachmittags:	3 dünne Scheiben Roastbeef, 1 große Orange
Abendessen:	Putenchili (Seite 225)
Nachtessen:	240 bis 350 ml Banana-Split-Shake

SAMSTAG

Frühstück:	1 großes Glas (240 bis 350 ml) Halle-Berrie-Shake (Seite 205), gleich die doppelte Menge zubereiten
Zweites Frühstück:	1 Schale ballaststoffreiche Getreideflocken, 240 ml fettarmer Jogurt
Mittag:	Restliches Putenchili
Nachmittags:	2 Teelöffel Erdnussbutter, 1 bis 2 Scheiben Vollkornbrot
Abendessen:	*Mogelmahlzeit!* Essen Sie, wovon Sie diese Woche heimlich geträumt haben: Bier und Burger, Wein und Pizza ...
Nachtessen:	240 bis 350 ml Halle-Berrie-Shake

SONNTAG

Frühstück:	Das Wachmacher-Sandwich (Seite 210)
Zweites Frühstück:	2 Teelöffel Erdnussbutter, 1 Glas Multivitamin- oder Gemüsesaft
Mittag:	2 Rühreier, 2 Scheiben Vollkorntoast, 1 Banane, 240 ml fettarme Milch
Nachmittags:	3 dünne Scheiben Roastbeef, 1 Scheibe fettarmer Käse
Abendessen:	Gegrillte Bohnen (Seite 228)
Nachtessen:	30 g Mandeln, 240 ml fettarme Eiskreme

Kapitel 8
Die zwölf Fitmacher von *Sexy Sixpack*

So lassen die Fitmacher den Bauch schrumpfen

Im letzten Kapitel haben Sie sechs Richtlinien für die Diät erhalten, außerdem wurden die zwölf Fitmacher erwähnt. Jetzt möchte ich Ihnen jeden dieser zwölf Superhelden genauer vorstellen.

Diese zwölf Nahrungsgruppen decken einen großen Bereich Ihrer Ernährung ab. Je mehr Sie davon essen, desto besser kann der Körper neue Muskelmasse aufbauen und überflüssiges Fett zum Schwinden bringen. Man kann ganze Mahlzeiten um diese Nahrungsmittel herum gruppieren, doch das ist nicht zwingend notwendig. Denken Sie jedoch an folgende Grundregeln:

▶ Jede Hauptmahlzeit sollte zwei bis drei Fitmacher enthalten, jede Zwischenmahlzeit mindestens einen.

▶ Essen Sie bei jeder Mahlzeit etwas anderes, damit Eiweiß, Kohlenhydrate und Fett ausgewogen kombiniert werden.

▶ Achten Sie darauf, in jeden Imbiss etwas Protein zu schmuggeln.

So lesen Sie die Legende: Aus Gründen der Übersichtlichkeit habe ich die jeweilige Beschreibung der einzelnen Fitmacher um die folgenden Symbole ergänzt. Jedes Symbol zeigt an, mit welchen wichtigen Funktionen das jeweilige Nahrungsmittel zur optimalen Gesundheit beiträgt.

Baut Muskeln auf: Dieses Gütesiegel erhalten Lebensmittel, die reich an Muskeln bildenden pflanzlichen und tierischen Proteinen sind. Es steht auch für Nahrung, die reich ist an bestimmten Mineralien, wie sie zur Erhaltung der Muskeln benötigt werden, z. B. Magnesium.

Fördert das Abnehmen: Kalzium und ballaststoffreiche Lebensmittel (beides schützt vor Übergewicht), aber auch solche, die den Aufbau von Fett verbrennendem Muskelgewebe fördern, sind mit diesem Symbol gekennzeichnet.

Stärkt die Knochen: Kalzium und Vitamin D sind am wichtigsten für die Knochenbildung und schützen vor Osteoporose. Achtung: Zu viel Natrium kann Kalzium aus den Knochen lösen. Zum Glück enthalten jedoch alle Fitmacher von Natur aus wenig Natrium.

Senkt den Blutdruck: Jedes Nahrungsmittel, das wenig Natrium enthält, kann zur Blutdrucksenkung beitragen und erhält dieses Siegel, wenn es zugleich größere Mengen Kalium, Magnesium oder Kalzium liefert.

Beugt Krebs vor: Forschungen zufolge treten bestimmte Krebsarten bei Menschen, die sich fettarm und ballaststoffreich ernähren, seltener auf. Um es dem Krebs schwer zu machen, kann man deshalb Lebensmittel wählen, die reichlich Kalzium, Betakarotin oder Vitamin C enthalten. Das Symbol gilt außerdem für alle Kohlarten und Zwiebelgewächse, denn auch sie tragen nachweislich zum Schutz vor Krebs bei.

Stärkt das Immunsystem: Die Vitamine A, E, B$_6$ und C, Folsäure sowie das Mineral Zink verbessern die Immunabwehr des Körpers. Das Symbol zeigt an, dass ein Fitmacher ein oder mehrere dieser Nährstoffe reichlich enthält.

Stärkt das Herz: Bei Nahrungsmitteln, die reich an gesättigten Fettsäuren und Transfettsäuren sind, kann Cholesterin die Arterien verlegen und dadurch Probleme hervorrufen. Lebensmittel mit einem hohen Gehalt an einfach oder mehrfach ungesättigten Fettsäuren hingegen tragen aktiv zum Schutz des Herzens bei, indem sie die Cholesterinwerte normalisieren.

1. Mandeln und Nüsse

Besondere Eigenschaften: gut für den Muskelaufbau und gegen Gelüste

Geheimwaffen: Eiweiß, einfach ungesättigte Fettsäuren, Vitamin E, Ballaststoffe, Magnesium, Folsäure (Erdnüsse), Phosphor

Hilfreich gegen: Übergewicht, Herzerkrankungen, Muskelabbau, Falten, Krebs, Bluthochdruck

Nahe Verwandte: Kürbiskerne, Sonnenblumenkerne, Avocados

Vorsicht Falle: gesalzene oder geräucherte Nüsse

Nüsse sind eine echte Hilfe, denn sie enthalten die reichlich einfach ungesättigten Fettsäuren, welche die Arterien durchputzen und zur Sättigung beitragen.

Alle Nüsse sind darüber hinaus reich an Eiweiß, eine Hand voll Mandeln beliefert uns zudem mit dem halben Tagesbedarf an Vitamin E und acht Prozent des benötigten Kalziums. Daneben enthalten sie 19 Prozent des täglichen Bedarfs an Magnesium, einer der wichtigsten Mineralstoffe für den Muskelaufbau. In einer Studie der Western Washington University waren Teilnehmer, die ergänzend Magnesium einnahmen, in der Lage, 20 Prozent mehr Gewicht zu heben und mehr Muskeln aufzubauen als die Vergleichsgruppe. Essen Sie also am besten zwei Hand voll Mandeln pro Tag, denn einer Studie der Toronto University zufolge ist dies die Menge, die Männer täglich verzehren können, ohne dadurch zuzunehmen. Eine Untersuchung an der Purdue University ergab, dass Menschen, die Nüsse mit einem hohen Anteil an einfach ungesättigten Fettsäuren aßen, 90 Minuten länger satt blieben als solche, die fettfreie Nahrung (hier: Reiscracker) zu sich nahmen. 60 g Mandeln (rund 24 Stück) sollten ausreichen, um den Appetit zu dämmen, besonders wenn man sie mit einem großen Glas Wasser herunterspült. Die Flüssigkeit unterstützt die Ausdehnung der Ballaststoffe in den Nüssen, sodass man länger satt bleibt. Auch die nährstoffreichen Häutchen sollten ruhig mitgegessen werden.

So können Sie Mandeln und Nüsse problemlos in Ihre Ernährung aufnehmen:

▶ Mischen Sie Erdnussbutter mit gehackten Nüssen.
▶ Streuen Sie eine Hand voll Nüsse und Mandeln über das Müsli, den Jogurt oder das Eis.
▶ Gehobelte Mandeln passen gut ins Omelett.
▶ Eine schnelle Alternative zu Popcorn: Eine Hand voll Mandeln mit Olivenöl besprühen und bei 200 °C fünf bis zehn Minuten im Ofen backen. Anschließend mit braunem Zucker und Zimt oder mit Cayennepfeffer und Thymian würzen.

Hüten Sie sich jedoch vor einer Falle: Geräucherte oder gesalzene Nüsse sind keine Fitmacher, weil sie zu viel Natrium enthalten, das den Blutdruck in die Höhe treibt.

2. Bohnen und andere Hülsenfrüchte

Besondere Eigenschaften: gut für Muskelaufbau, Fettverbrennung und Verdauung

Geheimwaffen: Ballaststoffe, Eiweiß, Eisen, Folsäure

Hilfreich gegen: Übergewicht, Dickdarmkrebs, Herzerkrankungen, Bluthochdruck

Nahe Verwandte: Linsen, Erbsen, Bohnendips, Hummus, Edamame (grüne Sojabohnen)

Vorsicht Falle: Bohnenpaste (viel gesättigte Fettsäuren), gebackene Bohnen (hoher Zuckergehalt)

Viele Menschen hegen einen Widerwillen gegen Bohnen, weil sie nach deren Verzehr Verdauungsprobleme bekommen haben. Aber Bohnen sind gut für das Herz, und je mehr man davon isst, desto besser lässt sich der Hunger kontrollieren. Ob Sojabohnen, schwarze Bohnen, grüne Bohnen, Butterbohnen, Kidneybohnen, weiße Bohnen oder Kichererbsen – Sie haben die Wahl. Nur Bohnenpasten sollten Sie meiden, da sie sehr fett sind. Alle anderen Bohnen sind jedoch ein kalorienarmes Lebensmittel mit reichlich Eiweiß, Ballaststoffen und Eisen, die für den Muskelaufbau und den Gewichtsverlust benötigt werden. Daher zählen sie trotz gewisser Nachteile für die Verdauung zu den wichtigsten Mitgliedern im Kabinett für *Sexy Six-*

pack, sodass Sie ruhig mehrmals pro Woche ein Fleischgericht gegen eine Bohnenmahlzeit austauschen können. Damit ersetzen Sie eine Menge gesättigter Fettsäuren durch noch größere Mengen Ballaststoffe.

Die besten Bohnen für Ihre Diät sind:

▶ Sojabohnen

▶ grüne Bohnen

▶ Kichererbsen

▶ schwarze Bohnen

▶ Cannellinis

▶ Kidneybohnen

▶ Lima- bzw. Butterbohnen

3. Spinat und anderes grünes Blattgemüse

Besondere Eigenschaften: neutralisieren freie Radikale, die den Alterungsprozess beschleunigen

Geheimwaffen: Vitamine A, C und K, Folsäure, Mineralien (einschließlich Kalzium und Magnesium), Ballaststoffe, Betakarotin

Hilfreich gegen: Krebs, Herzerkrankungen, Schlaganfall, Übergewicht, Osteoporose

Nahe Verwandte: Kreuzblütler wie Brokkoli, Kohl und Rosenkohl; grünes, gelbes, rotes und orangefarbenes Gemüse wie Spargel, Paprika und grüne Bohnen

Vorsicht Falle: keine, solange Sie das Gemüse nicht braten oder in fettem Käse servieren

Eine Portion Spinat deckt beinahe den kompletten Tagesbedarf an Vitamin A und die Hälfte des Bedarfs an Vitamin C. Darüber hinaus enthält er reichlich Folsäure, ein Vitamin, das vor Herzerkrankung, Schlaganfall und Darmkrebs schützt. Essen Sie Spinat frisch als Salatersatz auf dem Sandwich oder dünsten Sie ihn mit etwas Knoblauch und Olivenöl.

Ein weiteres Fitgemüse ist Brokkoli, denn er ist nicht nur reich an Ballaststoffen, sondern übertrifft nahezu jedes andere Lebensmittel an Vitaminen und Mineralstoffen. Zum Beispiel

Grüne Schlankmacher

Eisbergsalat hat den Nährwert einer Büropflanze aus Kunststoff, die zwar etwas Farbe ins Leben bringt, aber ansonsten einfach nur Platz wegnimmt. Er mag zwar billig und überall erhältlich sein, doch er enthält kaum Ballaststoffe, Vitamine oder Mineralien. Wenn Sie Salat und Rohkostgemüse essen möchten, wählen Sie deshalb lieber eine gehaltvollere Sorte.

Der Krebskiller: **Römischer Salat.** Diese Pflanze, die im Geschmack an Sellerie erinnert, zählt mit 712 Mikrogramm pro Stück zu den besten Lieferanten von Betakarotin. Eine Studie der University of Illinois ergab, dass das Wachstum von Prostatakrebszellen bei hohem Betakarotinspiegel um 50 Prozent langsamer verläuft.

Der Knochenbilder: **Rucola (Rauke).** 30 g dieser Blätter mit dem Senfaroma liefern 15 Prozent der Kalziummenge, die in einem Glas Milch steckt, aber 100 Prozent weniger gesättigte Fettsäuren. Schutz vor Osteoporose bietet das in Rucola enthaltene Magnesium.

Der Filter: **Kresse.** Kresse enthält wertvolle sekundäre Pflanzenstoffe, die dafür sorgen, dass Zigarettenrauch und andere Schadstoffe in der Luft keinen Schaden im Körper anrichten.

Der Herzspezialist: **Endivie.** Dieser leicht bittere, knackige Salat enthält doppelt so viel Ballaststoffe wie Eisbergsalat, und schon ein Kopf Endiviensalat deckt nahezu 20 Prozent unseres Tagesbedarfs an Folsäure. Wenn man von diesem essenziellen B-Vitamin nicht genug zu sich nimmt, steigt das Risiko einer Herzerkrankung um 50 Prozent.

Der Gehirnankurbler: **Rutenkohl (Sareptasenf).** Ein würziger, knackiger Salat, der besonders viel von der Aminosäure Tyrosin enthält. In einer jüngeren Studie der amerikanischen Streitkräfte wurde herausgefunden, dass der Verzehr einer tyrosinreichen Mahlzeit eine Stunde vor einem Test die Gedächtnisleistung wie auch die Konzentration der Soldaten signifikant erhöhte.

Der Anti-Aging-Spezialist: **Pak Choi.** Ein Multivitaminpräparat mit Kohlgeschmack, denn schon eine Schüssel Pak Choi beliefert uns mit 23 Prozent des täglichen Vitamin-A-Bedarfs und einem Drittel des Bedarfs an Vitamin C. Dazu kommen Flavonoide, Isothiocyanate und Dithiolthion, die Krebs vorbeugen und den Alterungsprozess hinauszögern.

Der Blickschärfer: **Spinat.** Spinat ist eine erstklassige Quelle für Lutein und Zeaxanthin, zwei Antioxidanzien, die besonders das mit zunehmendem Alter nachlassende Sehvermögen schützen. Eine Untersuchung der Tufts University ergab, dass das Risiko einer altersbedingten Makuladegene-

> ration bei häufigem Spinatverzehr um 43 Prozent geringer war als bei der Kontrollgruppe.
>
> ***Der Drucksenker:* Kohlrabi.** Jede Portion Kohlrabi beliefert uns mit 15 Prozent des Tagesbedarfs an Kalium, das den Blutdruck senkt, sowie mit Glucosinolat, einem sekundären Pflanzenstoff, der verschiedenen Krebsarten vorbeugt.

enthält er beinahe ebenso viel (90 Prozent) Vitamin C wie frischer Orangensaft und beinahe halb so viel Kalzium wie Milch. Auch zur Krebsvorbeugung trägt er bei, weil er die Enzyme stärkt, die zum Abbau von Karzinogenen beitragen.

Tipp: Essen Sie besonders die Röschen. In ihnen steckt dreimal mehr Betakarotin als in den Stängeln, und sie sind auch eine ausgezeichnete Quelle für andere Antioxidanzien.

Wer kein Gemüse mag, kann es einfach verstecken, um nicht auf seine Vorteile verzichten zu müssen. Püriert kann es in der Spagettisoße oder im Chili auftauchen, denn je feiner Gemüse zerhackt und püriert wird, desto unsichtbarer wird es und desto leichter wird es vom Körper aufgenommen. Brokkoli kann mit Knoblauch und Olivenöl angeschwitzt und mit einer heißen Soße serviert werden.

4. Milchprodukte (fettarme Milch, fettarmer bzw. fettfreier Jogurt und Käse)

Besondere Eigenschaften: knochenstärkend, rascherer Gewichtsverlust

Geheimwaffen: Kalzium, Vitamine A und B$_{12}$, Riboflavin, Phosphor, Kalium

Hilfreich gegen: Osteoporose, Übergewicht, Bluthochdruck, Krebs

Nahe Verwandte: keine

Vorsicht Falle: Vollmilch

Milchprodukte spielen eine wichtige Rolle beim Abnehmen, wie einige Studien beweisen: An der University of Tennessee fand man heraus, dass Diätkandidaten, die 1200 bis 1300 mg Kalzium pro Tag zu sich nahmen, fast doppelt so schnell abnahmen wie die Vergleichsgruppe, die weniger Kalzium erhielt. Bei einer Untersuchung der Purdue University mit 54 Teilnehmern nahmen diejenigen, die täglich 1000 mg Kalzium erhielten (etwa 700 ml fettfreie Milch), im Laufe von zwei Jahren weniger zu als die Gruppe mit kalziumarmer Ernährung. Vermutlich verhindert Kalzium die Gewichtszunahme, indem es den Abbau von Körperfett beschleunigt und dessen Neubildung hemmt. Fettarmer Jogurt, Käse und andere Milchprodukte können bei Ihrer Ernährung eine wichtige Rolle spielen, als Hauptkalziumlieferanten empfehle ich jedoch die Milch, und zwar wegen ihres Volumens. Denn Flüssigkeit füllt den Magen und meldet dem Gehirn, dass wir satt sind. Ein wenig Schokoladenpulver darin stillt zusätzlich den Süßhunger und liefert weitere Nährstoffe.

5. Haferflocken (ungesüßt, ohne Aromazusätze)

Besondere Eigenschaften: stärken die Energie und den sexuellen Antrieb, senken den Cholesterinspiegel und gleichen den Blutzuckerspiegel aus

Geheimwaffen: langkettige Kohlenhydrate und Ballaststoffe

Hilfreich gegen: Übergewicht, Herzerkrankungen, Diabetes, Darmkrebs

Nahe Verwandte: ballaststoffreiche Frühstücksflocken

Vorsicht Falle: Frühstücksflocken mit Zucker-, Glukosesirup- oder Maissirupzusatz

Haferflocken sind wahre Alleskönner. Zum Frühstück verzehrt, liefern sie reichlich Energie für den Vormittag, einige Stunden vor dem Training gegessen, helfen sie genau dann, wenn wir unsere Gewichte stemmen, und am Abend beugen sie einer späten Essattacke vor. Ich empfehle Instantflocken, weil sie so praktisch sind; wählen Sie jedoch eine ungesüßte Sorte ohne Aromazusätze und nutzen Sie andere Fitmacher wie Milch und Beeren, um den Geschmack zu verbessern.

Haferflocken enthalten lösliche Ballaststoffe, die Flüssigkeit binden und länger im Magen bleiben als unlösliche Ballaststoffe (z. B. aus Gemüse). Lösliche Ballaststoffe senken den Cholesterinspiegel, vermutlich durch die Bindung von cholesterinhaltiger Magensäure, die damit dem Körper entzogen wird. Dadurch muss die Leber dem Blut Cholesterin entziehen, um weitere Verdauungssäfte herzustellen, und schon reduziert sich das unerwünschte Cholesterin. Ballaststoffe schützen daher vor Herzerkrankungen, aber auch vor Darmkrebs, denn auch Karzinogene werden zügig aus dem Darm entfernt.

Eine Studie an der Penn State Universität ergab, dass Hafergrütze den Blutzuckerspiegel länger stabil hält als viele andere Nahrungsmittel, wodurch sich der Insulinspiegel stabilisiert und Heißhungerattacken ausbleiben. Das ist eine gute Nachricht, denn Ausschläge bei der Insulinproduktion verlangsamen den Stoffwechsel und signalisieren dem Körper, dass es Zeit wird, Fett einzulagern. Da Hafergrütze im Magen nur langsam zerlegt wird, erhöht sie die Insulinausschüttung weniger als z. B. ein Bagel. Geben Sie die Flocken am besten in einen Milchshake oder essen Sie sie zum Frühstück. (Eine Studie der amerikanischen Navy ergab, dass allein die Einnahme des Frühstücks den Stoffwechsel um zehn Prozent erhöhte.)

Haferflocken haben aber noch eine gute Eigenschaft: Erste Studien deuten darauf hin, dass sie den Testosteronspiegel im Körper erhöhen. Das verbessert Muskelaufbau und Fettverbrennung, und natürlich den Sexualtrieb.

Aus medizinischer Sicht sind 18 bis 20 g lösliche wie auch unlösliche Ballaststoffe pro Tag empfehlenswert, doch viele Menschen nehmen nur etwa die Hälfte davon zu sich.

6. Eier

Besondere Eigenschaften: gut für den Muskelaufbau und die Fettverbrennung

Geheimwaffen: Eiweiß, Vitamin B$_{12}$, Vitamin A

Hilfreich gegen: Übergewicht

Nahe Verwandte: keine

Vorsicht Falle: keine

Lange Zeit galten Eier als ungesund, denn immerhin überschreitet schon der Cholesteringehalt von zwei Eiern die empfohlene Tagesmenge. Natürlich kann man das Cholesterin begrenzen, indem man nur das Eiweiß verzehrt, doch immer mehr Forschungsarbeiten ergeben, dass ein bis zwei Eier pro Tag den Cholesterinspiegel keineswegs so erhöhen, wie man früher glaubte. Inzwischen wissen wir sogar, dass das Cholesterin im Blut in erster Linie aus den Fetten in unserer Nahrung entsteht, nicht jedoch aus dem Cholesterin darin. Deshalb sollten Sie die guten Eigenschaften von Eiern nutzen.

Das im Ei enthaltene Protein ist das biologisch hochwertigste, das heißt, es entspricht am besten dem Proteinbedarf des Körpers und kann daher den Muskelaufbau noch besser unterstützen als die Proteine aus Milch und Fleisch. Zudem enthalten Eier Vitamin B$_{12}$, das für den Fettabbau benötigt wird.

7. Putenfleisch und andere magere Fleischsorten (mageres Steak, Huhn, Fisch)

Besondere Eigenschaften: gut für den Muskelaufbau und das Immunsystem

Geheimwaffen: Eiweiß, Eisen, Zink, Kreatin (in Rindfleisch), Omega-3-Fettsäuren (Fisch), Vitamine B_6 (Huhn und Fisch) und B_{12}, Phosphor, Kalium

Hilfreich gegen: Übergewicht, zahlreiche Erkrankungen

Nahe Verwandte: Muscheln, magerer (Hinter-)Schinken

Vorsicht Falle: Wurst, Frühstücksspeck, Räucherfleisch, Schinken, fettes Fleisch wie T-Bone-Steak oder Halsgrat

Als klassischer Baustoff für Muskeln ist Protein die Basis für jeden vernünftigen Ernährungsplan, und wie Sie bereits wissen, braucht der Körper für die Verdauung von Proteinen mehr Energie als für die Verarbeitung von Kohlenhydraten oder Fett. Je mehr Eiweiß wir also verzehren, desto mehr Kalorien werden auch verbrannt, wie auch viele Studien belegen, dass proteinreiche Diäten das Abnehmen unterstützen. So wurde in einer dänischen Untersuchung gezeigt, dass Männer, die 20 Prozent ihrer Kohlenhydrate gegen Proteine austauschten, den Stoffwechsel und ihren täglichen Kalorienverbrauch um fünf Prozent steigern konnten.

Putenfleisch ist besonders empfehlenswert, wobei Putenbrust zu den magersten Fleischsorten zählt und fast ein Drittel des Tagesbedarfs an Niacin und Vitamin B6 deckt. Dunkles Fleisch wiederum enthält reichlich Zink und Eisen.

Rindfleisch ist das klassische Protein für den Muskelaufbau, da es besonders viel Kreatin enthält, das der Körper beim Gewichtheben benötigt. Leider stecken in Rindfleisch viele gesättigte Fette, sodass man hier sorgfältig wählen sollte. Nehmen Sie am besten Stücke aus der Oberschale, Rumpsteak oder Rinderfilet, die weniger Fett enthalten als Rippenstücke und T-Bone-Steaks. Das Fleisch auf der linken Seite der Tabelle enthält weniger Fett, aber immer noch reichlich Protein.

MAGERES RINDFLEISCH (55 KALORIEN UND 2–3 GRAMM FETT PRO 30 G)	**MITTELFETTES RINDFLEISCH (75 KALORIEN UND 4–5 GRAMM FETT PRO 30 G)**
Steak von der Flanke	Steak vom Kinn
Hackfleisch (mager)	Hackfleisch (normal)
Roastbeef	Corned Beef
Filet	

Um noch weniger gesättigte Fettsäuren zu sich zu nehmen, können Sie auf Fisch (z. B. Thunfisch oder Lachs) ausweichen, der neben Protein auch eine gesunde Portion Omega-3-Fettsäuren liefert, die den Leptinspiegel im Blut senken. Verschiedene aktuelle Studien deuten darauf hin, dass dieses Hormon einen direkten Einfluss auf den Stoffwechsel hat, d. h. je höher der Leptinwert, desto eher werden Kalorien als Fett gespeichert. Forscher der University of Wisconsin stellten fest, dass Mäuse

Der Fettgehalt von Fleisch

(Angaben für 125 g ohne Haut oder Knochen)

	GESAMT-FETTGEHALT IN GRAMM	DAVON GESÄTTIGTE FETTSÄUREN IN GRAMM
Entenbrust	8,04	2,5
Filetsteak	8,72	3,26
Gepökeltes Schweinefleisch	99,23	36,22
Hähnchenbrust ohne Haut	1,53	0,4
Hähnchenschlegel	5,49	1,46
Kalbsbrust	10,58	4,13
Kalbssteak	2,66	0,8
Luftgetrockneter Schinken	5,09	1,7
Mageres Putenhack	10,18	2,77
Mageres Rinderhack (Tartar)	4,35	1,63
Mageres Schweinefilet	5,5	1,95
Mageres Schweinemett	8,9	3,1
Porterhouse Steak	9,33	3,26
Putenbrust	8,65	2,36
Putenschlegel	8,28	2,54
Rib-Eye-Steak	19,6	7,94
Rindfleisch (Oberschale)	8,72	3,26
Schinken	23,26	8,07
Schweinebauch	65,34	23,83
Sirloinsteak	5,6	2,17
T-Bone-Steak	21,34	8,36
Wildkaninchen	2,86	0,85

mit niedrigen Leptinwerten einen schnelleren Stoffwechsel haben und Fett rascher verbrennen als Artgenossen mit höheren Leptinwerten. Wissenschaftler an der Mayo Clinic überprüften die Ernährungsgewohnheiten zweier afrikanischer Stämme. Der Stamm, der häufig Fisch verzehrte, wies nahezu fünfmal niedrigere Leptinwerte auf als der Stamm, der sich vornehmlich vegetarisch ernährte. Ein weiterer Pluspunkt wurde in einer anderen Studie entdeckt, als Stockholmer Forscher die Ernährungsgewohnheiten von über 6000 Männern untersuchten. Bei denjenigen, die keinen Fisch aßen, lag das Risiko für Prostatakrebs dreimal höher als bei regelmäßigen Fischessern. Mit Omega-3-Fettsäuren kann demnach der Entstehung von Prostatakrebs vorgebeugt werden.

Darüber hinaus ist es sinnvoll, seine Mahlzeiten mit gemahlenem Leinsamen aufzuwerten. Wie bereits gesagt enthält ein Teelöffel nur 60 Kalorien, dafür aber reichlich Omega-3-Fettsäuren und nahezu vier Gramm Ballaststoffe. Leinsamen, das leicht nussig schmeckt, kann über viele Gerichte gestreut werden, etwa über Fleisch oder Bohnen, ins Müsli oder in den Milchshake.

8. Erdnussbutter (natürlich, zuckerfrei)

Besondere Eigenschaften: begünstigt die Testosteronausschüttung, gut für Muskelaufbau und Fettverbrennung

Geheimwaffen: Eiweiß, einfach ungesättigte Fettsäuren, Vitamin E, Niacin, Magnesium

Hilfreich gegen: Übergewicht, Muskelschwund, Falten, Herz-Kreislauf-Erkrankungen

Nahe Verwandte: Cashew- und Mandelmus

Vorsicht Falle: Zucker- und Transfettsäurenzusätze

Erdnussbutter hat zwar auch Nachteile, denn sie enthält reichlich Kalorien und lässt sich schlecht im Restaurant bestellen, liefert aber auch einfach ungesättigte Fettsäuren, welche die Testosteronproduktion ankurbeln, das Muskelwachstum fördern und das Fett zum Schmelzen bringen. In einem 18-monatigen Experiment konnten diejenigen, die Erdnussbutter in ihre Ernährung aufnahmen, das verminderte Gewicht besser halten als diejenigen, die auf fettarme Ernährung achteten. Eine jüngere Studie der University of Illinois ergab, dass Menschen, die vor dem Abendessen einfach ungesättigte Fette zu sich nahmen (in diesem Fall Olivenöl), anschließend 25 Prozent weniger Kalorien verzehrten als die Teilnehmer, die vorher nichts bekommen hatten.

Erdnussbutter ist aber auch ein schneller, gehaltvoller Imbiss, der einfach gut schmeckt. Mit einer Diät, die Erdnussbutter erlaubt, fühlt man sich nicht so leicht aller leckeren Sachen beraubt, sodass sie leichter einzuhalten ist und gegen andere Gelüste hilft. Essen Sie Erdnussbutter zum Apfel, unterwegs oder als Geschmacksverstärker in Milchshakes. Zwei Punkte sind allerdings zu beachten: Wegen des Fettgehalts sollte der Verzehr auf maximal drei Teelöffel pro Tag begrenzt bleiben und es sollte nur naturbelassene Erdnussbutter ohne Zuckerzusätze verwendet werden.

9. Olivenöl

Besondere Eigenschaften: senkt den Cholesterinspiegel, stärkt das Immunsystem

Geheimwaffen: einfach ungesättigte Fettsäuren, Vitamin E

Hilfreich gegen: Übergewicht, Krebs, Herzerkrankungen, Bluthochdruck

Nahe Verwandte: Rapsöl, Erdnussöl, Sesamöl

Vorsicht Falle: pflanzliche und hydrogenisierte pflanzliche Öle, Transfettsäuren, bestimmte Margarinesorten

Ausführliche Informationen über den Nährwert qualitativ hochwertiger Fette wie Olivenöl finden Sie in Kapitel 3.

Dennoch soll hier noch einmal wiederholt werden: Olivenöl und seine Verwandten unterstützen das Essverhalten, weil man seine Gelüste besser im Zaum halten kann. Außerdem fördern sie die Fettverbrennung und regulieren den Cholesterinspiegel.

10. Vollkornbrot und Vollkornflocken

Besondere Eigenschaften: behindern die Fetteinlagerung

Geheimwaffen: Ballaststoffe, Eiweiß, Thiamin, Riboflavin, Niacin, Pyridoxin, Vitamin E, Magnesium, Zink, Kalium, Eisen, Kalzium

Hilfreich gegen: Übergewicht, Krebs, Bluthochdruck Herzerkrankungen

Nahe Verwandte: Naturreis, Vollkornnudeln

Vorsicht Falle: Backwaren aus Weißmehl wie Weißbrot

Eine einseitige Ernährung, egal auf welcher Basis, überlebt auf Dauer niemand. Wenn wir nur noch Eiweiß oder Salat zu uns nehmen, überfällt uns irgendwann der Heißhunger auf Kohlenhydrate, und zwar ganz einfach deshalb, weil der Körper sie braucht! Es kommt allerdings darauf an, möglichst wenig verarbeitete Kohlenhydrate zu verzehren, die noch ihre gesunden, magenfüllenden Ballaststoffe besitzen.

Getreidesorten wie Weizen, Mais, Hafer, Gerste und Roggen stammen von Gräsern ab und lassen sich in drei Teile zerlegen: den Keim, die Kleie (essbare Bestandteile der Hülle) und den Endosperm. Beim Maiskorn etwa ist der größte Teil – und zwar der, der sich bei der Popcornherstellung aufbläht – der Endosperm, der jedoch relativ wenig Nährwert enthält: Stärke, etwas

Protein und einige B-Vitamine. Der Keim ist der kleinste Teil des Korns, beim Maiskorn der kleine, weiße, samenartige Bereich. Trotz der geringen Größe steckt in ihm jedoch der höchste Nährwert, unter anderem Eiweiß, Öle und die B-Vitamine Thiamin, Riboflavin, Niacin und Pyridoxin, dazu noch Vitamin E und die Mineralstoffe Magnesium, Zink, Kalium und Eisen. In der Kleie – sie bildet die Hülle um den Endosperm – sind alle Ballaststoffe enthalten, dazu B-Vitamine, Zink, Kalzium, Kalium, Magnesium und andere Mineralstoffe.

Bei der industriellen Verarbeitung gehen die Kleie sowie der Keim jedoch weit gehend verloren. Was übrig bleibt – der nährwertarme Endosperm, also die Stärke –, wird in Teigwaren, Kuchen, Weißbrot und praktisch allen anderen Weizenprodukten und Backwaren verwendet. Wenn Sie hingegen Produkte mit allen Bestandteilen des Getreidekorns verzehren (Vollkornbrot, Vollkornnudeln, Naturreis), erhalten Sie all die Nährstoffe, um die die Lebensmittelkonzerne Sie zu betrügen versuchen.

Kohlenhydrate aus Vollkornprodukten spielen eine wichtige Rolle bei der Vorbeugung von Krankheiten. In einer elf Jahre währenden Studie an 16 000 Menschen mittleren Alters stellten Forscher der University of Minnesota fest, dass die Sterblichkeit derer, die dreimal täglich Vollkornprodukte zu sich nahmen, innerhalb von zehn Jahren um 23 Prozent niedriger lag als in der Kontrollgruppe. Essen Sie also Vollkorn-Toast zum Frühstück und belegte Brote zum Mittagessen oder mit einem Stich Erdnussbutter als Zwischenmahlzeit.

Achtung: Die Lebensmittelindustrie ist sehr geschickt: Manchmal werden zuerst alle Vitamine, Ballaststoffe und Mineralstoffe entfernt, ehe man das Produkt mit Weizenkeimen wieder »anreichert«. Wirklich nahrhafte Back- und Teigwaren sind jedoch aus dem vollen Korn. Lassen Sie sich also nicht an der Nase herumführen.

11. Whey-Protein-Pulver

Besondere Eigenschaften: gut für den Muskelaufbau und die Fettverbrennung

Geheimwaffen: Eiweiß, Zystein, Glutathion

Hilfreich gegen: Übergewicht

Nahe Verwandte: Ricottakäse

Vorsicht Falle: Sojaprotein

Protein-Pulver ist der einzige Fitmacher in *Sexy Sixpack*, den es nicht im Supermarkt gibt. Doch die Beschaffung lohnt sich. Ich spreche von pulverisiertem Whey-Protein, tierischem Eiweiß, das speziell dem Muskelaufbau dient. Wenn Sie es Ihren Mahlzeiten hinzufügen (z. B. einem Shake), erhalten Sie das vielleicht beste Gericht zur Fettverbrennung, denn Whey-Protein ist ein qualitativ hochwertiges Protein voller essenzieller Aminosäuren, das Muskeln aufbaut und Fett verbrennt. Es ist besonders effektiv, weil es im Vergleich zum Kaloriengehalt den höchsten Proteingehalt und einen verschwindend geringen Fettanteil besitzt. Milchshakes mit etwas Whey-Pulver sind besonders vor dem Training zu empfehlen. 2001 veröffentlichte die University of Texas eine Studie, der zufolge Gewichtheber, die vor dem Training einen Shake mit Aminosäuren und Kohlenhydraten zu sich nahmen, ihre Proteinsynthese (die Fähigkeit zum Muskelaufbau) effektiver steigerten als Gewichtheber, die denselben Shake nach dem Training tranken. Da Körpertraining die Durchblutung des Gewebes verbessert, wurde die Theorie aufgestellt, dass das Vorliegen von Whey-Protein im Körper während des Trainings den Muskeln möglicherweise die Aufnahme von Aminosäuren (den Bausteinen der Muskeln) erleichtert.

Whey-Protein kann außerdem zum Schutz vor Prostatakrebs beitragen. Da es eine gute Zysteinquelle ist, aus dem der Körper das Antioxidans Glutathion herstellt, das wiederum Prostatakrebs vorbeugt. Schon eine geringe Menge Whey-Protein kann den Glutathionspiegel um bis zu 60 Prozent erhöhen.

Ein hervorragender Whey-Protein-Lieferant ist übrigens Ricottakäse. Im Gegensatz zu anderen Käsesorten, die aus Milch hergestellt werden, besteht Ricotta aus Molke, dem Grundstoff für Whey – ein guter Grund, mal wieder zum Italiener essen zu gehen.

12. Himbeeren und andere Beeren

Besondere Eigenschaften: Schutz für das Herz; Schärfung des Sehvermögens; Verbesserung von Gleichgewicht, Koordination und Kurzzeitgedächtnis; gut gegen Gelüste

Geheimwaffen: Antioxidanzien, Ballaststoffe, Vitamin C, Tannine (Preiselbeeren)

Hilfreich gegen: Herzerkrankungen, Krebs, Übergewicht

Nahe Verwandte: die meisten anderen Früchte, besonders Äpfel und Grapefruits

Vorsicht Falle: Konfitüre und Gelee (enthalten meist wenig Ballaststoffe und viel Zucker)

Sie dürfen alle Beeren essen, die Ihnen schmecken. Ich mag Himbeeren – nicht nur wegen ihres Aromas, sondern auch wegen ihrer gesundheitsfördernden Eigenschaften, denn sie enthalten große Mengen Antioxidanzien, die den Körper beim Kampf gegen Herzerkrankungen und Krebs unterstützen. Die Flavonoide in den Beeren fördern zudem das Sehvermögen, das Gleichgewicht, die Koordination und das Kurzzeitgedächtnis. Darüber hinaus enthalten schon 150 g Himbeeren vier Gramm Ballaststoffe und über 100 Prozent des Tagesbedarfs an Vitamin C.

Blaubeeren stecken ebenfalls voller löslicher Ballaststoffe,

Kleine Warenkunde

Beeren: Werfen Sie vor dem Kauf von Himbeeren und Erdbeeren einen Blick auf die Unterseite der Schale. Saftflecken sind ein Hinweis auf das abgelaufene Haltbarkeitsdatum der Natur. Nehmen Sie möglichst wenig verschmutzte Beeren, da bei gründlichem Waschen auch Vitamine verloren gehen.

Maiskolben: Die süßesten Kolben sind noch leicht unreif, und die Körner gehen nicht ganz bis zum Ende hinauf. Legen Sie die Kolben mit allen Außenblättern am besten auf einen mittelheißen Grill. Nach zehn Minuten alle Blätter bis auf die letzte Schicht entfernen und noch fünf Minuten länger grillen, wodurch die Körner leicht geräuchert schmecken.

Wassermelonen: Wassermelonen lassen sich am besten nach ihrem Gewicht beurteilen. Je schwerer die Melone, desto mehr Wasser enthält sie, und im Wasser liegt ihr Geschmack. Unwichtig sind dagegen Farbe, Größe und Form.

Cantaloupe-Melonen: Prüfen Sie die Reife durch Klopfen. Die Frucht sollte hohl klingen, nicht dumpf oder schrill.

Tomaten: Halten Sie nach Tomaten Ausschau, die im Vergleich zu ihrer Größe fest und schwer sind. Das Aroma soll-

> te leicht süßlich sein. Wer Tomaten nicht mag, kann auch die gelben Sorten probieren, die süßer und weniger säuerlich schmecken als rote Tomaten.
>
> **Pfirsiche:** Empfehlenswert sind schön gefärbte Früchte ohne grüne Stellen. Das Fleisch sollte auf leichten Druck etwas nachgeben und deutlich duften.

die uns wie Haferflocken länger sättigen, und sind eines der gesündesten Nahrungsmittel überhaupt: Hinsichtlich ihres Gehalts an Antioxidanzien schlagen Blaubeeren 39 andere Obst- und Gemüsesorten. Eine Untersuchung an Ratten ergab auch, dass die Tiere, die Blaubeeren bekamen, eine bessere Koordination hatten und schlauer waren als Ratten, die keine Blaubeeren fraßen.

Erdbeeren enthalten den wertvollen Ballaststoff Pektin, das auch in Grapefruits, Pfirsichen, Äpfeln und Orangen vorkommt. In einer Studie aus dem *Journal of the American College of Nutrition* erhielten die Teilnehmer reinen Orangensaft oder aber mit Pektin versetzten Saft. Diejenigen, die den Pektinsaft bekamen, fühlten sich nach dem Trinken satter als diejenigen, die den puren Saft tranken, wobei der Unterschied beeindruckende vier Stunden anhielt.

Übrigens
Ihr Gewicht ist nicht Ihre Schuld

Die Verführungen der Nahrungsmittelindustrie

Die sechs Ernährungsrichtlinien von *Sexy Sixpack* und die zwölf Fitmacher werden Sie auf dem Weg zum guten Essen begleiten. Wenn Sie diese Prinzipien befolgen, werden Sie schon bald bemerkenswerte Veränderungen Ihrer äußeren Erscheinung wie Ihrer Gesundheit bemerken. Damit Sie auf diesem Weg nicht stolpern, möchte ich Sie an dieser Stelle dringend vor den beiden größten Halunken warnen, die gleich um die Ecke lauern, um Sie aller Fortschritte zu berauben, die Sie mit der Diät machen: Fruktose-Dextrose-Sirup (HFCS) und Transfettsäuren.

Diese beiden Kalorienbomben waren bis Mitte der 70er-Jahre nahezu unbekannt, heute hingegen lauern sie insbesondere in den USA in allen möglichen Nahrungsmitteln. Kein Wunder, dass eine Studie der Zentren für Krankheitsüberwachung und Vorbeugung *(Centers for Disease Control and Prevention)* kürzlich feststellte, dass amerikanische Männer noch 1971 täglich 2450 Kalorien zu sich nahmen (Frauen durchschnittlich 1542 Kalorien), im Jahr 2000 hingegen durchschnittlich 2618

Kalorien, also sieben Prozent mehr (die Frauen 1877 Kalorien, also 22 Prozent mehr). Sind wir denn heute alle hungriger? Nein – der Trend geht zur Übergröße.

Fruktose-Glukose-Sirup (Maissirup)

Dieses industriell hergestellte Süßungsmittel ist billiger und süßer als Zucker und wird zunehmend mehr Lebensmitteln beigefügt – Frühstücksflocken, Ketchup, Getränken, Fertigsoßen oder Keksen. Sogar angeblich gesunde Diätriegel können diesen Sirup enthalten.

Fruktose-Glukose-Sirup, ein stark verarbeitetes Süßungsmittel, das erst in den 70er-Jahren des 20. Jahrhunderts in die Nahrungskette gelangte, ist ausgesprochen schädlich für den Körper, denn er enthält reichlich Kalorien, die der Körper jedoch nicht als solche erkennt. Der Sirup schaltet nämlich die normalen Kontrollmechanismen des Körpers ab, sodass man viel mehr davon essen kann, als ein gesunder Organismus zu verarbeiten in der Lage ist. Kennen Sie nicht auch Menschen, die an einem Abend ohne weiteres zwei Liter Cola trinken? Vor der Erfindung von Fruktose-Glukose-Sirup wäre so etwas nicht möglich gewesen, da die natürliche Appetitregulierung sich eingeschaltet hätte, die den Zucker in dem Getränk erkennen und entscheiden würde »*es reicht!*«. Doch durch Ausschaltung dieser Appetitkontrolle macht der Sirup die Menschen fett: 1970 konsumierten die Amerikaner 225 g Fruktose-Glukose-Sirup pro Person und Jahr, Ende der 90er-Jahre verzehrte jeder

US-Bürger dagegen schon durchschnittlich 28 kg jährlich, also 228 zusätzliche Kalorien pro Tag.

Das Problem ist nicht der Maissirup, sondern die darin enthaltene Fruktose (Fruchtzucker) – eine Zuckerform, die von Natur aus in Früchten und Honig vorkommt. Maissirup besteht dagegen vornehmlich aus Glukose (Traubenzucker), eine sofort verfügbare Energiequelle, die in der Leber oder den Muskeln zur späteren Verwendung gespeichert oder aber notfalls in Fett umgewandelt wird. Da Maissirup jedoch weniger süß ist als andere Zuckerarten, wurde Fruktose-Glukose-Sirup so beliebt, denn er ist billig und doppelt so süß wie reiner Maissirup.

Im Gegensatz zu Glukose wird Fruktose vom Körper nicht sofort zur Energiegewinnung verwertet, sondern in Fett umgesetzt. Die kleinen Mengen Fruktose, die wir auf natürlichem Weg über Früchte und Honig aufnehmen, machen nicht dick. Doch der Verzehr von Fruktose-Glukose-Sirup gleicht dem Anspringen einer Pumpe, die das Fett direkt in den Bauchbereich leitet. Zu den schlimmsten Angreifern zählen gesüßte Erfrischungsgetränke, deren Absatz enorm gestiegen ist. Noch nie haben die Menschen so viel Fruktose-Glukose-Sirup aufgenommen wie heute, und viele Forscher halten eine direkte Verbindung zwischen dem wachsenden Konsum von Fruktose-Glukose-Sirup und den hohen Ziffern auf der Waage für wahrscheinlich.

Nun zurück zu den Kohlenhydraten. Nach dem Verzehr von Kohlenhydraten – ob aus Glukose oder Stärke – setzt der Körper Insulin frei, um das Körpergewicht zu regulieren. Zunächst versucht das Insulin, die Kohlenhydrate als Energiequelle in die Muskeln zu verlagern, und erleichtert die Speicherung in der Leber für die spätere Verwendung. Anschließend bremst es den Appetit, damit der Körper weiß, dass es reicht. Und schließlich stimuliert es die Produktion eines weiteren Proteins – Leptin –, das in den Fettzellen erzeugt wird. Leptin unterstützt die Regulierung der Fetteinlagerung und die Ankurbelung des Stoffwechsels, damit das Gewicht stabil bleibt. Doch Fruktose bringt dieses System durcheinander, denn sie regt weder die Insulinausschüttung noch die Leptinproduktion an, und genau das ist das wichtigste Argument gegen diese Zuckerform: Ohne Insulin und Leptin fehlt dem Körper der Stopp-Mechanismus. Dann trinkt man problemlos vier Liter Cola oder stopft sich mit Eis voll, und trotzdem glaubt der Körper, er hätte nichts bekommen.

Da der Sirup insbesondere in zuckerhaltigen Limonaden zu finden ist, hat man versucht zu ermitteln, ob die Getränke oder der Sirup das eigentliche Problem sind. In einer Studie des *American Journal of Clinical Nutrition* (Amerikanisches Journal für Klinische Ernährung) teilten die Forscher Übergewichtige in zwei Gruppen ein. Die eine Gruppe trank zehn Wochen lang gewöhnliche Limonaden, während die andere Gruppe Diätversionen (ohne Fruktose-Glukose-Sirup) erhielt. Diejenigen, die normal gesüßte Getränke bekamen, nahmen zu, auch an Körperfett. Selbst der Blutdruck wurde höher. Die Gruppe, die Diätgetränke erhielt, konsumierte dagegen weniger Kalorien als sonst, nahm ab, baute Körperfett ab, und der Blutdruck wurde gesenkt.

Doch selbst wenn Sie auf gesüßte Getränke verzichten, kann

Fruktose-Glukose-Sirup Ihnen immer noch in anderen Produkten begegnen. Daher sollte man die Inhaltsangaben genau beachten. Wenn dort »Zucker« oder »Rohrzucker« steht, enthält das Produkt Saccharose, die jeweils zur Hälfte aus Glukose und Fruktose besteht. Das allein erscheint unproblematisch. Wenn jedoch Fruktose-Glukose-Sirup an erster oder zweiter Stelle steht, sollte man in den Nährwertangaben prüfen, wie viel Zucker das Produkt enthält. Ein oder zwei Gramm sind noch kein Grund zur Panik; bei acht oder mehr Gramm Zucker, die in erster Linie aus Fruktose-Glukose-Sirup bestehen, ist es jedoch ratsam, auf gesündere Alternativen auszuweichen, wie sie in der nachfolgenden Tabelle aufgezeigt werden.

NAHRUNGSMITTEL, DIE VIEL FRUKTOSE-GLUKOSE-SIRUP BZW. FRUKTOSE ENTHALTEN KÖNNEN	BESSER
Süße Limonade	Mineralwasser, Diätgetränke
Süßigkeiten	Schokolade (dennoch die Inhaltsstoffe prüfen, manche Riegel enthalten den Sirup)
Eissoßen	Echter Ahornsirup
Gesüßter Jogurt	Naturbelassener Jogurt
Stark gesüßte Frühstücksflocken	Zuckerfreie oder zuckerarme Frühstücksflocken
Fertigsoße für Pasta	Zuckerfreie Fertigsoßen
Power-Riegel	Power-Riegel ohne Fruktose-Glukose-Sirup

Transfettsäuren

Das Thema Transfettsäuren wurde bereits ausführlich in Kapitel 4 behandelt, doch sie sind so schädlich, dass ich sie hier erneut anführen möchte. Transfettsäuren sind pflanzliche Öle, die mit Wasserstoff versetzt wurden und in unzähligen kommerziellen Produkten von der Waffel über Kekse und Pommes frites bis hin zu Muffins vorkommen.

Da Transfettsäuren schwer verdaulich sind, erhöhen sie die Menge des unerwünschten Cholesterins im Blut und können so das Risiko einer Herzerkrankung drastisch erhöhen, das Immunsystem schwächen und sogar Diabetes verursachen. Wissenschaftler gehen davon aus, dass Transfettsäuren alljährlich für den vorzeitigen Tod vieler Menschen verantwortlich sind.

Schon in den 50er-Jahren gab es erste Hinweise auf eine Verbindung zwischen gesättigten Fettsäuren, Cholesterinspiegel und Herzerkrankungen. Daraufhin wollten die Hersteller den Anteil gesättigter Fette mindern. Die Lösung war die partielle Hydrogenisierung, bei der pflanzliches Öl mit Wasserstoff versetzt und sehr hoch erhitzt wird. Wenn die Ölmoleküle eine bestimmte Temperatur erreichen, verbinden sie sich mit Wasserstoff und werden fest – es entstehen Transfettsäuren, die sofort zum Renner wurden. Die Restaurants griffen zu, weil sie damit ohne starke Rauchentwicklung frittieren und die Hitze halten konnten. Transfettsäuren waren zudem billiger und länger haltbar als Butter, sodass man sie ohne Angst vor Verderb in großen Mengen lagern konnte. Bald darauf tauchten sie dann auch in Kartoffelchips und Keksen auf.

Da Transfettsäuren kein Naturprodukt sind, fällt ihre Verarbeitung dem Körper deutlich schwerer als die anderer Fettsorten. Würde man den Organismus als Eisenbahnlinie sehen, wäre der erste Halt der Transfettsäuren am Herzen. Transfettsäuren erhöhen das unerwünschte Cholesterin und senken das gute Cholesterin. Außerdem lassen sie das Lipoprotein im Blut ansteigen, wodurch das Risiko einer Herzerkrankung wächst. Forschungen zufolge erhöhen Transfettsäuren möglicherweise auch das Krebsrisiko. Auch teilweise gehärtete Öle, die ebenfalls in zahllosen Produkten stecken und sich deshalb nicht immer vollständig vermeiden lassen, sollten nach Meinung der Experten möglichst gemieden werden.

Nach jahrelangen Kämpfen mit der Lebensmittelindustrie, die Transfettsäuren bei Fertigprodukten nicht angeben wollte, weil ihnen diese Information Verluste in Milliardenhöhe bescheren könnte, hat das amerikanische Gesundheitsministerium Mitte 2003 eine Vorschrift erlassen, dass Transfettsäuren künftig in den Nährwertangaben aufzuführen sind. Allerdings wird dafür eine mehrjährige Übergangsfrist eingeräumt. Eine vergleichbare EU-Bestimmung lässt noch auf sich warten. In Deutschland ist die Belastung eher bei Kindern als kritisch zu werten, da Transfettsäuren in Lebensmitteln wie Nuss-Nugat-Kreme, Chips, Süßigkeiten und Pommes frites auftauchen, die vor allem von Kindern gern gegessen werden. Um möglichst wenig Transfettsäuren zu sich zu nehmen, beachten Sie bitte folgende Punkte:

IM SUPERMARKT	ZU HAUSE	IM RESTAURANT
Prüfen Sie die Inhaltsstoffe auf teilweise gehärtete bzw. hydrogenisierte Fette. Je weiter vorne ein Inhaltsstoff aufgeführt ist, desto mehr davon enthält das Produkt.	Geben Sie lieber Erdnussbutter auf den Toast als Margarine.	Fragen Sie, welches Öl verwendet wird. Es sollte Olivenöl sein.
Lesen Sie die Nährwertangaben und beachten Sie den Gesamtfettgehalt. Wenn Sie hiervon den Gehalt an gesättigten und ungesättigten Fettsäuren abziehen, können Sie erahnen, wie viele Transfettsäuren das Produkt enthält.	Naschen Sie lieber gebackene oder in Olivenöl geröstete Kartoffelchips.	Bestellen Sie gebackene oder gegrillte Speisen, keine gebratenen oder frittierten.
Gute Margarinesorten (z. B. becel) sind frei von Transfettsäuren.	Gemüse oder Kartoffeln lassen sich mit Olivenöl oder Sesamöl ebenso gut zubereiten wie mit Margarine.	Greifen Sie statt zu Pommes frites lieber zu gebackenen Kartoffeln, Suppe oder Salat.
Cholesterinfrei bedeutet **nicht** frei von Transfettsäuren. Nur fettfreie Produkte enthalten keine Transfettsäuren.	Ein Tortillawrap oder eine Pitta eignen sich gut für das Sandwich.	Tupfen Sie nach dem Frittieren das Öl von den Pommes frites.

Kapitel 9
Rezepte für *Sexy Sixpack*

Schnelle und einfache Rezepte mit den Fitmachern

Wenn Sie meinen Kollegen oder Bekannten ähneln, verbringen Sie für gewöhnlich mehr Zeit im Bad als in der Küche. Sie haben einfach keine Zeit zum Kochen. Auf dem Weg nach draußen schnappen Sie sich das Frühstück, trinken Ihren Kaffee erst im Büro, nehmen das Mittagessen mit Kollegen oder Kunden ein und suchen gegen vier Uhr rasch den Automaten auf. Wenn Sie dann um acht, neun oder zehn Uhr nach Hause kommen, steht Ihnen nur noch nach zwei Dingen der Sinn – und die spielen sich beide im Bett ab.

Mir geht es ganz genauso. Ich habe weder die Zeit noch die Energie noch die Lust zu kochen. In der Küche liegen meist Rechnungen und Werbung herum, und der Ofen ist eher ein Ort, um schnell etwas wegzupacken. (Einmal kam meine Mutter zu Besuch und grillte versehentlich meinen Basketball.) Als ich zum ersten Mal meine Freundin bekochte, identifizierte sie das Essen goldrichtig als »eine Art Fleisch«.

Darum sind alle Rezepte auf den folgenden Seiten absolut idiotensicher. Wer mit einem Mixer und einer Pfanne umgehen kann, kann diese Mahlzeiten zubereiten.

Die meisten Gerichte sind rasch fertig, teilweise in weniger als fünf Minuten. Ich weiß auch, dass Sie nicht jedes Rezept ausprobieren werden. Darum sind beispielhafte Nahrungskombinationen darunter, die unter Einbeziehung der Fitmacher ausgewogene Mahlzeiten ergeben. Die Portionen für das Abendessen sind so berechnet, dass der Rest noch für ein Mittagessen reicht.

Shakes

Die Shakes sind mit das Beste an der *Sexy-Sixpack*-Diät. Ihre Zubereitung dauert keine drei Minuten, sie enthalten mehrere nährstoffreiche Fitmacher und sie machen satt. Obendrein jedoch schmecken manche wie ein Fünf-Sterne-Dessert. Wenn Sie fettarme Milch, fettarmen Jogurt, Whey-Protein und Eis als Grundlage verwenden, können Sie natürlich auch eigene Rezepte erfinden. Haferflocken und Obst etwa sind ebenso leckere Zutaten wie ein Löffel Erdnussmus. Geben Sie alles so lange in den Mixer, bis der Shake eine gleichmäßige Konsistenz hat. Wenn Sie größere Portionen wünschen, können Sie auch mehr Eis hinzufügen. Nachfolgend einige Beispiele:

Ultimativer Power-Shake (5 Fitmacher)

240 ml fettarme Milch
2 Esslöffel fettarmer Vanillejogurt
50 g Haferflocken (Trockengewicht), in Wasser eingeweicht
2 Teelöffel Erdnussmus
2 Teelöffel Whey-Protein (Schokoladengeschmack)
6 zerstoßene Eiswürfel

Ergibt zwei Portionen à 240 ml
Pro Portion: 250 Kalorien/1045 kJ; 12 g Eiweiß; 34 g Kohlenhydrate; 7 g Fett; 1 g gesättigte Fettsäuren; 158 mg Natrium; 2,5 g Ballaststoffe

Erdbeer-Feldmarschall-Shake (5 Fitmacher)

240 ml fettarme Milch
120 ml fettarmer Vanillejogurt
170 g Tiefkühlerdbeeren
2 Teelöffel Erdnussmus
2 Teelöffel Whey-Protein
6 zerstoßene Eiswürfel

Ergibt zwei Portionen à 240 ml
Pro Portion: 202 Kalorien/845 kJ; 11 g Eiweiß; 27 g Kohlenhydrate; 6 g Fett; 2 g gesättigte Fettsäuren; 177 mg Natrium; 1,5 g Ballaststoffe

Müslishake (4 Fitmacher)

240 ml fettarme Milch
40 g Vollkornflocken
60 g Blaubeeren
1 Esslöffel Honig
2 Teelöffel Whey-Protein
6 zerstoßene Eiswürfel

Ergibt zwei Portionen à 240 ml
Pro Portion: 148 Kalorien/619 kJ; 9 g Eiweiß; 28 g Kohlenhydrate; 1 g Fett; 276 mg Natrium; 6 g Ballaststoffe

Banana-Split-Shake (3 Fitmacher)

240 ml fettarme Milch
120 ml fettarmer Vanillejogurt
1 Banane
2 Esslöffel TK-Orangensaftkonzentrat
2 Teelöffel Whey-Protein
6 zerstoßene Eiswürfel

Ergibt zwei Portionen à 240 ml
Pro Portion: 181 Kalorien/757 kJ; 9 g Eiweiß; 36 g Kohlenhydrate; 1 g Fett; 0,5 g gesättigte Fettsäuren; 139 mg Natrium; 1 g Ballaststoffe

Halle-Berrie-Shake (4 Fitmacher)

180 ml fettarme Milch
50 g Haferflocken (Trockengewicht), in Wasser eingeweicht
100 g gemischte TK-Beeren (Blaubeeren, Erdbeeren und Himbeeren)
2 Teelöffel Whey-Protein
3 zerstoßene Eiswürfel

Ergibt zwei Portionen à 240 ml
Pro Portion: 154 Kalorien/647 kJ; 8 g Eiweiß; 27 g Kohlenhydrate; 2 g Fett; 0,5 g gesättigte Fettsäuren; 83 mg Natrium; 3 g Ballaststoffe

Superfruchtshake (5 Fitmacher)

180 ml fettarme Milch
180 ml fettarmer Vanillejogurt
1 mittelgroße Banane
90 g TK-Erdbeeren
2 Teelöffel Erdnussmus
2 Teelöffel Whey-Protein
4 zerstoßene Eiswürfel

Ergibt zwei Portionen à 240 ml
Pro Portion: 267 Kalorien/1117 kJ; 12 g Eiweiß; 42 g Kohlenhydrate; 6 g Fett; 2 g gesättigte Fettsäuren; 179 mg Natrium; 2 g Ballaststoffe

Sommershake (4 Fitmacher)

180 ml fettarme Milch
115 g TK-Erdbeeren
1 Banane
1 Stück Honigmelone
2 Teelöffel Whey-Protein (Vanillegeschmack)
3 zerstoßene Eiswürfel

Ergibt zwei Portionen à 240 ml
Pro Portion: 200 Kalorien/836 kJ; 9 g Eiweiß; 41 g Kohlenhydrate; 1 g Fett; 0,5 g gesättigte Fettsäuren; 147 mg Natrium; 2 g Ballaststoffe

Frühstück

Zwischen dem Duschen, dem letzten Überfliegen des Vortrags und dem Kleben des aktuellen Kunstwerks Ihres Sprösslings bleibt für das Frühstück gewöhnlich kaum noch Zeit. Meist wird es einer anderen Aktivität geopfert, die dringender ist. Doch die erste Mahlzeit am Tag ist auch die wichtigste, denn sie regt den Stoffwechsel an und fordert ihn auf, Fett zu verbrennen. Der schnellste Weg, diätgerecht zu frühstücken, ist die geschickte Kombination hochwertiger Lebensmittel (Fitmacher), zum Beispiel:

- 240 ml Shake
- 2 Esslöffel Erdnussmus auf Vollkorntoast, dazu 2 Scheiben Hinterschinken
- Toppas mit 240 ml fettarmer Milch, 3 Putenwürstchen und 75 g Beeren
- 2 Rühreier, 2 Scheiben Vollkorntoast, 1 Banane und 240 ml fettarme Milch
- 30 g ballaststoffreiche Frückstücksflocken mit 15 g Cornflakes, 2 Esslöffel Mandeln und 180 ml fettarme Milch
- 1 Scheibe Vollkornbrot mit 1 Teelöffel Erdnussmus, 1 mittelgroße Orange, 40 g Vollkornflocken mit 120 ml fettarmer Milch und 75 g Beeren

Am Wochenende oder wenn Sie morgens etwas mehr Zeit haben, können Sie mit einem etwas aufwändigeren Frühstück so richtig Energie tanken.

Leckeres Eiersandwich (5 Fitmacher)

1 großes Ei
3 Eiweiß von großen Eiern
1 Teelöffel gemahlener Leinsamen
2 Scheiben getoastetes Vollkornbrot
1 Scheibe gegrillter Hinterschinken
1 Tomate in Scheiben oder 1 grüne Paprika, geschnitten
120 ml Orangensaft

1. Ei und Eiweiß in einem Schälchen verrühren. Gemahlenen Leinsamen hinzugeben.

2. Eine beschichtete Pfanne mit etwas Pflanzenöl besprühen. Die Eier darin braten und auf den Toast geben.

3. Mit Schinken, Tomate, Paprika oder anderem Gemüse nach Wahl garnieren. Dazu den Saft trinken.

Ergibt eine Portion
Pro Portion: 400 Kalorien/1672 kJ; 30 g Eiweiß; 39 g Kohlenhydrate; 14 g Fett; 4 g gesättigte Fettsäuren; 1164 mg Natrium; 5 g Ballaststoffe

Schinkenburger (4 Fitmacher)

1 Vollkornmuffin
½ Teelöffel hochwertige Margarine (ohne Transfettsäuren)
1 Ei
1 Scheibe fettarmer Käse
1 Scheibe gegrillter Hinterschinken
Gemüse nach Wahl

1. Den Muffin aufschneiden, toasten und mit Margarine bestreichen.

2. Das Ei in einer mikrowellengeeigneten Schale aufschlagen, das Eigelb mit einem Cocktailstäbchen aufstechen und die Schale mit Mikrowellenfolie abdecken.

3. Mikrowelle auf hoher Stufe einschalten und das Ei 30 Sekunden darin garen. Käse, Ei und Schinken auf den Muffin geben und 20 Sekunden in der Mikrowelle erwärmen.

4. Mit Gemüse nach Wahl garnieren.

Ergibt eine Portion
Pro Portion: 350 Kalorien/1463 kJ; 25 g Eiweiß; 26 g Kohlenhydrate; 17 g Fett; 6 g gesättigte Fettsäuren; 1023 mg Natrium; 3 g Ballaststoffe

Wachmacher-Sandwich (3 Fitmacher)

1½ Teelöffel fettarmer Streichkäse
1 Vollkornpitta, halbiert (sodass sich 2 Taschen ergeben)
2 Scheiben Putenaufschnitt oder Schinken
Salat oder grünes Blattgemüse

1. Den Käse in die Pittataschen streichen.

2. Fleisch und Gemüse hineingeben.

Ergibt eine Portion
Pro Portion: 260 Kalorien/1086 kJ; 15 g Eiweiß; 45 g Kohlenhydrate; 3 g Fett; 1 g gesättigte Fettsäuren; 410 mg Natrium; 3 g Ballaststoffe

Mittagessen

An einem anstrengenden Arbeitstag kann der nächste Schnellimbiss oder die Pizzabude verführerischer sein als die reizvolle neue Kollegin. Bleiben Sie standhaft! Sie können Ihre Diät überall befolgen. Gegrilltes Hähnchenfleisch oder eine überbackene Kartoffel sind meist gute Alternativen. Im Restaurant brauchen Sie nur klug zu wählen. Gute Kombinationen sind Salat mit Hähnchen oder Lachs, Gemüse, Mandeln oder anderen Nüssen und einem Hauch Balsamessig und Olivenöl. Sie können auch ein mageres Stück Fleisch mit einer Portion Gemüse und vielleicht einem Stück Vollkornbrot bestellen. Lassen Sie sich zusätzlich eine Soße oder ein Schälchen Olivenöl zum Dippen bringen. Wenn Sie Ihr Essen mitbringen oder zu Hause einnehmen, gibt es weitere Möglichkeiten.

Salat für Salatmuffel (4 Fitmacher)

60 g gegrilltes Hähnchenfleisch
1 Kopf römischer Salat
1 Tomate, gewürfelt
1 grüne Paprika, gewürfelt
1 mittelgroße Möhre, gewürfelt
3 Esslöffel fettfreies italienisches Dressing
oder 1 Teelöffel Olivenöl
1 Esslöffel geriebener Parmesan
1 Esslöffel gemahlener Leinsamen

1. Das Hähnchen in kleine Stücke schneiden.

2. Alle Zutaten mischen und im Kühlschrank aufbewahren. Auf Mehrkornbrot oder pur essen.

Ergibt eine Portion
Pro Portion: 350 Kalorien/1463 kJ; 28 g Eiweiß; 14 g Kohlenhydrate; 20 g Fett; 6 g gesättigte Fettsäuren; 250 mg Natrium; 6 g Ballaststoffe

Tortilla für Genießer (3 Fitmacher)

1 knapper Esslöffel fettarme Mayonnaise
1 Vollkorntortilla
2 Scheiben Putenbraten
60 g gewürfelte Putenbrust
2 Scheiben Tomate
2 Salatblätter

1. Die Mayonnaise auf die Tortilla streichen.

2. Die Tortilla in der Mitte mit Putenbraten belegen, Fleisch, Tomate und Salat darauf geben und fest zusammenrollen

Ergibt eine Portion
Pro Portion: 330 Kalorien/1379 kJ; 32 g Eiweiß; 10 g Kohlenhydrate; 19 g Fett; 5 g gesättigte Fettsäuren; 168 mg Natrium; 1 g Ballaststoffe

Guacarolle (4 Fitmacher)

170 g Thunfisch (in Öl)
150 ml Guacamole
2 Tomaten, gewürfelt
1 Teelöffel Zitronensaft
1 Esslöffel fettarme Mayonnaise
1 Teelöffel gemahlener Leinsamen
2 Vollkornbaguettes à 15 cm Länge

1. Die ersten sechs Zutaten in eine Schale geben und mit einer Gabel gründlich durchmischen.

2. Die Baguettes aufschneiden und jede Hälfte mit einem Viertel des Belags bestreichen.

Ergibt zwei Portionen
Pro Portion: 622 Kalorien/2599 kJ; 35 g Eiweiß; 58 g Kohlenhydrate; 29 g Fett; 5 g gesättigte Fettsäuren; 818 mg Natrium; 9 g Ballaststoffe

Überbackene Thunfischmuffins (4 Fitmacher)

2 Stangen Sellerie, gewürfelt
1 Zwiebel, gewürfelt
60 g Mozzarella, gerieben
90 g fettarmer Hüttenkäse
170 g Thunfisch im eigenen Saft, abgegossen, in Stücken
4 Esslöffel fettarme Mayonnaise
1 Esslöffel Zitronensaft
3 Vollkornmuffins, halbiert

1. Den Ofen auf 180 °C (Gas Stufe 3) vorheizen. Zwiebel und Sellerie in einer beschichteten Pfanne bei geringer Hitze andünsten, bis sie weich sind. Käse, Thunfisch, Mayonnaise und Zitronensaft hinzugeben und alles erhitzen.

2. Jede Muffinhälfte mit einem Sechstel der Mischung bestreichen. Die Hälften auf ein Backblech setzen und 10 Minuten überbacken.

Ergibt zwei Portionen
Pro Portion: 768 Kalorien/3210 kJ; 44 g Eiweiß; 81 g Kohlenhydrate; 32 g Fett; 8 g gesättigte Fettsäuren; 1300 mg Natrium; 10 g Ballaststoffe

Sportlersuppe (3 Fitmacher)

225 g Hähnchenbrust
225 g Zwiebel, gewürfelt
1 Teelöffel Olivenöl
2 Knoblauchzehen, fein gehackt
1½ Liter salzarme Hühnerbrühe
145 g Bohnen aus der Dose (Nettogewicht)
60 g Möhre, fein gewürfelt
115 g Gemüsemais
100 g geschälte Dosentomaten
2 Esslöffel Basilikum oder Petersilie, gehackt
¼ Teelöffel schwarzer Pfeffer, gemahlen

1. Hähnchen und Zwiebel in Olivenöl bei niedriger Hitze etwa 10 Minuten in einer großen Pfanne anschmoren, bis die Zwiebeln goldbraun sind. Den Knoblauch hinzugeben und eine weitere Minute schmoren.

2. Brühe, Bohnen und Möhre zufügen und zum Kochen bringen. Mais und Tomaten (mit Saft) ebenfalls zufügen und weitere 15 Minuten kochen lassen. Mit Kräutern und Pfeffer würzen.

Ergibt vier Portionen
Pro Portion: 176 Kalorien/735 kJ; 18 g Eiweiß; 20 g Kohlenhydrate; 4 g Fett; 1 g gesättigte Fettsäuren; 571 mg Natrium; 4 g Ballaststoffe

Hurry Curry (3 Fitmacher)

120 ml fettfreier Naturjogurt
120 ml fettarme Mayonnaise
3 Esslöffel Zwiebel, fein gewürfelt
1 Teelöffel frischer Ingwer, gerieben
1 Teelöffel Currypulver
455 g Hähnchenbrust ohne Knochen und Haut,
in kleine Streifen geschnitten (1 cm)
1 Teelöffel Paprika
½ Teelöffel schwarzer Pfeffer, gemahlen
150 g Naturreis, gekocht

1. Jogurt, Mayonnaise, Zwiebel, Ingwer und Currypulver in einer kleinen Schale verrühren.

2. Hähnchenfleisch in eine mittelgroße Schale geben und von allen Seiten mit Paprika und Pfeffer würzen.

3. Das Fleisch in einer beschichteten Pfanne bei mittlerer Hitze 4 bis 5 Minuten anbraten. Die Jogurtmischung hinzugeben und unter Rühren 2 Minuten weiterkochen. Mit dem Reis anrichten.

Ergibt zwei Portionen
Pro Portion: 700 Kalorien/2940 kJ; 34 g Eiweiß; 25 g Kohlenhydrate; 13 g Fett; 5 g gesättigte Fettsäuren; 1154 mg Natrium; 4 g Ballaststoffe

Turbo-Sandwich (3 Fitmacher)

2 Scheiben Vollkornbrot
60 g Roastbeef in Scheiben
2 Herzblätter römischer Salat
1 Teelöffel fettarme Mayonnaise
30 g fettarmer Cheddar

Aus allen Zutaten ein Sandwich anrichten.

Ergibt eine Portion
Pro Portion: 347 Kalorien/1450 kJ; 34 g Eiweiß; 25 g Kohlenhydrate; 13 g Fett; 5 g gesättigte Fettsäuren; 1154 mg Natrium; 4 g Ballaststoffe

Ragin' Cajun (2 Fitmacher)

100 g Naturreis
115 g schwarze Bohnen (Dose)
1 Teelöffel cholesterinarmer Brotaufstrich
1 Spritzer Tabasco

1. Den Reis nach Packungsanweisung garen.

2. Bohnen (mit Flüssigkeit), Fett und Tabasco hinzugeben und umrühren.

Ergibt eine Portion
Pro Portion: 315 Kalorien/1317 kJ; 13 g Eiweiß; 55 g Kohlenhydrate; 6 g Fett; 1 g gesättigte Fettsäuren; 333 mg Natrium; 5 g Ballaststoffe

Abendessen

Das Abendessen ist der Zeitpunkt, zu dem die meisten Männer schwach werden und sich den Teller ordentlich voll laden. Den ganzen Tag müssen wir auf die Wünsche anderer eingehen – abends wollen wir dann endlich unsere eigenen Bedürfnisse befriedigen. Wer sich jedoch nach den Regeln dieser Diät ernährt, hat bis dahin schon viermal gegessen. Also hat man um diese Zeit Appetit, ohne völlig ausgehungert zu sein. Die folgenden Mahlzeiten sind sündhaft lecker, aber ganz ohne Schuldgefühle zu genießen.

Mas Macho-Frikadellen (3 Fitmacher)

450 g mageres Rinderhack oder Tartar
45 g Semmelbrösel
1 große Zwiebel, gewürfelt
1 Knoblauchzehe, fein gehackt
1 Esslöffel gemahlener Leinsamen oder Whey-Protein
480 g passierte Tomaten
4 Vollkornbrötchen
60 g Mozzarella, gerieben

1. Rinderhack, Semmelbrösel, Zwiebelwürfel, Knoblauch und Leinsamen bzw. Whey-Protein mischen und golfballgroße Fleischbällchen daraus formen.

2. In einer beschichteten Pfanne bei mittlerer Hitze von allen Seiten braten. Ausgetretenes Fett abschöpfen und die Tomatensoße hinzugeben.

3. Inzwischen mit einer Gabel die Brötchen halbieren und etwas aushöhlen, sodass flache Mulden entstehen. In jede Mulde einen Fleischball mit Soße geben. Mit geriebenem Mozzarella bestreuen und die obere Hälfte darauf klappen.

Ergibt vier Portionen
Pro Portion: 391 Kalorien/1634 kJ; 35 g Eiweiß; 45 g Kohlenhydrate; 10 g Fett; 4 g gesättigte Fettsäuren; 1340 mg Natrium; 6 g Ballaststoffe

Brasilianisches Kampfhuhn (2 Fitmacher)

1 Zitrone
1 Limone
1 Esslöffel gemahlener Leinsamen
180 ml TK-Orangensaftkonzentrat
2 Knoblauchzehen, fein gehackt
1 Teelöffel italienische Kräuter
4 Hähnchenbrustfilets (ohne Haut und Knochen)
1 Teelöffel Peperonisoße
180 ml Tomatensoße (Salsa) nach Geschmack

1. Die Zitronen- und Limonenschale in eine verschließbare Schale reiben. Den Saft beider Früchte in die Schale pressen.

2. Alles bis auf die Hähnchenbrustfilets und die scharfe Soße vermengen.

3. Das Fleisch hinzugeben, die Schale verschließen und einige Stunden im Kühlschrank marinieren.

4. Das Hähnchenfleisch 10 bis 15 Minuten grillen, dabei mehrmals wenden und mit der Marinade einstreichen (das Fleisch darf innen nicht mehr rosa sein). Mit der Soße servieren.

Ergibt vier Portionen
Pro Portion: 184 Kalorien/769 kJ; 25 g Eiweiß; 11 g Kohlenhydrate; 5 g Fett; 1 g gesättigte Fettsäuren; 740 mg Natrium; 2 g Ballaststoffe

Chilipfeffersteak (4 Fitmacher)

1 Esslöffel Olivenöl
2 Möhren, in Streifen geschnitten
1 großer Kopf Brokkoli, gewürfelt
2 grüne Chilis, in Streifen geschnitten
2 rote Chilis, in Streifen geschnitten
340 g Sirloinsteak, in feine Scheiben geschnitten
4 Esslöffel Chili- und Knoblauchsoße
300 g Naturreis, gekocht

1. Das Öl in einer beschichteten Pfanne stark erhitzen. Möhren und Brokkoli hinzugeben und bissfest schmoren.

2. Die Chilis und das Fleisch zugeben und weiterkochen, bis das Fleisch gar ist.

3. Die Soße hinzufügen und über dem Reis anrichten.

Ergibt vier Portionen
Pro Portion: 520 Kalorien/2184 kJ; 33 g Eiweiß; 65 g Kohlenhydrate; 14 g Fett; 4 g gesättigte Fettsäuren; 232 mg Natrium; 5 g Ballaststoffe

Philadelphia-Pfanne (3 Fitmacher)

1 mittelgroße Zwiebel, in Ringe geschnitten
1 kleine rote Paprika, in Streifen geschnitten
1 kleine grüne Paprika, in Streifen geschnitten
150 g mittelscharfe oder scharfe Salsa
4 Mehrkornbrötchen
340 g Roastbeef, fein geschnitten
60 g fettarmer Cheddar, gerieben

1. Zwiebel und Paprika in einer beschichteten Pfanne bei mittlerer Hitze bissfest schmoren. Salsa hinzufügen und erhitzen.

2. Die Brötchen halbieren und mit Roastbeef, Gemüse und Käse belegen. Auf hoher Stufe 1 bis 2 Minuten in der Mikrowelle erhitzen, bis der Käse zu schmelzen beginnt.

Ergibt vier Portionen
Pro Portion: 379 Kalorien/1584 kJ; 35 g Eiweiß; 35 g Kohlenhydrate; 12 g Fett; 5 g gesättigte Fettsäuren; 442 mg Natrium; 5 g Ballaststoffe

Putenchili (4 Fitmacher)

450 g Putenfleisch, gehackt
400 g Dosentomaten, gewürfelt
400 g schwarze Bohnen aus der Dose, abgegossen
400 g Gemüsemais (Dose), abgegossen
45 g getrocknete, gemischte Chilis
1 Schuss Tabasco
1 Esslöffel gemahlener Leinsamen
4 Esslöffel Wasser
115 g Naturreis, gekocht

1. Das Putenhack in einer großen beschichteten Pfanne bei mittlerer Hitze anbraten.

2. Alles bis auf den Reis hinzufügen und bei niedriger Hitze 10 Minuten schmoren. Über den Reis geben und servieren.

Ergibt vier Portionen
Pro Portion: 480 Kalorien/2006 kJ; 41 g Eiweiß; 69 g Kohlenhydrate; 6 g Fett; 1 g gesättigte Fettsäuren; 478 mg Natrium; 6 g Ballaststoffe

Hähnchenbrust à la King Kong (3 Fitmacher)

2 Esslöffel Olivenöl
½ Zwiebel, fein gehackt
1 Teelöffel Mehl
2 Esslöffel Wasser
450 g Hähnchenbrustfilet
4 Teelöffel Chilipulver
240 ml Pastasoße
250 g Vollkornweizen-Spagetti, gekocht

1. Das Öl bei mittlerer Hitze in einer beschichteten Pfanne erhitzen. Die Zwiebel eine Minute darin anbräunen. Mehl und Wasser in einer kleinen Schale verrühren.

2. Huhn, Chilipulver, Soße und die Mehl-Wasser-Mischung in die Pfanne geben, gut verrühren und 10 Minuten ohne Deckel bei geringer Hitze köcheln lassen. Zum Servieren über die Spagetti geben.

Ergibt vier Portionen
Pro Portion: 286 Kalorien/1195 kJ; 30 g Eiweiß; 22 g Kohlenhydrate; 11 g Fett; 2 g gesättigte Fettsäuren; 208 mg Natrium; 3,5 g Ballaststoffe

Lachs nach indischer Art (5 Fitmacher)

2 Esslöffel Olivenöl
1 Esslöffel Zitronensaft
¼ Teelöffel Salz
¼ Teelöffel schwarzer Pfeffer, gemahlen
1 Esslöffel gemahlener Leinsamen
1 Knoblauchzehe, fein gehackt
4 Lachsfilets à 170 g
Grünes Blattgemüse nach Wahl
115 g Naturreis, gekocht

1. Öl, Zitronensaft, Salz, Pfeffer, Leinsamen und Knoblauch in einer Schüssel verrühren. Die Lachsfilets hineinlegen, wenden, abdecken und 15 Minuten in den Kühlschrank stellen.

2. Den Ofen auf 230 °C (Gas Stufe 5) vorheizen. Ein Backblech mit Folie auslegen und mit Öl besprühen. Den Fisch aus der Marinade entnehmen und mit der Haut nach unten auf das Backblech legen.

3. Den Lachs im Ofen 9 bis 12 Minuten garen und mit Gemüse und Reis anrichten.

Ergibt vier Portionen
Pro Portion: 504 Kalorien/2106 kJ; 36 g Eiweiß; 25 g Kohlenhydrate; 29 g Fett; 5 g gesättigte Fettsäuren; 470 mg Natrium; 3 g Ballaststoffe

Gegrillte Bohnen (5 Fitmacher)

150 g geräucherte Putenwurst, gewürfelt
1 kleine Zwiebel, gewürfelt
90 g Champignons, in Scheiben geschnitten
1 Knoblauchzehe, fein gehackt
415 g weiße Bohnen aus der Dose, abgegossen
225 g grüne Bohnen aus der Dose, abgegossen
400 g Dosentomaten, gewürfelt
20 g Paniermehl, gewürzt
1 knapper Esslöffel gemahlener Leinsamen
1 knapper Esslöffel Olivenöl

1. Den Ofen auf 180 °C (Gas Stufe 3) vorheizen. Die Wurst in einer 2-Liter-Auflaufform etwa 5 Minuten anbräunen (Das ausgetretene Fett abgießen.

2. Zwiebelwürfel, Pilze und Knoblauch in einer beschichteten Pfanne 5 bis 7 Minuten schmoren. Das Gemüse in die Auflaufform geben, Bohnen und Tomaten hinzufügen und alles mit Salz und Pfeffer würzen. Alles im Ofen 20 Minuten garen (oder bis die Ränder blubbern).

3. Paniermehl und Leinsamen in einer Schale mit dem Öl vermengen. Über dem Gericht verteilen und in etwa 3 Minuten goldbraun überbacken.

Ergibt vier Portionen
Pro Portion: 243 Kalorien/1015 kJ; 20 g Eiweiß; 31 g Kohlenhydrate; 6 g Fett; 1 g gesättigte Fettsäuren; 1329 mg Natrium; 8 g Ballaststoffe

Spagetti (3 Fitmacher)

350 g mageres Rinderhack oder Tartar
1½ Zwiebeln, gewürfelt
1 grüne Paprika, gewürfelt
2 Knoblauchzehen, fein gehackt
100 g Champignons, in Scheiben geschnitten
400 g geschälte Dosentomaten
600 ml Pastasoße
2 Esslöffel italienische Kräuter
450 g Vollkornweizen-Spagetti

1. Das Fleisch in einer großen beschichteten Pfanne bei mittlerer Hitze anbräunen und das austretende Fett abschöpfen.

2. Zwiebelwürfel, Paprika und Knoblauch hinzugeben und weich kochen. Pilze, Tomaten (mit Saft), Soße und Gewürze zufügen, alles miteinander vermengen und bei kleiner Hitze köcheln lassen.

3. Die Spagetti in einem separaten Topf nach Anweisung zubereiten, abgießen und mit der Soße servieren.

Ergibt vier Portionen
Pro Portion: **366** Kalorien/1529 kJ; 30 g Eiweiß; 48 g Kohlenhydrate; 8 g Fett; 2 g gesättigte Fettsäuren; 801 mg Natrium; 7 g Ballaststoffe

Tortilla de Godzilla (4 Fitmacher)

220 g mageres Rinderhack oder Tartar bzw. Putenfleisch, gehackt
120 g Zwiebel, gewürfelt
2 Knoblauchzehen, fein gehackt
90 g Kidneybohnen aus der Dose, abgegossen und zerdrückt
2 grüne Chilischoten, entkernt und gewürfelt
2 Teelöffel Chilipulver
4 große Vollkorntortillas
1 Kopfsalat, in mundgerechte Stücke gezupft
200 g Tomaten, gewürfelt
30 g fettarmer Cheddar, gerieben

1. Fleisch, Zwiebelwürfel und Knoblauch in einer großen beschichteten Pfanne erhitzen, bis das Fleisch gebräunt ist. Das ausgetretene Fett abschöpfen.

2. Bohnen, Chilischoten und Chilipulver hinzugeben und alles kurz erhitzen.

3. Die Tortillas 20 Sekunden in der Mikrowelle erhitzen und mit jeweils einem Viertel der Mischung füllen. Mit Salat, Tomaten und Käse bestreuen und jede Tortilla fest zusammenrollen.

Ergibt vier Portionen
Pro Portion: 234 Kalorien/978 kJ; 20 g Eiweiß; 20 g Kohlenhydrate; 9 g Fett; 5 g gesättigte Fettsäuren; 272 mg Natrium; 3 g Ballaststoffe

Auswärts essen

ORT	EMPFEHLENSWERT	NICHT EMPFEHLENSWERT
Sportveranstaltung	Hot Dog mit Ketchup: 450 Kalorien, 18 g Fett, 13 g Eiweiß	Cheeseburger mit Pommes frites: 1000 Kalorien, 60 g Fett, 30 g Eiweiß
Steakhaus	170 g gegrilltes Rumpsteak, gebackene Kartoffel, Maiskolben mit Butter: 550 Kalorien, 20 g Fett, 55 g Eiweiß	170 g Rib-Eye-Steak, 1 große Portion Pommes frites, mit Käse überbackener Blumenkohl: 1000 Kalorien, 50 g Fett, 60 g Eiweiß
Indisches Restaurant	Tandoori Mixed Grill; Kichererbsen und Spinatcurry: 800 Kalorien, 15 g Fett, 28 g Eiweiß	Zwei Poppadums mit Dips; Chicken Tikka Masala mit Reis: 1200 Kalorien, 70 g Fett, 60 g Eiweiß

Zwischenmahlzeiten

Die meisten Diäten geißeln Zwischenmahlzeiten. Vergessen Sie das und sehen Sie in den Snacks lieber den Schlüssel zu Ihrem Erfolg! Das Geheimnis liegt im richtigen Timing, denn die Zwischenmahlzeit sollte rund zwei Stunden vor der nächsten größeren Mahlzeit eingenommen werden. Auf diese Weise kommt es nicht zu Heißhungerattacken, und auch beim Hauptgericht sind Sie nicht so hungrig, dass alle Dämme brechen. Bei der Wahl der Zwischenmahlzeiten können Sie ganz flexibel vorgehen. Vielleicht ist noch eine Portion vom Abendessen, ein Sandwich oder ein Shake übrig. Oder Sie kombinieren ein paar Fitmacher. Der Einfachheit halber können Sie jeweils ein Nahrungsmittel aus Spalte A und eines aus Spalte B wählen. Dann sind Sie auf jeden Fall gut versorgt.

Schnelle und einfache Rezepte

A		B	
EIWEISS	**MILCH-PRODUKT**	**OBST ODER GEMÜSE**	**KOMPLEXE KOHLEN-HYDRATE**
2 Löffel Erdnussmus (zuckerfrei)	225 g fettarmer Jogurt	30 g Rosinen	1 bis 2 Scheiben Vollkornbrot
30 g Mandeln	240 ml fettarme Milch oder fettarmer Kakao	Rohes Gemüse (Sellerie, junge Möhren, Brokkoli), unbegrenzt	1 Schale Haferbrei oder ballaststoffreiches Müsli
3 dünne Scheiben Putenaufschnitt	180 g fettarme Eiskreme	170 g Beeren	
3 dünne Scheiben Roastbeef	30 g Tilsiter	120 g Cantaloupe-Melone	
		1 große Orange	
		330 ml Gemüse- oder Multivitaminsaft	

Erfolg mit *Sexy Sixpack*

»Meine Speckschicht wurde zu Muskeln«

Name: John Betson
Alter: 25
Größe: 1,77 m
Ausgangsgewicht: 81,7 kg
Sechs Wochen später: 74,9 kg

John Betson erbte von seinem Vater eine Veranlagung, die ihm überhaupt nicht gefiel: wabbeliges Brustgewebe. »Seit meiner Kindheit hatte ich eine Wabbelbrust, und ich muss immer aufpassen, dass ich beim Sport nicht als Mädchen durchgehe«, klagt Betson.

Dafür sorgte zunächst noch der Schulsport, doch nach dem Studium ließ seine 60-Stunden-Woche Betson an zwei besonders missliebigen Stellen zunehmen: Bauch und Brust. Als er merkte, dass er knapp sieben Kilo Übergewicht mit sich herumschleppte, beschloss er, wieder in Form zu kommen.

Die erste Diätwoche fiel ihm schwer, weil er seine Gewohnheiten ändern musste. Bisher hatte Betson nur zweimal am Tag gegessen: zum Mittagessen eine Banane und eine Packung Cracker, zum Abendessen dann – weil er schließlich den ganzen Tag nicht viel bekommen hatte – gewaltige Portionen Hackbraten und Pizza. *Sexy Sixpack* hingegen verlangte häufige Mahlzeiten, bis zu sechsmal am Tag. »Anfangs kam ich mir so voll vor, weil ich so häufig aß, aber nach der ersten Woche gefiel es mir sehr. Das Essen war lecker, und es war ein tolles Gefühl, mehr Kraft und Energie zu haben«, schwärmt er.

Zusätzlich stemmte er dreimal pro Woche Gewichte und machte dreimal wöchentlich ein Herz-Kreislauf-Training, wodurch sich sein Körper auffallend veränderte. Er nahm knapp sieben Kilo ab und reduzierte sein Körperfett von 23 auf 16 Prozent seines Gewichts. »Jetzt sieht man mehr Muskeln, auch die Bauchmuskeln«, strahlt er.

Noch erstaunlicher ist, dass Betson mit dem Beginn des Fitnessprogramms auch das Rauchen aufgab – die meisten Menschen nehmen zu diesem Zeitpunkt zu.

Auch wenn sein Taillenumfang von 91 cm auf 84 cm geschrumpft ist, meint Betson, dass die eigentliche Veränderung in seinem Inneren stattgefunden hat: »Mehr Selbstvertrauen ist der wichtigste Fortschritt für mich.«

Kapitel 10
Sexy Sixpack im Alltag

Wie der Ernährungsplan Ihr Leben vereinfacht

In den bisherigen Kapiteln habe ich beschrieben, warum die hier vorgestellte Diät funktioniert und auch lebenslang beibehalten werden kann. Daneben habe ich auch erklärt, wieso die meisten anderen Diäten nicht auf langfristigen Erfolg angelegt sind, da sie einseitig oder derart kompliziert und voller Verbote sind, dass man seinen Job aufgeben müsste, um sie bis ins Detail zu befolgen. Viele Diäten versagen, weil sie uns zu viel abverlangen und dabei nicht berücksichtigen, dass ohnehin ständig zu viel von uns gefordert wird. Die meisten Menschen leben heute mit dem Gefühl, dass unsere Welt knapp davor ist, außer Kontrolle zu geraten, und diese Kontrolle wollen wir zurückgewinnen – über unser Leben, unsere berufliche Entwicklung, unsere Beziehungen, unseren Körper, unsere Ernährung – uns selbst.

Deshalb will ich an dieser Stelle zeigen, wie leicht die Diät auch für Stressgeplagte durchführbar ist, und schon die Umstellung auf die einfachen Ernährungsregeln von *Sexy Sixpack* kann im Alltag viel Arbeit ersparen. Zu diesem Zweck stelle ich Ihnen in einem Kurzprofil einen typischen, beruflich stark beanspruchten Mann vor.

Ein Tag im Leben von Joe

6.30 Uhr Joe wacht auf, geht in die Küche und stellt die Kaffeemaschine an. Während der Kaffee durchläuft, holt er eine Tasse aus dem Schrank und gießt fettarme Milch hinein. Die Milch trinkt er bis auf einen kleinen Rest aus, ehe er den Kaffee einschenkt.[1] Dann schnappt er sich die Zeitung und überfliegt die Schlagzeilen.

7 Uhr Joe schaltet das Radio ein. Während des Wetterberichts mischt er Eis, Jogurt, je einen Löffel Whey-Protein und gemahlenen Leinsamen zusammen, dazu etwas Obst und vielleicht auch Zitronen- oder Orangensaft und gibt alles in den Mixer. 30 Sekunden später gießt er die eine Hälfte in ein Glas, die andere in eine Flasche, die er ins Büro mitnimmt.[2]

8 Uhr Geduscht, rasiert und angekleidet verlässt Joe das Haus und geht 35 Minuten zur Arbeit. Unterwegs kauft er im Lebensmittelladen eine kleine Packung

---

[1] Fettarmes Eiweiß und Kalzium bringen den Stoffwechsel sofort in Gang und tragen schon einmal zur Versorgung mit Kalzium und Vitamin D bei. Das Kaffeetassenritual ist ein guter Aufhänger, um an das morgendliche Glas fettarmer Milch zu denken.

[2] Mehr Eiweiß, mehr Kalzium, dazu Ballaststoffe, Vitamine und Mineralstoffe. Wenn Joe gleich mehr zubereitet und zur Arbeit mitnimmt, hat er zwei Mahlzeiten innerhalb von nur 30 Sekunden. (Anmerkung: Eine kleine, tragbare Kühlbox erhält die Konsistenz des Shakes. Selbst wenn Sie den Mixaufsatz direkt in den Kühlschrank stellen, lösen sich die Bestandteile nach einigen Stunden oft wieder voneinander.)

Mandeln und einen Apfel fürs Büro. Den mitgebrachten Shake stellt er in der Teeküche in den Kühlschrank. Dann macht er sich an die Arbeit.

10 Uhr Während er immer noch die Post erledigt, knabbert er die Mandeln und den Apfel. Damit ist er bis zum Mittagessen zufrieden.[3]

12 Uhr Wenn möglich, verschwindet Joe ins Fitnesscenter. (Nach Möglichkeit meidet er Geschäftsessen, denn sie kosten viel Zeit und lenken ihn von seiner Diät ab.)

13 Uhr Normalerweise gönnt er sich unmittelbar nach dem Training einen Eiweißriegel oder einen eiweißreichen Shake.[4] Dann spaziert er zum nächsten Imbiss, wo er einen Salat zum Mitnehmen bestellt –

---

3 Mehr Ballaststoffe und mehr Vitamine, Mineralstoffe und Eiweiß. Sehr wichtig ist, dass Sie im Büro immer etwas zu essen parat haben. Studentenfutter, ballaststoffreiche Suppen, die man nur mit Wasser aufzugießen braucht, Frühstücksflocken und Obst helfen über einen langen Arbeitstag hinweg. Wenn Sie gesunde Zwischenmahlzeiten bereitlegen, haben Sie Ihren Arbeitstag auch diätmäßig im Griff, selbst wenn eine Besprechung länger dauert und das Mittagessen ausfallen muss. Je mehr Kontrolle Sie über Ihr Essverhalten haben, desto mehr Kontrolle haben Sie auch über Ihren Körper und über Ihr Leben.

4 Zahlreiche Forschungsarbeiten belegen, wie wichtig es ist, unmittelbar nach dem Training zu essen, wenn der Körper nach einer Energiequelle verlangt. In diesem Fall wird die Nahrung für den Muskelaufbau verwendet. Wenn wir hungrig bleiben, greift er auf die Muskelmasse zurück, und das ist kontraproduktiv. Ich warte nach dem Training nicht einmal die zehn Minuten, die ich zum nächsten Imbiss bräuchte, sondern esse unmittelbar im Anschluss (wenn auch nicht in der Umkleide).

mit Bohnen, Mais, Brokkoli, roter Paprika, Hähnchenfleisch und einem Löffel Balsamessig darüber.[5]

15 Uhr Joe bekommt (wieder) Hunger. Zum Glück wartet da ja noch sein köstlicher Shake im Kühlschrank! Während die anderen allmählich im Nachmittagsloch versinken, versorgt ihn der Shake mit frischer Energie.[6]

19.30 Uhr In den letzten fünf Stunden hat Joe ununterbrochen gearbeitet, und fast jeden Abend ist ein Geschäftsessen angesetzt. Damit ist das Abendessen der am schlechtesten planbare Teil des Tages, doch die *Sexy-Sixpack*-Diät ist großzügig: Seine Mahlzeit beginnt Joe normalerweise mit einem Salat, gefolgt von einem Rumpsteak mit Brokkoli oder grünen Bohnen.[7] Dazu gibt es Rotwein und vielleicht noch ein Dessert, das er sich allerdings gern mit jemandem teilt.[8]

---

[5] Mehr Ballaststoffe, mehr Eiweiß, mehr Vitamine und Mineralstoffe. Allmählich bekommen wir Oberwasser!

[6] Ja, ja, schon klar ... mehr Eiweiß, mehr Kalzium, mehr Ballaststoffe.

[7] Bestellen Sie nur das Steak und lassen Sie Beilagen wie Pommes frites weg. Viele Männer essen abends gern reichlich. Wenn Sie dann bei den Kohlenhydraten geizen, dürfen Sie essen, so viel Sie wollen.

[8] Ein Nachtisch ist erlaubt. Bestellen Sie sich aber lieber eine köstliche Crème brûlée im Restaurant, als später beim Fernsehen eine halbe Tüte Chips in sich hineinzustopfen – Hunderte Kalorien, an deren Verzehr Sie sich zehn Minuten später schon nicht mehr erinnern und dazu noch reichlich Salz. Wenn Sie das Dessert mit jemandem teilen, ist der Genuss vollkommen, und die Schuldgefühle sind nur halb so groß (dieses Verhältnis ist natürlich relativ, je nachdem, mit wem Sie das Dessert teilen).

23 Uhr Um diese Zeit sucht Joe zu Hause ganz gern noch mal im Kühlschrank nach etwas Essbarem. Deshalb liegen hier verschiedene Kleinigkeiten bereit – mit Putenbrust, Gruyère und einem Glas fettarmer Milch schließt er den Abend ab.[9]

Stress macht dick

Einer der großen Vorteile von *Sexy Sixpack* ist, dass wir wieder Kontrolle über unser Leben erlangen, also auch Kontrolle über den Stress. Ich kann nicht oft genug betonen, wie wichtig Stressabbau für Ihr Gewicht, Ihre Gesundheit und Ihre Lebensqualität ist. Der menschliche Körper ist schlechterdings nicht für den Stress des modernen Lebens konstruiert: Bei Stress steigt augenblicklich der Adrenalinspiegel. Adrenalin wiederum lässt die Fettzellen im ganzen Körper Fettsäuren ausstoßen, damit ausreichend Energie im Blut ist. Das war früher einmal sinnvoll, als Stress gleichbedeutend mit einem angreifenden Säbelzahntiger oder einer Horde feindseliger Barbaren war und damit der Kampf-oder-Flucht-Mechanismus ausgelöst wurde. In der heutigen Gesellschaft ist diese Reaktion jedoch nicht mehr angemessen, denn heute geht es nicht mehr um Kampf oder Flucht, sondern um sich hinsetzen und den Bericht fertig schreiben, damit der Termin gewahrt bleibt. In der Zwischen-

---

9 Mehr Kalzium und mehr Eiweiß, einschließlich des schlaffördernden Tryptophans, das in Putenfleisch und Milchprodukten steckt.

zeit jedoch erzeugt die Nebennierenrinde ein weiteres Hormon, das mit all dem frisch mobilisierten Fett fertig werden soll: Kortisol – das Rettungsringhormon.

In einer Studie aus Yale baten die Forscher 42 Übergewichtige, eine Stunde lang Stress fördernde Aufgaben durchzuführen – mathematische Probleme, Puzzles und die Vorbereitung einer Rede. Während dieser Zeit wurde ihr Kortisolwert gemessen. Diejenigen, bei denen das Übergewicht im Bauchraum saß, sonderten unter Druck mehr Kortisol ab. Die daraus abgeleitete Theorie lautet: Stress führt zu einem Adrenalinausstoß, Adrenalin mobilisiert die Fettreserven im ganzen Körper und Kortisol lagert das ungenutzte Fett vor allem im Bauchbereich ab. In einer Studie an 438 Feuerwehrmännern nahmen diejenigen, die sich wegen ihrer finanziellen Sicherheit sorgten, in sieben Jahren 5 kg zu, während ihre unbelasteteren Kameraden durchschnittlich 3,3 kg zulegten. Der Schlüssel zum Umgang mit unserer Körpermitte liegt demnach im Umgang mit dem Stress. Zum Abschluss noch ein paar erprobte Methoden, die helfen können, den Überblick zu behalten – und einen straffen Bauch:

Verzicht auf spätes Fernsehen. Eine Untersuchung der University of Chicago, die im Journal *Sleep* (Schlaf) veröffentlicht wurde, ergab, dass bei Männern, die nachts nur vier Stunden Schlaf bekamen, der Kortisolspiegel um 37 Prozent höher lag als bei denjenigen, die volle acht Stunden schlafen durften. Wer sogar die ganze Nacht hindurch wach blieb, hatte einen um 45 Prozent erhöhten Kortisolspiegel. Schlafexperten raten daher zu etwa acht Stunden Nachtschlaf.

Längere Tiefschlafphasen. Auch die Schlaftiefe spielt eine Rolle. Eine weitere Studie der University of Chicago zeigte, dass Männer, die reichlich Tiefschlaf bekamen (ohne Träume und REM-Phasen), beinahe 65 Prozent mehr Wachstumshormon (HGH) ausschütteten als Männer, die nicht so gut schliefen. Viel HGH beugt also dem Verlust von Muskelmasse durch Kortisol vor.

Mehr Vitamin C. In stressigen Zeiten sollten wir Vitamin C tanken. Empfehlenswert ist eine Tagesdosis von 1000 mg, am besten in mehreren kleinen Dosen über den Tag verteilt.

Der letzte Drink ist einer zu viel. Alkohol entwässert. Wenn der Körper aber glaubt, er hätte zu wenig Wasser, schüttet er Kortisol aus. Die meisten Experten plädieren für maximal zwei Gläser pro Tag. Das Problem der Dehydrierung gilt auch für Koffein. Um das Kortisol in Schach zu halten, sollten Sie sich mit 200 mg pro Tag begnügen, das sind etwa zwei Tassen Kaffee.

Das Ruder übernehmen. Es hilft, wenn man das Gefühl hat, einige Stressoren zu beherrschen. »Setzt man Menschen willkürlich Lärm aus, werden Stresshormone ausgeschüttet«, berichtet Dr. Robert Sapolsky, Professor für Biologie und Neurowissenschaften an der Stanford University. »Aber wenn man ihnen einen Knopf gibt und erklärt, dass der Lärm seltener kommt, wenn sie darauf drücken, reagieren sie auf dasselbe Geräusch weniger gestresst.« Eine bessere Organisation – auch im Kleinen – kann dazu beitragen, dass wir uns wieder mehr als Kapitän unseres Schiffs fühlen.

Planen. »Wer glaubt, dass die Dinge besser werden, kann effektiver mit Stress umgehen«, sagte Sapolsky. Sorgen Sie also dafür, dass Sie immer etwas haben, worauf Sie sich freuen können. Hoffnung erleichtert das Stressmanagement.

Spiritualität einbeziehen. Erinnern Sie sich in Stresssituationen an die einfache Aussage von Simone Weil: Jede ungeteilte Aufmerksamkeit ist ein Gebet. Wir müssen nur das Durcheinander im Kopf ignorieren und uns jeden Tag kurz mit voller Aufmerksamkeit einer Sache widmen – dem optimalen Golfschlag, einem Kreuzworträtsel oder einem Kind – und wir erwerben die Gelassenheit, die viele auch in ihrer Religion finden.

Die Tricks der Küchenchefs austricksen

- Viele Köche geben noch 30 g Butter (200 Kalorien und 23 g Fett) über das Steak, damit das Fleisch saftiger wirkt. Fragen Sie im Restaurant vorher nach und bitten Sie, davon abzusehen.

- Die harmlos aussehenden Möhrenstreifen zum Fleisch haben es in sich. 60 g enthalten nämlich 137 Kalorien (viermal so viel wie rohe Möhren) und 12 g Fett, deshalb besser liegen lassen.

- Wenn Sie sich den Salat fertig angemacht bringen lassen, erhalten Sie oft ein leichteres Dressing als bei einer selbst zusammengestellten Salatsoße.

Erfolg mit *Sexy Sixpack*

»Ich bin meine Rückenschmerzen los – und habe meine Lebensfreude wieder!«

Name: Steve Toomey
Alter: 39
Größe: 1,91 m
Ausgangsgewicht: 97,5 kg
Sechs Wochen später: 88,5 kg

Wenn sich Steve Toomey früher im Bett umdrehte, verspannte sich sein Rücken schon bei der kleinsten Bewegung. Es war zwar kein schlimmer Schmerz, aber er war lästig und beeinträchtigte seine Lebensqualität.
»Ich konnte schon gar nicht mehr richtig mit den Kindern auf dem Boden herumtoben«, erzählt er.
Ein Arzt riet ihm zu Dehnübungen. Als diese nichts halfen, schlug der Arzt eine Magnetresonanztomographie vor. Zu diesem Zeitpunkt jedoch startete Toomey gerade das *Sexy-Sixpack*-Programm.
»Sobald ich mit dem Training begann, war ich die Rückenschmerzen los«, berichtet er. »Inzwischen ist mir das Programm heilig.«
Seit Trainingsbeginn hat er sechs Zentimeter Taillenumfang verloren und weder Schmerzen bei Nacht, noch wenn er mit den Kindern spielt.
Und in einem Haus voller Kinder, wo die Verlockungen von

Pizza und Hot Dogs allgegenwärtig sind, weiß Toomey auch die veränderte Ernährung zu schätzen.

»Diese Diät ist nicht annähernd so mühsam wie einige andere, die ich ausprobiert habe, besonders die kohlenhydratarmen«, sagt er . »Bei denen hatte ich immer Heißhunger auf eine Scheibe Brot. Hier darf ich Kohlenhydrate essen, und der Heißhunger bleibt aus.« Das Größte jedoch ist die wöchentliche Mogelmahlzeit. »Ich liebe vietnamesische Frühlingsrollen! Jetzt kann ich sie ganz ohne Schuldgefühle am Sonntag essen«, freut sich Toomey. »Und ich glaube, das ist das wahre Erfolgsgeheimnis, dass man einmal pro Woche schummeln darf, ohne dadurch gleich alles zu verderben.«

Kapitel 11
Noch schneller Fett verbrennen

Wie Körpertraining Fett schmelzen lässt und Muskeln aufbaut

Vielleicht ähnelte Ihr Leben in den letzten paar Monaten, Jahren oder Jahrzehnten einem anhaltenden Schneesturm – ein Schneetreiben aus Büropartys und Happy Hours, aus schnellen Happen zwischendurch und Pizzaservice gegen Mitternacht. Für Kinder sind solche Stürme noch lustig, doch mit zunehmendem Alter werden ihre Auswirkungen immer lästiger. Sie laden unerwünschte Fettmengen am einst tadellosen Bauch ab und begraben die Bauchmuskeln irgendwo in der Tiefe. Leider lässt die Sonne dieses Fett nicht nach einigen Tagen wieder schmelzen, und kein Schneepflug schaufelt es weg und schiebt es an den Straßenrand (was wohl auch kein angenehmer Anblick wäre).

Wer den Gehweg sehen will, muss Schnee räumen. Wer seine Bauchmuskeln finden will, muss Fett verbrennen.

Richtig essen ist ein zentraler Teil davon. Schon indem wir die Ernährungsregeln der Diät befolgen und unsere Mahlzeiten um die *Sexy-Sixpack*-Fitmacher aufbauen, verlieren wir nahezu mühelos unsere Fettpolster. Doch um den Gewichtsverlust zu steigern und Fettgewebe in Muskelmasse zu verwandeln, enthält dieses Buch noch etwas, das andere Diätbücher meist nicht berücksichtigen: einen einfachen, wenig zeitaufwändigen Trainingsplan. Das Training wird Sie nicht nur gesünder machen, sondern auch schneller abnehmen und kräftiger werden lassen. Am wichtigsten jedoch ist, dass der Körper dadurch Fett in Muskeln umwandelt, indem er die im Fett gespeicherte Energie zum Muskelaufbau verwendet.

Die Trainingsregeln für *Sexy Sixpack*

Nach zehn Jahren bei *Men's Health* kenne ich alle aktuellen Trends im Sport und informiere mich ständig über die neuesten und glaubwürdigsten wissenschaftlichen Erkenntnisse zur Wirksamkeit der verschiedenen Trainingsmethoden. Anhand dieses Wissens habe ich ein Trainingsprogramm erstellt, das höchstmögliche Fettverbrennung in kürzester Zeit ermöglicht, da niemand täglich Stunden lang trainieren kann. Außerdem muss ein funktionierendes Programm flexibel und leicht durchführbar sein, damit man dabei bleibt. Deshalb können alle Übungen sowohl im Fitnessstudio als auch im Wohnzimmer stattfinden.

Der Plan gestattet kurze, gezielte Übungen, bei denen man das eigentliche Ziel nicht aus den Augen verliert, und ist das bestmögliche Programm zur Wiederentdeckung der Bauchmuskeln. Das sind die Regeln:

Konzentrieren Sie sich zunächst auf die Ernährung. In den ersten zwei Wochen ist das Training freiwillig. Wer bereits regelmäßig ins Fitnessstudio geht, kann natürlich sofort auf dieses Training umschwenken. Das ist auch ratsam, weil man dadurch mehr Fett verbrennt als allein durch die Diät. Ein Anfänger hingegen oder jemand, der längere Zeit keinen Sport betrieben hat, sollte sich zunächst zwei Wochen Zeit für die Ernährungsumstellung gönnen, ehe er mit dem Training beginnt. Wenn Sie sofort möglichst viel Gewicht abbauen wollen, führen Sie zunächst jeden Tag eine halbe Stunde flottes Gehen ein.

Konzentrieren Sie sich auf Ihre Muskeln. Ich habe einmal einige Zeit mit einem Mann trainiert, der mehr als 13 kg Übergewicht mit sich herumschleppte. Zur besseren Motivation beim Training begann er, täglich lange zu laufen. An sechs Tagen in der Woche trainierte er mit nahezu religiöser Inbrunst, war hinterher jedoch um kein Gramm leichter. Natürlich hätte er danach noch weiter laufen können denn je, doch sein Körper veränderte sich nicht – warum? Erstens ernährte er sich nach wie vor am liebsten von Pizza, Nudeln und Hamburgern. Zweitens verbrennt Ausdauertraining Fett nicht auf die gleiche Weise wie Krafttraining. (Als derselbe Mann übrigens mit der *Sexy-Sixpack*-Diät begann und parallel dazu Gewichte stemmte, war er nach nicht einmal zwei Monaten um fast neun Kilo leichter.)

Unsere Muskeln sind hungrig und durstig wie Babys. Um fit zu bleiben, wollen sie die Kalorien umsetzen, die wir zu uns nehmen. Je mehr Muskeln wir haben, desto mehr Kalorien verbrennen wir – beim Training, bei der Arbeit und sogar im Schlaf. Dieses Programm konzentriert sich auf die Arbeit mit den größten Muskelgruppen – Beine, Brust, Rücken und Schultern –, weil man dort am schnellsten die meisten Muskeln aufbauen kann. Außerdem regt die Arbeit an den großen Muskeln den Stoffwechsel an, anschließend länger Kalorien zu verbrennen – unter Umständen genau bis zur nächsten Trainingseinheit.

Selbst wenn Sie vier- bis fünfmal am Tag jeweils eine Stunde trainieren würden, wäre dies kein Vergleich zu der Zeit, in der Sie sich NICHT bewegen. Um also den größtmöglichen Nutzen für den Stoffwechsel zu erzielen, müssen wir die Kalorienverbrennung in der Zeit ankurbeln, in der wir körperlich nicht aktiv sind.

Verbringen Sie weniger Zeit im Fitnessstudio. Das *Sexy-Sixpack*-Training nutzt zwei einfache Konzepte für maximales Muskelwachstum und optimale Fettverbrennung bei minimaler Trainingszeit.

Ganzkörpertraining (Zirkeltraining). Bei diesem Trainingsablauf werden acht bis zehn verschiedene Übungen unmittelbar nacheinander durchgeführt. Zum Beispiel kommen zuerst einige Beinübungen und danach eine Übungseinheit für den Oberkörper. Ganzkörpertraining wirkt aus zwei Gründen:

Erstens bleiben Sie in Bewegung und haben weniger Ruhepausen zwischen den einzelnen Übungen. Dadurch bleibt der Puls während der gesamten Trainingseinheit beschleunigt,

Erfolg mit *Sexy Sixpack*

»Ich habe neues Selbstwertgefühl«

Name: Brian Archiquette
Alter: 35
Größe: 1,91 m
Ausgangsgewicht: 124,7 kg
Sechs Wochen später: 113,4 kg

Nach einem Rekordgewicht von 156,6 kg meldete sich Brian Archiquette im Fitnessstudio an. Seit seiner Heirat vor neun Jahren hatte er stetig Gewicht zugelegt, mittlerweile 59 kg, und damit sollte nun Schluss sein. Er wollte nicht mehr fett sein, denn es ging ihm überhaupt nicht mehr gut damit. »Ich hatte das Gefühl, das Leben ständig von der Seitenlinie aus zu betrachten«, sagt er.

Hinzu kam, dass sein Vater an Herzversagen gestorben war. Er selbst steuerte auf dasselbe Schicksal zu und wusste, dass er etwas ändern musste – und zwar sofort! Also befolgte er die Trainingsprogramme aus *Men's Health* und konnte damit sein Gewicht allmählich auf 124,7 kg senken. Als er zusätzlich die Diät von *Sexy Sixpack* befolgte, verlor er innerhalb von sechs Wochen weitere 11,3 kg.

»Es ging um die Planung und den Zeitpunkt der Mahlzeiten. Ich habe versucht, die Mahlzeiten gleichmäßig über den Tag zu verteilen, und dazu das Training durchgeführt«, berichtet Archiquette, der eine Schwäche für Pizza hat. »Früher habe

> ich einfach nichts gegessen und dann plötzlich sehr viel, weil ich solchen Hunger bekam.«
>
> Auf dem Weg zu seinem Endziel von 97,5 kg – bei einer Größe von 1,91 m – hat er schon große Fortschritte gemacht. Sein Taillenumfang ist von 122 cm auf 102 cm geschrumpft. Wenn er jetzt einkaufen geht, braucht er sich nicht alle paar Minuten hinzusetzen, um auszuruhen. Der wahre Gewinn jedoch ist das gewachsene Selbstbewusstsein.
>
> »Ich habe definitiv mehr Energie und eine positivere Lebenseinstellung«, erklärt er. »Ich bin selbstbewusster, sogar wenn ich bei der Arbeit vor den Leuten stehe. Früher dachte ich ständig, sie würden auf meinen Bauch oder mein zu enges Hemd schauen, jetzt kann ich mich selber wieder leiden.«

und die Fettverbrennung wird maximiert. Zugleich profitiert das Herz-Kreislauf-System ganz erheblich von dieser Trainingsform.

Zweitens ist es insgesamt ein kurzes Training, sodass man keine Zeit durch Ruhepausen verliert und schneller wieder seinen sonstigen Beschäftigungen nachgehen kann.

Komplexübungen. Ein weiterer Schlüsselbereich des Krafttrainings sind Übungen mit Komplexwirkung, die sich nicht auf eine einzelne Muskelgruppe konzentrieren, sondern mehrere zugleich beanspruchen. Beim *Sexy-Sixpack*-Training sollen nicht Brust, Schultern, Trizeps und Unterarme getrennt voneinander gekräftigt werden, sondern viele verschiedene Muskeln zur selben Zeit, damit Sie danach frisch gestählt das Studio verlassen können. Eine Untersuchung ergab, dass ein sechswöchiges Trainingsprogramm mit den Komplexwirkungsübungen aus dem *Sexy-Sixpack*-Training die Muskelmasse um 2,76 kg anwachsen und das Fett um 6,8 kg schrumpfen lassen kann. Dabei brauchten die Teilnehmer nur dreimal pro Woche 20 Minuten zu trainieren! Übungen mit Komplexwirkung sind aber nicht nur fordernder und abwechslungsreicher, sondern beanspruchen die Muskeln auch besser – selbst wenn Sie nicht wirklich mehr leisten müssen. Beim Kniebeugen mit Gewichten erreichen Sie volle 256 Muskeln! Größere Anforderungen an die Muskeln regen den Körper an, mehr Wachstumshormon zu erzeugen, was wiederum die Fettverbrennung steigert.

Selbst wenn die überschüssigen Pfunde Ihre einzige Erfahrung mit Gewichten sind, lassen Sie sich nicht abschrecken. Fangen Sie mit einem beliebigen Gewicht an, das Ihnen passend erscheint – ob dies nun leichte Hanteln oder zwei Dosen Bohnen sind. Auch wer klein anfängt, wird stärker, baut Muskeln auf und kurbelt den Stoffwechsel an. Mit der Zeit werden Sie Fortschritte machen.

Konzentrieren Sie sich auf die Intensität. Viele Untersuchungen haben gezeigt, dass anstrengenderes Training das Abnehmen besser fördert als Ausdauertraining. Eine kanadische Studie der Laval University ermittelte den Gewichtsverlust bei den Teilnehmern zweier Gruppen, die unterschiedliche Trainingsprogramme befolgten. Die eine Gruppe trainierte vier- bis fünfmal pro Woche auf dem Fahrradergometer und verbrannte bei jeder 30- bis 45-minütigen Trainingseinheit 300 bis 400 Kalorien. Die zweite Gruppe trainierte nur ein- bis zweimal pro Woche auf diese Weise, legte zwischendurch jedoch kurze Intervalle intensiver Ergometerarbeit ein: Die Teilnehmer dieser Gruppe sprangen auf ihr Rad, strampelten 30 bis 90 Sekunden lang, so schnell sie konnten, legten dann eine Pause ein und wiederholten diese Übung etliche Male. Damit verbrauchten sie durch ihr Training 225 bis 250 Kalorien pro Termin, hatten jedoch am Ende der Studie mehr Fett verbrannt als die erste Gruppe. Obwohl sie weniger trainiert hatten, war der Fettverlust um das Neunfache höher. Die Wissenschaftler folgerten daraus, dass der Großteil der Fettverbrennung *nach* dem Training stattfand.

Das *Sexy-Sixpack*-Körpertraining empfiehlt ein einmaliges einfaches Ausdauertraining pro Woche zur Ergänzung des Krafttrainings. Hierfür eignen sich die traditionellen Herz-Kreislauf-Sportarten (Laufen, Schwimmen, Rad fahren), bei denen man möglichst zwischen schnellen und ruhigeren Phasen abwechseln sollte. (Wie ein wirkungsvolles Intervalltraining aufgebaut sein kann, wird im nächsten Kapitel erläutert.)

Für Sportmuffel

Das Beste am sechswöchigen *Sexy-Sixpack*-Training ist, dass Sie in den ersten zwei Wochen überhaupt nichts zu tun brauchen. Wenn Sie bisher keinen Sport getrieben haben, kommt es nicht darauf an, dass Sie sofort loslegen. Konzentrieren Sie sich lieber darauf, Ihren Körper und Ihren Zeitplan auf die Ernährungsumstellung einzustimmen.

Andererseits brauchen Sie natürlich nicht zu warten, bis Sie endlich die Fettverbrennung anwerfen dürfen. Wer mit einem leichten Krafttraining beginnen möchte, kann dreimal pro Woche Folgendes tun: Wechseln Sie zwischen drei Einheiten Kniebeugen (ohne Gewichte) und drei Einheiten Liegestützen. Beide Übungen nutzen das eigene Körpergewicht und bereiten den Körper auf ein Krafttraining vor. Machen Sie acht bis zehn Liegestütze, dann 15 bis 20 Kniebeugen. Wenn dies zu einfach wird, können Sie mehr Liegestütze machen und bei den Kniebeugen zusätzlich leichte Hanteln benutzen. Ein solches leichtes Training, am besten neben den empfohlenen 30 Minuten zügigen Marschierens, wird die Fettverbrennung schon kräftig in Gang setzen.

Für Sportfreunde

Vielleicht stemmen Sie bereits ein- bis zweimal die Woche Gewichte. Vielleicht joggen Sie auch jeden Morgen ein paar Runden oder sind ein begeisterter Schwimmer. Ganz gleich, welche Sportart Sie bisher bevorzugten – Sie werden zweifellos mehr Muskeln aufbauen und mehr Fett verbrennen, wenn Sie auf das *Sexy-Sixpack*-Körpertraining umsteigen.

Selbst wenn Ihr gegenwärtiges Training Ihnen gut bekommt, erklären die Experten einstimmig, dass eine allmonatliche Umstellung des Trainings die besten Resultate bringt. Denn nur neue, ungewohnte Herausforderungen bringen mehr Kraft und allgemeine Fitness. Wenn wir immer wieder dieselben Bewegungen machen, kann der Körper nie zeigen, was wirklich in ihm steckt, sondern wird nur besonders gut bei diesem einen Bewegungsablauf. Deshalb sollten Sie erwägen, ob Sie nicht wenigstens für einige Wochen das hier empfohlene Training absolvieren wollen. Ich garantiere Ihnen ganz erstaunliche Ergebnisse.

Das *Sexy-Sixpack*-Training: Empfohlener Wochenplan

Sie können die verschiedenen Trainingseinheiten so zusammenstellen, wie es Ihnen am meisten entgegenkommt. Achten Sie jedoch auf folgende Punkte:

▶ Wenn Sie mit Gewichten arbeiten, sollte der Körperteil, mit dem Sie trainiert haben, frühestens nach 48 Stunden erneut belastet werden. Die Muskeln brauchen nach dem Training genug Zeit, um sich zu erholen und kleinere Verletzungen zu reparieren.

▶ An einem Tag pro Woche wird nicht trainiert.

▶ Vor dem Krafttraining sollten Sie sich fünf Minuten mit leichtem Joggen oder Hüpfen, langsamen Hampelmännern oder Strampeln auf dem Ergometer aufwärmen.

Die drei Komponenten des wöchentlichen Trainings umfassen:

1. **Krafttraining:** Dreimal pro Woche. Es geht um Ganzkörpertraining mit einer Trainingseinheit, die besonders die Beine beansprucht.

2. **Ergänzendes Ausdauertraining:** Freiwillig an den Tagen ohne Krafttraining. Sie dürfen Rad fahren, laufen, schwimmen, walken oder entsprechende Geräte benutzen. Einmal wöchentlich sollte ein Intervalltraining stattfinden, an den anderen beiden Tagen ist leichtes Herz-Kreislauf-Training (zum Beispiel Walking) zu empfehlen.

3. **Bauchmuskeltraining:** Zweimal pro Woche. Ich empfehle die Durchführung vor dem Krafttraining oder vor dem Intervalltraining (mehr zu Bauchmuskelübungen in Kapitel 13).

Tipps und Tricks für den Bauch

Langsam und stetig
Sagen Sie langsam die Worte »langsam und kontrolliert« zu sich selbst, wenn Sie den Körper zum Crunch anheben. Die Zeit, die Sie brauchen, bis Sie den höchsten Punkt der Bewegung erreicht haben, sollte mindestens ebenso lange dauern, wie Sie diese Worte langsam aussprechen. Dasselbe gilt für den Weg nach unten.

Stretchen
Bei besonders festen Kniesehnen lehnen manche Menschen sich immer ein wenig nach hinten, um den Druck auszugleichen. Bei dieser Haltung schiebt sich der Bauch nach vorne und sieht noch runder aus. Hilfreich ist es, die Sehnen mehrmals in der Woche zu dehnen. Bei knappem Zeitbudget ist der schnellste Weg zur Lockerung von Rücken und Kniesehnen sowie zur Festigung der Bauchmuskeln das 4er-Stretching: Setzen Sie sich auf den Boden. Das rechte Bein ist gerade nach vorne ausgestreckt, die Zehen weisen nach oben. Das linke Knie wird so gebeugt, dass die linke Ferse im Leistenbereich an der Innenseite des rechten Oberschenkels liegt und das Knie beinahe den Boden berührt. Jetzt langsam den rechten Arm ausstrecken und die Zehen am rechten Fuß berühren. Wenn Sie nicht bis an die Zehen kommen, umfassen Sie den Knöchel mit den Händen. 30 Sekunden in dieser Position ausharren, in die Ausgangsposi-

tion zurückkehren und alles noch einmal 30 Sekunden wiederholen. Danach wird das linke Bein zweimal auf dieselbe Weise gedehnt.

Schluss mit dem Rauchen
Forschungen haben ergeben, dass Raucher einen höheren Bauch-Hüft-Wert haben als ehemalige Raucher oder Nichtraucher. Raucher setzen demnach leichter Bauchfett an – ein weiterer Grund also, die Krebs erregenden Glimmstängel fortzuwerfen.

Klein ist fein
Überschüssige Kalorien führen zu überschüssigen Pfunden. Aber wie und wann wir essen, ist ebenso wichtig wie das, was wir zu uns nehmen. Zum Beispiel können große Mahlzeiten die Bauchmuskeln tatsächlich überdehnen. Wer sich regelmäßig voll stopft, überlastet die Bauchmuskeln so sehr, dass sie den Bauch nicht mehr halten können. Auch deshalb sind viele kleine Mahlzeiten besser als wenige große.

Spannung halten
Auch im Auto oder am Schreibtisch können Sie den Bauch anspannen, als würde gleich ein Crunch beginnen. Setzen Sie sich mindestens einmal pro Stunde aufrecht hin und spannen Sie 60 Sekunden lang den Bauch an. Wann immer die Bauchmuskeln im Laufe des Tages nachgeben, kann man sie wieder straffen.

Aufrechte Haltung

Halten Sie sich beim Gehen und Stehen immer aufrecht. Stellen Sie sich vor, Sie trügen einen Superman-Umhang, um die optimale Haltung einzunehmen. Ein aufrechter Gang lässt uns schlanker erscheinen und bewirkt zugleich eine Straffung der Bauchmuskeln. Günstig ist es auch, sich seinen Rücken als eine Wand vorzustellen, an die man den Bauch wie ein Möbelstück heranrückt, damit er nicht hervorsteht.

Achten Sie auf Ihren Rücken

Manchem Irrglauben zum Trotz liegen die Bauchmuskeln keineswegs nur im Bereich des Nabels, sondern gehören zu einer Muskelgruppe, die mit dem Brustkorb, den Hüften und sogar der Wirbelsäule in Verbindung steht. Um vorzeigbare Bauchmuskeln zu entwickeln, müssen wir nicht nur den Bauch, sondern auch den unteren Rücken und die seitliche Rumpfmuskulatur (schräge Bauchmuskeln) kräftigen.

Muskeln konditionieren

Vielleicht kennen Sie das Konzept des »Muskelgedächtnisses«. Wenn unser Körper bestimmte körperliche Tätigkeiten gemeistert hat (zum Beispiel beim Radfahren), verlernt er diese nie mehr. Auch die Bauchmuskeln können sich erinnern. Wenn sie den ganzen Tag bewusst angespannt werden, hält diese Grundspannung auch im entspannten Zustand an.

Erst Training, dann essen
Forschungen zufolge sollten Menschen, die weniger essen möchten, unmittelbar vor den Mahlzeiten trainieren. Dies ist in mehrfacher Hinsicht vorteilhaft. Erstens empfindet man direkt nach dem Training weniger Hunger, weil der Stoffwechsel sich erst wieder umstellen muss. Zweitens hat man mehr Durst und trinkt deshalb mehr Wasser, das den Magen füllt und das Hungergefühl reduziert. Drittens werden die aufgenommenen Kalorien, sobald der Stoffwechsel wieder in Gang gekommen ist, sofort zur Energiegewinnung genutzt und verbrannt, also nicht als Fett eingelagert.

Streichen Sie das Wort DIÄT aus Ihrem Bewusstsein
Wer mittels einer Diät abnimmt, verliert zuallererst Muskeln, denn der Muskelerhalt fällt dem Körper schwerer als der Erhalt von Fett. Darum werden zuerst die Muskeln angegriffen, wenn die verfügbaren Kalorien ausgehen. Nach dem Ende der Diät nimmt man wieder zu. Weil man jetzt jedoch weniger Kalorien verbrauchende Muskeln besitzt, ist das neue Gewicht reines Fett, d. h., durch Diäten wird Muskelmasse letztendlich in Fett umgewandelt.

Kapitel 12
Das *Sexy-Sixpack*-Training

**Der einfachste und effektivste Trainingsplan
Ihres Lebens**

Im Fitnessstudio treffen Sie auf die unterschiedlichsten Zeitgenossen: den Mann ohne ein Gramm Fett, den Mann ohne Hals, den Mann mit den vielen Rettungsringen, den Mann mit mehreren Kinns. Und sie alle scheinen sich dort aus den unterschiedlichsten Gründen und Trainingsphilosophien zu begegnen. Der Typus, den ich unterstützen kann, ist der Übergewichtige, der drüben in der Ecke durch Anspannen der Handgelenke seine Unterarmmuskeln stählt. Er ähnelt dem Mann, der mit einem Totalschaden am Auto kommt und zuallererst das Radio repariert haben will. Es ist sinnlos, an den Feinheiten zu arbeiten, ehe man sich um die wichtigen Themen gekümmert hat.

Deshalb habe ich ein Krafttraining für den ganzen Körper entwickelt, damit die geringe Muskelmasse so effektiv wie möglich verstärkt wird. Und eigentlich ist es ganz einfach: Ehe man mit Bauchmuskeln protzen kann, muss Fett verbrannt werden. Um aber Fett zu verbrennen, müssen Muskeln aufgebaut werden. Erinnern Sie sich? Pro 500 g Muskeln werden Tag für Tag 50 Kalorien verbraucht.

Das im Folgenden vorgestellte Training betont die größeren Muskelgruppen – Brust, Rücken und Beine –, wobei letztere einmal pro Woche besonders beansprucht werden, weil der Großteil der Körpermuskulatur unterhalb des Bauchnabels angesiedelt ist. Im Unterkörper können daher am schnellsten die meisten Muskeln aufgebaut werden. Die Arbeit mit dieser großen Muskelmasse führt zur Ausschüttung größerer Mengen Wachstumshormone, die wiederum das Muskelwachstum im ganzen Körper anregen, die Fettverbrennung auf Hochtouren bringen und den ersehnten Waschbrettbauch zaubern. Beintraining ist demnach der Schlüssel zur allgemeinen Körperkraft. In einer norwegischen Studie konnten die Männer, die sich auf die Arbeit mit dem Unterkörper konzentrierten, anschließend mehr Oberkörperkraft vorweisen als die Kontrollgruppe, die vor allem ein Oberkörpertraining absolvierte. Das bedeutet natürlich keineswegs, dass der Oberkörper ignoriert werden sollte, denn auch dabei werden große Muskelgruppen – Brust, Rücken und Schultern – aus der Reserve gelockt. Wer das vorgeschlagene Programm befolgt, wird bald feststellen, dass der ganze Körper an Kontur gewinnt, sogar Unterarme und Schultern.

Zur Optimierung Ihres Potenzials zum Muskelaufbau führen Sie ein Zirkeltraining durch. Das heißt, Sie beginnen mit einer Übungseinheit und gehen anschließend mit nur 30 Sekunden Pause sofort zur nächsten Übung über. Wenn Sie die einzelnen Übungen in der angegebenen Reihenfolge absolvieren, werden jeweils unterschiedliche Muskelgruppen beansprucht. Alle Übungen sind ab Seite 272 detailliert und mit Fotos erläutert. Durch den Wechsel bleibt der Körper ständig in Bewegung, und man kann ohne Pause weiterarbeiten. Der Vorteil eines solchen Zirkeltrainings liegt auf der Hand: Man spart Zeit, weil durch die wechselnde Beanspruchung die Ruhephasen minimiert werden, und – noch wichtiger – der Puls bleibt während des gesamten Trainings erhöht, sodass mehr Fett verbrannt wird – unabhängig davon, ob Sie im Studio oder im eigenen Wohnzimmer üben.

In den ersten zwei Wochen wird das Zirkeltraining zweimal durchgeführt, wobei Sie sich nicht mehr als eine halbe Minute Pause zwischen den Übungen gönnen sollten. Nach dem ersten kompletten Durchgang dürfen Sie ein bis zwei Minuten ausruhen, ehe Sie mit dem zweiten Durchgang beginnen. Wenn Ihnen das Training nach zwei Wochen leichter fällt, erhöhen Sie das Pensum auf drei Durchgänge pro Trainingstag. Wählen Sie außerdem immer ein Gewicht, mit dem Sie die vorgeschriebene Anzahl an Wiederholungen bequem leisten können. Wenn das zu leicht wird, können Sie das Gewicht bei jeder Einheit um maximal zehn Prozent erhöhen. Hier ist ein Beispiel, wie das Training aufgebaut sein könnte:

Montag

Ganzkörpertraining mit Betonung der Bauchmuskeln

Führen Sie zuerst je eine Einheit aller Bauchmuskelübungen* durch. Anschließend das Zirkeltraining zweimal durchlaufen.

ÜBUNG	WIEDER-HOLUNGEN	PAUSE	SÄTZE
Klassischer Crunch* (Seite 305)	12 bis 15	keine	1
Knieheben im Liegen* (Seite 315)	12 bis 15	keine	1
Seitliches Oberkörperheben* (Seite 325)	jede Seite 10	keine	1
Unterarmliegestütz* (Seite 331)	1 bis 2	keine	1
Rückenstrecken* (Seite 339)	12 bis 15	30 Sekunden	2
Kniebeugen mit Langhantel	10 bis 12	30 Sekunden	2
Bankdrücken	10	30 Sekunden	2
Lat-Ziehen	10	30 Sekunden	2
Frontdrücken	10	30 Sekunden	2
Rudern aufrecht	10	30 Sekunden	2
Trizepsdrücken	10	30 Sekunden	2
Beinstrecken	10 bis 12	30 Sekunden	2
Bizepscurl	10	30 Sekunden	2
Beincurl	10 bis 12	30 Sekunden	2

Dienstag (freiwillig)
Leichtes Herz-Kreislauf-Training
Zum Beispiel 30 Minuten zügiges Spazierengehen.

Mittwoch
Ganzkörpertraining mit Betonung der Bauchmuskeln
Führen Sie zuerst je eine Einheit aller Bauchmuskelübungen* durch. Anschließend das Zirkeltraining zweimal durchlaufen.

ÜBUNG	WIEDER-HOLUNGEN	PAUSE	SÄTZE
Crunch im Stehen* (Seite 306)	12 bis 15	keine	1
Hüftheben im Liegen* (Seite 316)	12	keine	1
Seitliches Oberkörperbeugen* (Seite 326)	6 bis 10 pro Seite	keine	1
Seitlicher Unterarmstütz* (Seite 332)	1 bis 2 pro Seite	keine	1
Rückenstrecken* (Seite 339)	12 bis 15	30 Sekunden	2
Kniebeugen mit Langhantel	10 bis 12	30 Sekunden	2
Bankdrücken	10	30 Sekunden	2
Lat-Ziehen	10	30 Sekunden	2
Frontdrücken	10	30 Sekunden	2
Rudern aufrecht	10	30 Sekunden	2
Trizepsdrücken	10 bis 12	30 Sekunden	2
Beinstrecken	10 bis 12	30 Sekunden	2
Bizepscurl	10	30 Sekunden	2
Beincurl	10 bis 12	30 Sekunden	2

Donnerstag (freiwillig)
Leichtes Herz-Kreislauf-Training

Zum Beispiel 30 bis 45 Minuten zügiges Spazierengehen.

Freitag
Ganzkörpertraining mit Betonung der Bauchmuskeln

Führen Sie das komplette Zirkeltraining zweimal durch.

ÜBUNG	WIEDER-HOLUNGEN	PAUSE	SÄTZE
Kniebeugen mit Langhantel	10 bis 12	30 Sekunden	2
Bankdrücken	10	30 Sekunden	2
Lat-Ziehen	10	30 Sekunden	2
Ausfallschritt mit Langhantel	10 bis 12 pro Bein	30 Sekunden	2
Frontdrücken	10	30 Sekunden	2
Rudern aufrecht	10	30 Sekunden	2
Treppensteigen	10 bis 12 pro Bein	30 Sekunden	2
Trizepsdrücken	10 bis 12	30 Sekunden	2
Beinstrecken	10 bis 12	30 Sekunden	2
Bizepscurl	10	30 Sekunden	2
Beincurl	10 bis 12	30 Sekunden	2

Samstag (freiwillig)
Bauchmuskeltraining plus Intervalltraining

Führen Sie zuerst je eine Einheit aller Bauchmuskelübungen* durch. Anschließend wählen Sie ein Intervalltraining aus den Vorschlägen auf Seite 297 und 298.

ÜBUNG	WIEDER-HOLUNGEN	PAUSE	SÄTZE
Klassischer Crunch* (Seite 305)	12 bis 15	keine	1
Knieheben im Liegen* (Seite 315)	12 bis 15	keine	1
Seitliches Oberkörperheben* (Seite 325)	jede Seite 10	keine	1
Unterarmliegestütz* (Seite 331)	1 bis 2	keine	1
Rückenstrecken* (Seite 339)	12 bis 15	30 Sekunden	2

Sonntag FREI

Hanteln – alle Achtung!

Hinsichtlich ihrer Vielseitigkeit, Benutzerfreundlichkeit und Effektivität beim Muskelaufbau sind Hanteln jedem anderen Trainingsgerät überlegen. Darüber hinaus sind sie vergleichsweise preiswert, praktisch unzerstörbar und nehmen wenig Platz in der Wohnung weg (falls Sie zu Hause trainieren). Doch das sind nur die vordergründigsten Punkte, die sofort ins Auge springen, denn es gibt noch acht weitere Gründe, weshalb es ausgesprochen klug ist, mit Hanteln zu trainieren.

1. **Hanteln nutzen dem ganzen Körper.** Mit Hanteln kann man nicht nur den Bizeps trainieren. Sie helfen auch bei der Beinarbeit (Ausfallschritte, Hüfteheben) und bei der Arbeit mit Rücken (Rumpfaufrichten) und Bauch (seitliches Oberkörperbeugen, Crunch mit Zusatzgewicht).

2. **Hanteln fordern die Muskeln mehr.** Eine der größten Herausforderungen für Gewichtheber ist die Plateauphase, d. h., wenn der Körper sich an ein bestimmtes Training gewöhnt hat, bieten die bisherigen Übungen keine Herausforderung mehr und das Muskelwachstum wird eingestellt. Mit Hanteln jedoch kann man Hunderte von Übungen durchführen und daher das Training immer wieder verändern und anpassen. Dadurch werden die Muskeln besser gefordert und wachsen weiter. Es gibt zum Beispiel 15 bis 20 Varianten des Bizepscurls mit

Hanteln, aber nur eine Hand voll mit der Langhantel sowie höchstens ein bis zwei Varianten an den meisten Maschinen.

3. **Hanteln bauen mehr Kraft auf.** Weil Hanteln die Bewegungsfreiheit kaum einschränken, fordern sie die Muskeln vielseitiger als jedes andere Gerät. Eine Langhantel stößt beim Bankdrücken an ihre Grenzen, weil Ihnen irgendwann Ihre Brust im Weg ist, wenn Sie die Hantel senken. Mit einer Hantel in jeder Hand hingegen lässt sich das Gewicht bei jeder Wiederholung tiefer absenken, sodass mehr Muskelfasern erreicht und mehr Wachstum stimuliert wird.

4. **Hanteln bauen schneller Kraft auf.** Negativer Widerstand bezieht sich auf die absenkende – negative – Phase einer Bewegung, die ebenfalls die Muskeln anspannt. Negativer Widerstand kann sogar noch stärkeres Muskelwachstum in Gang setzen als die hebende – positive – Phase der Bewegung. Mit Hanteln kann man zusätzlichen negativen Widerstand in das Training einbauen. Nach zehn Bizepscurls mit der linken Hand können Sie das Gewicht vielleicht unmöglich ein elftes Mal anheben. Mogeln Sie! Helfen Sie mit der rechten Hand, damit die Linke das Gewicht ein letztes Mal heben kann, und senken Sie es dann allein mit der Linken wieder ab. Damit gehen Sie bei dieser Trainingseinheit bis an die absolute Grenze Ihrer Kraft.

5. **Hanteln sind gesund fürs Herz.** Zahlreiche Studien haben nachgewiesen, dass Training mit Gewichten den Blutdruck senkt und indirekt das Herz kräftigt. Eine aktuelle Untersuchung ergab, dass Hanteltraining noch weitere Vorzüge hat, darunter bessere Blutfettwerte (weniger Ablagerungen in den Gefäßen) und erhöhte Sauerstoffaufnahme. Auch bei diesem inneren Körpertraining sind Hanteln anderen Gewichten überlegen, weil sie mehr Bewegungsmöglichkeiten eröffnen.

6. **Hanteln machen schlauer.** Jedenfalls die Muskeln. Mit Hanteln arbeitet man dreidimensional, also nicht stur auf und ab oder von einer Seite zur anderen wie an einer Maschine. Das bedeutet, dass die Muskeln im richtigen Leben ebenso funktionstüchtig sind wie im Studio. Und darauf kommt es letztlich an, ganz gleich, ob Sie den entscheidenden Wurf im Handball landen oder die Kinder beim Sturz von der Schaukel auffangen wollen.

7. **Hanteln unterstützen das Gleichgewicht.** Da jeder Arm gezwungen ist, seinen gerechten Anteil zu leisten, fällt eine ungleiche Kraftverteilung sofort auf – zum Beispiel durch Sport oder einfache Tätigkeiten wie Autofahren, das Tragen der Aktentasche oder das Training mit Langhantel und an Geräten. Wenn Sie eine Langhantel über den Kopf stemmen, können Sie eine Schwäche des linken Arms kompensieren, indem Sie rechts kräftiger drücken. Dadurch verstärkt sich jedoch das Ungleichgewicht.

> Wenn Sie hingegen zwei Hanteln hochdrücken, müssen beide Körperhälften getrennt voneinander aktiv werden – und beide werden gleichermaßen trainiert.
>
> 8. **Hanteln helfen, Verletzungen vorzubeugen.** Maschinen sind so eingestellt, dass ein bestimmter Muskel optimal angeregt wird. Das ist in Ordnung, wenn man nichts weiter vorhat als Muskeln zu beugen, doch wichtig ist auch, die kleinen Muskeln, Sehnen und Bänder zu kräftigen, welche die Gelenke stabilisieren. Diese sekundären Muskeln werden bei der Arbeit an Maschinen eher vernachlässigt, während Hanteln rundum kräftigen und damit vor Verletzungen schützen.

Basisübungen

Kniebeugen mit Langhantel

Halten Sie eine Langhantel im klassischen Griff so, dass sie bequem auf dem oberen Rücken ruht. Stehen Sie schulterbreit und halten Sie die Knie leicht gebeugt, den Rücken gerade, die Augen nach vorn gerichtet. Jetzt gehen Sie langsam in die Knie, als wollten Sie sich setzen. Der Rücken behält seine natürliche Haltung bei, die Unterschenkel stehen fast senkrecht zum Boden. Sobald die Oberschenkel parallel zum Boden sind, eine kurze Pause einlegen und in die Ausgangsposition zurückkehren.

Variante für zu Hause

Führen Sie dieselbe Übung mit einer Kurzhantel in jeder Hand durch. Die Handflächen weisen dabei zur Oberschenkelaußenseite.

Bankdrücken

Sie liegen rücklings auf einer flachen Bank. Die Füße stehen auf dem Boden. Halten Sie die Langhantel im klassischen Griff. Die Hände sind etwas mehr als schulterbreit auseinander. Jetzt die Stange senkrecht auf Armeslänge nach oben stemmen und langsam über der Brust absenken. Nach einer Pause erneut hochdrücken.

Variante für zu Hause

Klassische Liegestütze. Nehmen Sie die Liegestützhaltung ein, die Hände dabei etwas mehr als schulterbreit auseinander. An den Ellenbogen einknicken, dabei den Rücken gerade halten, bis das Kinn beinahe den Boden berührt, und wieder hochdrücken.

Lat-Ziehen

Sie stehen vor dem Seilzug, greifen nach oben und fassen die Stange mit den Handflächen nach außen so, dass der Griff 10 bis 15 cm über schulterbreit ist. Hinsetzen und die Arme vom Widerstand des Geräts über den Kopf ziehen lassen. Wenn Sie in der richtigen Stellung sind, ziehen Sie die Stange herunter, bis sie den oberen Brustkorb berührt. Eine Sekunde halten, dann in die Ausgangsposition zurückkehren.

Variante für zu Hause

Rudern vorgebeugt. Die Knie sind leicht gebeugt, der Stand ist schulterbreit. Beugen Sie sich so nach vorn, dass der Rücken nahezu parallel zum Boden ist. Lassen Sie die Arme mit einer Kurzhantel in jeder Hand herunterhängen. Die Handflächen weisen nach innen. Nun die Hanteln heranziehen, bis sie die Vorderseite der Brust berühren. Kurz halten, dann in die Ausgangsposition zurückkehren.

Frontdrücken

Sie sitzen auf einer Trainingsbank und halten eine Langhantel in Schulterhöhe. Die Hände sind schulterbreit auseinander. Jetzt das Gewicht senkrecht nach oben drücken, bis die Arme fast vollständig gestreckt sind, bis eins zählen, dann wieder vor die Schultern führen. Wiederholen.

Variante für zu Hause

Sie sitzen auf einem stabilen Stuhl und halten mit jeder Hand eine Kurzhantel auf Ohrhöhe. Jetzt die Hantel senkrecht nach oben schieben, bis die Arme fast vollständig gestreckt sind, bis eins zählen, dann wieder in die Ausgangsposition zurückkehren. Wiederholen.

Rudern aufrecht

Fassen Sie eine Langhantel im klassischen Griff. Die Füße stehen schulterbreit auseinander, die Knie sind leicht gebeugt. Die Langhantel hängt auf Armlänge vor der Hüfte, die Daumen weisen zueinander. In den Ellenbogen einknicken, die Oberarme gerade zur Seite strecken und dabei die Hantel anheben, bis die Oberarme parallel zum Boden liegen und die Hantelstange knapp unter dem Kinn liegt. Kurz halten und in die Ausgangsposition zurückkehren.

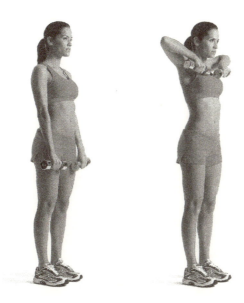

Variante für zu Hause

Die gleiche Übung mit einer Kurzhantel in jeder Hand.

Trizepsdrücken

Sie stehen vor dem oben eingehängten Seilzug oder der Lat-Maschine und umfassen die Stange. Die Hände sind dabei etwa 15 cm auseinander, die Ellenbogen liegen am Körper. Die Stange herunterziehen, bis sich beide Unterarme parallel zum Boden befinden (Ausgangsposition), und herunterdrücken, bis die Arme gerade nach unten weisen und die Stange fast an den Oberschenkeln anliegt, dabei nicht die Ellenbogen durchdrücken. In die Ausgangsposition zurückkehren.

Variante für zu Hause

Trizepsdrücken rückwärts. Schulterbreiter Stand mit leicht gebeugten Knien. Bücken Sie sich so, dass sich der Rücken fast parallel zum Boden befindet. Die Ellenbogen neben dem Körper im 90-Grad-Winkel beugen, die Oberarme liegen etwa auf Rückenhöhe. Jetzt die Unterarme nach hinten strecken, dabei die Oberarmposition beibehalten. In voller Streckung sollen die Arme parallel zum Boden gehalten werden. Nach einer kurzen Pause in die Ausgangsposition zurückkehren.

Beinstrecken

Sie sitzen auf dem Beinstrecker und schieben die Füße unter die Rollen. Leicht nach hinten lehnen und mit den Füßen die Rollen anheben, bis die Beine gestreckt sind.

Variante für zu Hause

Hocke an der Wand. Den Rücken flach an die Wand lehnen. Langsam in die Hocke gehen, bis die Oberschenkel parallel zum Boden hängen. Diese Position so lange wie möglich halten. Anfangs mit 20 Sekunden beginnen und langsam auf 45 Sekunden steigern.

Bizepscurl (Armbeugen)

Lassen Sie die Langhantel im Stehen mit nach außen gedrehten Handflächen vor dem Körper herunterhängen, die Hände liegen dabei schulterbreit auseinander. Das Gewicht durch Armbeugen an die Schultern ziehen, eine Sekunde halten, dann in die Ausgangsposition zurückkehren.

Der einfachste und effektivste Trainingsplan Ihres Lebens

Variante für zu Hause

Die gleiche Übung, nur mit Kurzhanteln.

Beincurl

Sie liegen bäuchlings auf dem Beincurler und schieben die Fußgelenke unter die Rollen. Bauch und Becken verharren auf der Bank, während Sie die Füße langsam auf das Gesäß zubewegen und dabei das Gewicht anheben. Ziehen Sie die Füße so hoch, bis sie fast das Gesäß berühren, dann langsam in die Ausgangsposition zurückkehren.

Variante für zu Hause

Legen Sie sich bäuchlings auf den Boden und nehmen Sie eine leichte Hantel so zwischen die Füße, dass das obere Ende auf den Fußsohlen ruht. Füße zusammendrücken und zum Gesäß ziehen.

Ausfallschritt mit Langhantel

Halten Sie eine Langhantel im klassischen Griff so, dass sie bequem auf dem oberen Rücken ruht. Die Füße stehen hüftbreit auseinander. Beginnen Sie an einem Ende des Raumes – Sie brauchen ausreichend Platz für 20 große Schritte. Treten Sie mit dem linken Fuß vor und gehen Sie soweit in die Knie, dass sich der linke Oberschenkel parallel zum Boden und der rechte Oberschenkel senkrecht zum Boden befindet. Das rechte Knie sollte gebeugt sein und beinahe den Boden berühren. Aufrichten, den rechten Fuß neben den linken setzen und mit Ausfallschritt rechts fortfahren.

Variante für zu Hause

Nehmen Sie in jede Hand eine Kurzhantel und lassen Sie die Arme neben dem Körper herunterhängen. Fahren Sie fort, wie in der Übung »Ausfallschritt mit Langhantel« beschrieben. Wenn der Platz nicht ausreicht, können die Schritte auch ohne Fortbewegung ausgeführt werden. Bei jedem Schritt die Beine wechseln.

Treppensteigen

Verwenden Sie einen Stepper oder eine Bank mit 45 cm Tritthöhe. Setzen Sie den linken Fuß auf die Stufe, so dass das Knie im 90-Grad-Winkel gebeugt ist und nicht über die Zehen des linken Fußes hinausragt. Mit dem linken Bein hochstemmen und mit geradem Rücken den rechten Fuß auf die Stufe heben. Jetzt erst mit dem linken, dann mit dem rechten Fuß herabsteigen. Die Füße wechseln oder erst alle Wiederholungen mit einem Fuß, dann mit dem anderen durchführen. Sobald Sie die Übung gut beherrschen, können Sie dabei Kurzhanteln tragen.

Variante für zu Hause

Die gleiche Übung, nur an einer Treppenstufe (wenn Sie keinen Stepper besitzen).

Intervalltraining

Steter Tropfen höhlt den Stein, aber beim Herz-Kreislauf-Training ist Intervalltraining – also ein Training, bei dem intensive Phasen mit weniger anstrengenden Phasen abwechseln – der Schlüssel zur Fettverbrennung. Wie bereits erwähnt, hält dieses Vorgehen die Kalorienverbrennung noch lange nach dem Ende des Trainings in Gang. Das Intervalltraining ist echtem Sport am ähnlichsten, wo man ständig zwischen Start-und-Stopp-Bewegungen oder kurzen Sprints und leichtem Joggen oder Ruhephasen wechselt. Intervalltraining kann auf beliebige Art betrieben werden – beim Laufen, Radfahren oder Schwimmen, an Geräten oder sogar beim Spazierengehen, wenn man abwechselnd schnell und langsam läuft. Auch die Intensität kann ganz nach Wunsch variieren. Für den Anfang finden Sie hier drei Optionen für den Trainingsaufbau. (Wenn Sie an Maschinen trainieren, wählen Sie NICHT das Intervalltraining, sondern stellen Sie manuell die gewünschte Stufe ein. Damit haben Sie eine bessere Kontrolle über die Geschwindigkeiten, und die Fettverbrennung ist intensiver.) Am Anfang profitieren Sie schon von nur 20 Minuten Intervalltraining. Wenn Sie dann mehr Kraft und Ausdauer haben, können Sie die Zeit weiter ausdehnen.

Intervalltraining Variante I: **Standard**

Beim Standard-Intervalltraining ist der Zeitraum geringer Intensität genauso lang wie der Zeitraum größerer Anstrengung.

- 3 bis 5 Minuten Aufwärmen (leichtes Joggen, wenig anstrengend, am Ende der Aufwärmphase langsam anziehend)
- 1 Minute mäßiges bis anstrengendes Training, gefolgt von 1 Minute leichtem Training (6- bis 8-mal wiederholen)
- 3 bis 6 Minuten Abwärmen (leichtes Joggen, wenig anstrengend, gegen Ende der Abwärmphase immer langsamer werdend)

Intervalltraining Variante II: **Pyramide**

Die Pyramidenstruktur gestattet anfängliche kurze Intensivphasen, die zur Mitte des Trainings hin länger werden, ehe sie langsam wieder zurückgehen.

- 3 bis 5 Minuten Aufwärmen
- 30 Sekunden intensiv
- 1 Minute langsam
- 45 Sekunden intensiv
- 1 Minute langsam
- 60 Sekunden intensiv
- 1 Minute langsam
- 90 Sekunden intensiv
- 1 Minute langsam

- 60 Sekunden intensiv
- 1 Minute langsam
- 45 Sekunden intensiv
- 1 Minute langsam
- 30 Sekunden intensiv
- 3 bis 5 Minuten Abwärmen

Intervalltraining III: **für Sportler**
Die Anforderungen im Sport sind häufig unvorhersehbar. Dieses Intervalltraining simuliert einen Teil dieser Unvorhersehbarkeit, indem unterschiedliche Zeitspannen und unterschiedliche Trainingsstufen miteinander kombiniert werden, wobei Reihenfolge und Anzahl der Wiederholungen beliebig gewählt werden können. Nach den anstrengendsten Phasen sollten längere Pausen eingelegt werden.

- 3 bis 5 Minuten Aufwärmen
- 2 Minuten mäßiges bis anstrengendes Training, gefolgt von 2 Minuten leichtem Training (1-mal wiederholen)
- 30 Sekunden anstrengendes Training, gefolgt von 30 Sekunden leichtem Training (4-mal wiederholen)
- 60-Meter-Sprints (oder 10 Sekunden große Anstrengung), gefolgt von 90 Sekunden Pause (6- bis 10-mal wiederholen)
- 3 bis 5 Minuten Abwärmen

Kapitel 13
Das Bauchmuskeltraining

56 Übungen für die Bauchmuskeln

Auf dem College hatte ich einen Freund, der behauptete, den Schlüssel zum Waschbrettbauch zu kennen: »Man braucht nur einen Monat lang 1000 Crunches pro Tag zu machen.« So wie er das sagte, klang es absolut überzeugend. Wenn man die Disziplin aufbrächte, seinen Bauchmuskeln jeden Tag so viel Zeit und Aufmerksamkeit zu widmen, hätte man irgendwann einen Bauch wie aus Marmor gemeißelt. Mein Freund vertrat die Ansicht, es komme letztlich alles auf die Menge und die Disziplin an, und verstieg sich zu der Aussage, dass der Crunch als Ikone der Bauchübungen nicht nur Muskeln aufbaue, sondern auch das Allheilmittel gegen jegliche Gewichtsprobleme sei. Jahre hemmungsloser Pizza-, Burger- und Sauforgien ließen sich einfach wegcrunchen.

In fast jeder Hinsicht war mein Freund allerdings auf dem Holzweg. Zum einen verbrennt ein Crunch kein Fett. Außerdem bauen sich keine Bauchmuskeln auf, wenn die immer gleiche Übung wiederholt wird, und dies auch noch Tag für Tag. Und dann täglich 1000 Mal? Wirklich nicht! Doch in einem Punkt hatte er Recht: Wer durch Bauchmuskeln stärker und gesünder werden und zudem noch besser aussehen will,

Wiederbegegnung mit der Bauchmuskulatur

Ihre Bauchmuskeln ähneln einer Gruppe Spezialisten im Betrieb: Je härter sie arbeiten, desto besser für die Firma – und umgekehrt. Denn man braucht seine Bauchmuskeln bei praktisch jeder wichtigen Bewegung wie Heben, Rennen und Springen oder auch beim Bücken am Kopierer. Je stärker also die Bauchmuskeln sind, desto länger und besser halten Sie durch. Hier eine kurze Beschreibung der Bauchmuskel-Anatomie:

Rectus abdominis (gerader Bauchmuskel). Das ist der Muskel, der dem Oberkörper hilft, sich zusammenzuziehen (wie beim Crunch), und zugleich für eine gute Haltung sorgt. Wer sich Bauchmuskeln vorstellt, denkt an diesen Muskel.

Äußere schräge Bauchmuskulatur. Diese Muskeln beginnen an den Rippen und verlaufen von den Seiten her schräg über den Bauch. Sie sind an jeder Bauchbewegung beteiligt, besonders an Drehungen wie beim Golf, beim Tennis oder beim Hockey. Nicht einmal die Bauchpresse (Crunch) für den Rectus abdominis wäre ohne eine stabilisierende, starke Kontraktion der schrägen Bauchmuskulatur möglich.

Innere schräge Bauchmuskulatur. Diese Muskeln befinden sich zwischen Brustkorb und äußeren schrägen Bauchmuskeln und verlaufen ebenfalls seitlich am Bauch diagonal nach unten. Auch die inneren schrägen Bauchmuskeln sind an der Rumpfdrehung beteiligt, ebenso am tiefen Ein- und Ausatmen.

Transversus abdominis (querer Bauchmuskel). Dieser dünne Muskel verläuft horizontal um den Bauch herum und gilt als »Gürtel«, durch dessen Druck die Bauchorgane zusammengehalten werden.

muss daran arbeiten. Und das erfordert Disziplin – wenn auch weniger, als Sie vielleicht glauben.

Auch wenn die Muskeln in der Körpermitte stets als Einheit arbeiten, ist es hilfreich, sich den Bauchraum in Regionen aufgeteilt vorzustellen: Die drei sichtbaren Regionen sind die oberen Bauchmuskeln, die unteren Bauchmuskeln und die äußeren schrägen Bauchmuskeln (seitlicher Bauchbereich). Es gibt aber noch einige weitere Muskeln am unteren Rücken und horizontal verlaufend im inneren Bauchbereich, die wie die drei anderen Bereiche gestärkt werden sollten, um den Bauch zu kräftigen und die Körpermitte zu stützen.

Diese Muskeln sind alle bereits vorhanden – man muss sie nur wieder aktivieren! Deshalb haben zwei Dinge Priorität: Die Ernährungsregeln und das Training zur Fettverbrennung. Sobald das Fett abgebaut ist, können die Bauchmuskeln wachsen und sichtbar werden. Im Gegensatz zur Aussage meines Freundes entsteht ein Waschbrettbauch allerdings nicht durch tägliches Bauchmuskeltraining. Wenn Sie dagegen die nachstehenden Regeln befolgen, ist Ihnen der Erfolg sicher.

Die Bauchmuskeln sollten zwei- bis dreimal pro Woche gezielt trainiert werden. Bauchmuskeln sind ganz normale Muskeln, die im Ruhezustand wachsen, während sie bei täglicher Beanspruchung buchstäblich keine Zeit haben, kräftiger zu werden. Die kräftigsten Bauchmuskeln entstehen bei zwei- bis dreimaligem Training pro Woche, wobei ich empfehle, die Bauchmuskelübungen am Anfang des Trainings durchzuführen. Denn wenn Sie diese für das Ende aufsparen, steigt die Wahrscheinlichkeit, dass Sie mogeln und die Übungen abkürzen oder erleichtern.

Den ganzen Bauch anregen. Es müssen fünf Regionen angesprochen werden. Jede Trainingseinheit sollte eine Übung pro Region enthalten, damit die gesamte Bauchmuskulatur erreicht wird.

Jedes Mal neue Übungen wählen. Im Übungsteil sind 56 Übungen für den Bauch vorgestellt, von denen Sie pro Training fünf auswählen. Die Abwechslung ist sehr sinnvoll, denn dadurch können sich die Bauchmuskeln nicht zu sehr ausruhen, sondern erhalten mit jedem Training einen Wachstumsanreiz.

Zirkeltraining durchführen. In der ersten Trainingswoche empfehle ich eine Trainingseinheit (zehn bis 15 Wiederholungen je nach Übung). In der zweiten und dritten Woche können auf

Wunsch zwei Einheiten durchgeführt werden, wobei das Zirkeltraining allerdings beibehalten werden sollte. Das bedeutet, jede Trainingseinheit wird einmal ausgeführt, ehe die erste wiederholt werden darf. Später können Sie auch drei Durchgänge machen, doch auch dann sollte das Bauchmuskeltraining nicht mehr als fünf Minuten in Anspruch nehmen.

Langsam vorgehen. Jede Wiederholung einer Bauchübung sollte vier bis sechs Sekunden dauern. Wenn Sie schneller vorgehen, verlassen Sie sich möglicherweise auf den Schwung anstatt auf die Muskelarbeit. Je langsamer die Übung durchgeführt wird, desto stärker die Wirkung. Je stärker die Wirkung, desto straffer der Bauch.

In diesem Kapitel werden 56 Übungen vorgestellt, die Ihnen die freie Wahl lassen. Damit kommt keine Langeweile auf, und die Bauchmuskeln werden auf die effektivste mögliche Weise angeregt. Dieser Teil des Trainings wird Ihre Bauchmuskeln wieder zum Vorschein bringen, und das ist ein Gewinn, den keine Waage der Welt anzeigen kann.

Tipps zur Durchführung

Wählen Sie je eine Übung aus jeder der unten aufgeführten Gruppen und machen Sie die angegebene Anzahl Wiederholungen. Nach dem ersten vollständigen Durchgang wird das gesamte Training wiederholt.

Achtung: Viele Übungen sprechen unterschiedliche Bauchmuskeln an, wobei jede Gruppierung dem hauptsächlich beanspruchten Bereich entspricht. Die Angaben zum jeweiligen Schwierigkeitsgrad einer Übung können Ihnen bei der Anpassung des Trainings helfen, sobald Sie kräftiger geworden sind. Halten Sie bei jeder Übung am Ende der Bewegung kurz inne, ehe Sie in die Ausgangsposition zurückkehren. Wenn nicht anders angegeben, zählt dies als eine Wiederholung.

Das Bauchmuskeltraining

▶ Oberer gerader Bauchmuskel

▶ Unterer gerader Bauchmuskel

▶ Äußere schräge Bauchmuskeln

▶ Innere schräge Bauchmuskeln

▶ Untere Rückenmuskulatur

Oberer gerader Bauchmuskel

Klassischer Crunch

Rückenlage mit gebeugten Knien und den Händen hinter den Ohren. Langsam aufrichten, bis die Schulterblätter sich vom Boden lösen. [Anfänger]
12 bis 15 Wiederholungen

Crunch im Stehen

Befestigen Sie eine Schlaufe am Seilzug. Stellen Sie sich rücklings zum Turm und halten Sie die Seilenden in Ohrenhöhe, während Sie die Bauchpresse abwärts durchführen. [Anfänger]
12 bis 15 Wiederholungen

56 Übungen für die Bauchmuskeln

Gerader Crunch mit angehobenen Füßen

Rückenlage mit gebeugten Knien und den Händen hinter den Ohren. Heben Sie die Füße wenige Zentimeter über den Boden und behalten Sie diese Position bei. Während des Crunchs und der Rückkehr in die Ausgangsposition bleiben die Füße angehoben. [Anfänger bis mäßig Fortgeschrittene]
12 bis 15 Wiederholungen

Crunch auf der Schrägbank

Rückenlage auf der Schrägbank. Die Füße sind unter den Rollen fixiert, die Fingerspitzen liegen hinter den Ohren. Heben Sie die Schulterblätter von der Bank. Der Unterkörper bleibt flach auf der Bank liegen. Die Bewegungen dürfen nicht ruckartig oder unter Schwungausnutzung durchgeführt werden. Die Anspannung eine Sekunde halten. [Anfänger bis mäßig Fortgeschrittene]
12 bis 15 Wiederholungen

56 Übungen für die Bauchmuskeln

Bauchpresse am tiefen Block

Befestigen Sie eine Schlaufe am tiefen Block. Sie liegen auf dem Boden, den Kopf nahe am tief liegenden Seilzug. Die Knie sind gebeugt, die Füße stehen flach auf dem Boden. Halten Sie die Schlaufe so, dass das Ende des Seilzugs am Nackenansatz liegt. Crunch in Richtung Becken mit Anheben der Schulterblätter um einige Zentimeter. [Mäßig Fortgeschrittene bis Fortgeschrittene]
12 bis 15 Wiederholungen

Crunch mit Zusatzgewicht

Rückenlage mit gebeugten Knien. Dabei halten Sie ein Gewicht oder eine Hantel auf der Brust fest. Langsam zum Crunch aufrichten und die Schulterblätter vom Boden anheben. Das Gewicht allmählich erhöhen. [Mäßig Fortgeschrittene bis Fortgeschrittene]

12 bis 15 Wiederholungen

Crunch mit gestreckten Armen und Hanteln

Rückenlage mit gebeugten Knien. Jede Hand hält eine leichte Kurzhantel. Die Arme liegen nach hinten gestreckt über dem Kopf. Crunch zum Becken hin ausführen, ohne dabei mit den Armen Schwung zu holen. [Mäßig Fortgeschrittene bis Fortgeschrittene]

12 bis 15 Wiederholungen

Zu den Zehen strecken

Sie liegen auf dem Rücken. Die Beine sind senkrecht über der Hüfte nach oben gestreckt, die Knie leicht gebeugt. Die Arme zeigen senkrecht nach oben, Kopf und Schultern sind entspannt. Mit Hilfe der oberen Bauchmuskulatur den Brustkorb in Richtung Becken anheben, Schulterblätter vom Boden heben und die Finger zu den Zehen recken. Eine Sekunde halten, die Schultern ablegen und wiederholen. [Mäßig Fortgeschrittene bis Fortgeschrittene]
12 bis 15 Wiederholungen

Crunch mit Medizinball

Eine verstellbare Trainingsbank im 45-Grad-Winkel nach hinten neigen. Mit dem Kopf nach unten darauf legen und die Füße unter den Rollen verankern. Beim Hinlegen einen Medizinball über der Brust halten. Beim Hochkommen den Ball senkrecht über der Brust leicht hochwerfen. Auf dem Höhepunkt der Bewegung auffangen, ablegen und wiederholen. [Fortgeschrittene]
12 bis 15 Wiederholungen

Das Bauchmuskeltraining

Sizilianischer Crunch

Beide Füße unter den Griffen schwerer Kurzhanteln verankern. Ein Handtuch unter den Lendenwirbelbereich schieben und eine Kurzhantel quer auf die Brust legen. Den Oberkörper mittels Bauchpresse so hoch wie möglich aufrichten. Auf dem Höhepunkt der Bewegung die Arme ausstrecken und die Hantel über den Kopf heben. Dort halten und den Körper innerhalb von vier Sekunden in die Ausgangsposition zurückführen. [Fortgeschrittene]
10 Wiederholungen

Unterer gerader Bauchmuskel

Knieheben im Liegen

Rückenlage mit den Händen neben dem Gesäß flach auf dem Boden. Kopf und Hals sind entspannt, die Füße stehen flach auf dem Boden. Mit Hilfe der Unterbauchmuskulatur die Knie in Richtung Brustkorb anheben, dann langsam wieder in die Ausgangsposition zurückführen. Sobald die Füße den Boden berühren, wiederholen. [Anfänger]

12 Wiederholungen

Hüftheben im Liegen

Die Hände liegen unter dem Steißbein. Die Beine ragen senkrecht zum Oberkörper nach oben. Ziehen Sie den Nabel ein und spannen Sie die Gesäßmuskeln an, während Sie die Hüfte einige Zentimeter vom Boden abheben. Dann die Hüfte wieder absenken. [Anfänger]

12 Wiederholungen

Knieheben an der Stange

Sie hängen lang ausgestreckt an einer Klimmzugstange. Die Handflächen weisen nach vorne, die Hände sind etwas mehr als schulterbreit auseinander. Die Füße dürfen leicht den Boden berühren. Die Knie in Richtung Brust ziehen, dabei am Ende das Becken aufwärts kippen. Sobald Sie zwölf Wiederholungen schaffen, können Sie den Schwierigkeitsgrad erhöhen, indem Sie die Übung mit ausgestreckten Beinen durchführen oder einen Medizinball zwischen die Knie klemmen. [Anfänger bis mäßig Fortgeschrittene]
12 Wiederholungen

Crunch im Sitzen

Sie sitzen auf der Kante eines stabilen Stuhls oder einer Trainingsbank. Die Hände liegen vor dem Gesäß und umfassen die Sitzkante. Leicht zurücklehnen und die Beine vorwärts abwärts strecken, bis die Fersen 10 bis 15 cm über dem Boden schweben (Ausgangsposition). Die Knie beugen und langsam in Richtung Brust ziehen, gleichzeitig den Oberkörper etwas aufrichten und dadurch die Brust in Richtung Oberschenkel schieben. [Anfänger bis mäßig Fortgeschrittene]
12 Wiederholungen

Käfercrunch ohne Arme

Rückenlage mit den Armen an den Seiten und den Handflächen auf dem Boden neben dem Gesäß. Den unteren Rücken an den Boden drücken, die Beine ausstrecken und etwa acht Zentimeter anheben. Der untere Rücken verharrt am Boden, während Sie das linke Knie zur Brust ziehen. Das rechte Bein schwebt dabei weiter über dem Boden. Halten, dann das linke Bein in die Ausgangsposition zurückbringen und mit dem rechten Bein wiederholen. Während der ganzen Übung die Bauchmuskeln anspannen. [Mäßig Fortgeschrittene]
8 bis 12 Wiederholungen pro Bein

Achtercrunch

Rückenlage, die Knie sind im 90-Grad-Winkel angezogen, die Füße liegen flach auf dem Boden, die Knie halten einen leichten Medizinball fest, die Hände liegen unter den Ohren. Langsam Kopf, Schultern und Füße vom Boden heben und mit den Knien eine große Acht schreiben, erst dreimal in die eine Richtung, dann dreimal in die andere. [Mäßig Fortgeschrittene]
6 Wiederholungen

Scherenflattern

In Rückenlage beide Füße etwa 30 cm vom Boden abheben und die Beine scherenartig übereinander bewegen. [Mäßig Fortgeschrittene]
20 Wiederholungen

Das Bauchmuskeltraining

Knieheben mit Gymnastikball

Sie liegen rücklings auf einem Gymnastikball. Die Hüfte ist etwas tiefer als die Schultern. Halten Sie sich hinten an einem festen Gegenstand fest (Bank oder Tisch). Die Beine heben und so anwinkeln, dass die Füße vom Boden abgehoben sind und die Unterschenkel geradeaus zeigen (schwieriger wird die Übung mit gestreckten Beinen). Die Knie mit Hilfe der Bauch- und Hüftmuskulatur in Richtung Brust heben. [Mäßig Fortgeschrittene]
12 Wiederholungen

Reverse Crunch mit Medizinball

Sie liegen rücklings auf einer schräg gestellten Trainingsbank, die Hüften unterhalb des Kopfes. Die Knie sind im 90-Grad-Winkel angezogen und halten einen kleinen Medizinball, das Gesäß liegt flach auf der Bank. Die Hüfte aufwärts und einwärts in Richtung Brustkorb ziehen, sodass die Beine sich heben, ohne dabei die Schultern von der Bank zu lösen. Die Knie bleiben dabei im 90-Grad-Winkel. [Mäßig Fortgeschrittene bis Fortgeschrittene]
12 Wiederholungen

Wegtreten im Liegen

Rückenlage mit über der Brust gekreuzten Armen. Die Beine sind ausgestreckt, die Füße vom Boden abgehoben. Abwechselnd die Beine anziehen und kräftig nach vorn treten, ohne dass die Füße den Boden berühren. (Wenn sich bei dieser Übung das Kreuz meldet, dabei den Kopf anheben und das Kinn an die Brust ziehen.) [Mäßig Fortgeschrittene bis Fortgeschrittene]

10 Wiederholungen pro Seite

Schräge Bauchmuskulatur

Seitliches Oberkörperheben

Seitenlage mit gerade ausgestrecktem Körper, die Arme sind vor der Brust gekreuzt. Die geschlossenen Beine vom Boden heben und gleichzeitig den oberen Ellenbogen in Richtung Hüfte schieben. Es ist nur eine geringfügige Bewegung, die jedoch deutlich an der schrägen Bauchmuskulatur zu spüren sein sollte. [Anfänger]
10 Wiederholungen pro Seite

Seitliches Oberkörperbeugen

Leichte Kurzhanteln parallel zu den Schultern über den Kopf halten, die Ellenbogen sind leicht gebeugt. Mit geradem Rücken langsam möglichst weit zur linken Seite neigen, ohne dabei den Oberkörper zu verdrehen. Nach einer Pause in die Senkrechte zurückkehren, dann so weit wie möglich zur rechten Seite neigen. [Anfänger bis mäßig Fortgeschrittene]
6 bis 10 Wiederholungen pro Seite

Seitwendung mit Hantel

Im Stehen mit beiden Händen eine Kurzhantel vor den Oberbauch halten und sich zuerst 90 Grad nach rechts, dann 180 Grad nach links drehen. Die Übung rasch und mit angespannten Bauchmuskeln durchführen, in die Ausgangsposition zurückkehren und die Startseite wechseln. [Mäßig Fortgeschrittene]
10 Wiederholungen pro Seite

Holzhacken beidhändig

Im Stehen eine Kurzhantel mit beiden Händen in Höhe des rechten Ohres halten. Die Bauchmuskeln anspannen und den Oberkörper beim Ausstrecken der Arme nach links drehen, dabei die Hantel vor die Außenseite des linken Knies führen. Wieder anheben, in die Ausgangsposition zurückkehren und auf der anderen Seite wiederholen. [Mäßig Fortgeschrittene]
10 Wiederholungen

Rumpfdrehen mit Medizinball

Einen Medizin- oder Basketball im Knien vor den Körper halten, die Fußspitzen berühren den Boden. Rasch nach links drehen und den Ball hinter dem Rücken ablegen, dann nach rechts drehen und den Ball aufheben. Wieder nach links drehen und erneut ablegen. Wiederholen. Auf der rechten Seite ebenso oft beginnen wie auf der linken. [Mäßig Fortgeschrittene bis Fortgeschrittene]
10 Wiederholungen pro Seite

Klappmesser seitlich

Linke Seitenlage, die Beine sind möglichst gestreckt und leicht angehoben, der Oberkörper wird mit dem linken Unterarm auf dem Boden abgestützt, um das Gleichgewicht zu halten. Die andere Hand liegt hinter dem rechten Ohr, der Ellenbogen weist in Richtung Füße. Die Beine in Richtung Oberkörper anheben, ohne dessen Position zu verändern. Kurz innehalten, um die rechtsseitige Spannung wahrzunehmen, die Beine langsam ablegen und wiederholen. Erst alle Wiederholungen auf dieser Seite, dann auf der anderen Seite durchführen. [Mäßig Fortgeschrittene bis Fortgeschrittene]
10 Wiederholungen pro Seite

Querer Bauchmuskel

Unterarmliegestütz

Liegestützposition, bei der das Gewicht jedoch auf den Unterarmen anstatt auf den Händen lastet. Der Körper sollte von den Schultern bis zu den Fußgelenken eine gerade Linie bilden. Den Bauch einziehen, als könnte der Nabel die Wirbelsäule berühren. 20 Sekunden halten, dabei gleichmäßig weiteratmen. Mit wachsender Ausdauer können Sie die Haltezeit bis auf 60 Sekunden steigern. [Anfänger bis mäßig Fortgeschrittene]

1 bis 2 Wiederholungen

Seitlicher Unterarmstütz

Seitenlage (zuerst auf die schwächere Seite legen), und das Gewicht mit dem Unterarm und der Außenseite des Fußes abstützen. Der Körper sollte vom Kopf bis zu den Fußgelenken eine gerade Linie bilden. Den Bauch so tief wie möglich einziehen und diese Position 10 bis 30 Sekunden halten. Gleichmäßig weiteratmen. Wenn Sie 30 Sekunden schaffen, können Sie die Übung einmal wiederholen. Sonst können Sie versuchen, die Übung so oft zu wiederholen, bis Sie insgesamt 30 Sekunden erreicht haben. Auf die andere Seite wechseln. [Anfänger bis mäßig Fortgeschrittene]
1 bis 2 Wiederholungen pro Seite

Liegestütz mit diagonaler Arm-Bein-Hebung

Liegestützposition. Gleichzeitig den rechten Arm und das linke Bein vom Boden heben und drei bis fünf Sekunden halten (ein Durchgang). In die Ausgangsposition zurückkehren und mit dem linken Arm und dem rechten Bein wiederholen. [Mäßig Fortgeschrittene]

6 bis 10 Wiederholungen pro Seite

Negativcrunch

Sie sitzen mit geradem Oberkörper auf dem Boden. Die Knie sind gebeugt, die Füße stehen schulterbreit auseinander flach auf dem Boden. Die Finger sind verschränkt und die Arme ausgestreckt, sodass die Handflächen in Richtung Knie zeigen. Den Körper nach hinten neigen, dabei vom Kreuz her leicht einrollen und die Bauchmuskeln anspannen. Sobald der Oberkörper im 45-Grad-Winkel zum Boden steht, in die Ausgangsposition zurückkehren. Um das Gleichgewicht besser zu halten, die Füße während der Übung eventuell unter zwei Hanteln schieben. [Mäßig Fortgeschrittene]
10 Wiederholungen

Unterarmliegestütz am Gymnastikball

Liegestützposition, bei der beide Unterarme auf einem Gymnastikball ruhen. Die Zehen stehen auf dem Boden, der Körper bildet eine gerade Linie. Den Bauch einziehen, als ob der Bauchnabel an die Wirbelsäule gelangen müsste, und 20 Sekunden halten, dabei gleichmäßig weiteratmen. Mit zunehmender Ausdauer bis auf 60 Sekunden Haltezeit steigern. [Mäßig Fortgeschrittene bis Fortgeschrittene]

1 bis 2 Wiederholungen

Das Bauchmuskeltraining

Beine anziehen mit Gymnastikball

Liegestützposition, die Hände liegen etwas mehr als schulterbreit auseinander parallel zu den Schultern auf dem Boden. Füße und Schienbeine liegen auf einem Gymnastikball, die Arme sind senkrecht zum Boden und der Rücken ist flach, sodass der Körper von den Schultern bis zu den Fußgelenken eine gerade Linie bildet. Den Ball mit den Beinen in Richtung Brust rollen. Nach einer kurzen Pause durch Strecken der Beine in die Ausgangsposition zurückkehren und dabei den Ball zurückrollen.
[Mäßig Fortgeschrittene bis Fortgeschrittene]
5 bis 10 Wiederholungen

Bodendrücker mit Handtuch

Sie knien auf einem Handtuch oder einer Matte auf einem glatten Fliesen- oder Holzboden. Legen Sie ein zweites Handtuch vor sich hin und setzen Sie die Hände darauf. Das Handtuch vorwärts so weit vor sich über den Boden schieben, bis der Körper vollständig ausgestreckt ist und es aussieht, als würden Sie tauchen. Langsam wieder in die Ausgangsposition zurückkommen. [Fortgeschrittene]
5 bis 10 Wiederholungen

Bodendrücker mit Langhantel

Eine Langhantel mit zwei 2,25-kg-Gewichten bestücken. Auf einer Übungsmatte oder auf einem Handtuch direkt über der Stange knien und diese schulterbreit mit den Handrücken nach oben umfassen. Die Langhantel nach vorne rollen, ohne die Knieposition dabei zu verändern, nur Hüften, Rumpf und Arme bewegen sich nach vorne. Die Arme straff gespannt halten und so weit wie möglich vorrollen. Weder sollte der Rücken schmerzen, noch sollte ein anderer Körperteil oberhalb der Knie den Boden berühren. Kurz innehalten und in die Ausgangsposition zurückkehren. [Fortgeschrittene]
5 bis 10 Wiederholungen

Untere Rückenmuskulatur

Rückenstrecken

Diese Übung wird am Rückenstrecker ausgeführt. Die Füße unter den Rollen verankern und die Arme nach vorne strecken, sodass der Körper von den Händen bis zu den Hüften eine gerade Linie bildet. Den Oberkörper senken, dabei den unteren Rücken rund werden lassen, bis der Oberkörper fast senkrecht zum Boden hängt und der Rücken leicht gebeugt ist. Die Schulterblätter sind dabei zusammengezogen. Nach einer Sekunde Pause wiederholen. [Anfänger bis mäßig Fortgeschrittene]

12 bis 15 Wiederholungen

Gedrehtes Rückenstrecken

Die Übung wird am Rückenstrecker ausgeführt. Die Füße unter den Rollen verankern, die Finger dicht hinter oder über die Ohren legen. Den Oberkörper so weit senken, bis er fast senkrecht über dem Boden hängt und der untere Rücken rund ist. Den Oberkörper wieder anheben und dabei nach links drehen, bis er etwas höher als parallel zum Boden ist. Nach einer kurzen Pause erneut absenken und mit einer Rechtsdrehung wiederholen. [Mäßig Fortgeschrittene]
12 bis 15 Wiederholungen

Durchstarten auf Gymnastikball

Bauchlage auf einem Gymnastikball, die Hüften liegen auf dem Ball, der Rumpf darüber ist gerundet. Die Oberarme anheben, sodass sie eine Linie mit dem übrigen Körper bilden, und die Ellenbogen rechtwinklig beugen, dabei zeigen die Finger geradeaus, die Ellenbogen nach hinten. Langsam den Rücken gerade aufrichten, bis die Brust sich vollständig vom Ball hebt, die Arme nach vorne strecken und diese Position halten. Beim Wiederablegen des Oberkörpers auch die Arme zurückziehen. [Mäßig Fortgeschrittene]
12 bis 15 Wiederholungen

Rückenschwimmen im Crunch

Rückenlage mit gebeugten Knien, die Füße stehen flach auf dem Boden. Auch der untere Rücken liegt flach auf dem Boden. Mit einem Crunch die Schultern so weit wie möglich vom Boden abheben und die Arme abwechselnd wie beim Rückenschwimmen nach hinten drehen. Der Oberkörper wendet sich dabei dem Arm zu, der jeweils bewegt wird. Die Übung bis zu fünfmal mit jeweils 45 Sekunden Dauer und wechselnden Armen wiederholen. Je höher die Brust vom Boden gehoben wird, desto besser die Wirkung. Wenn die Bewegung zu einfach wird, kann sie mit leichten Hanteln durchgeführt werden. [Mäßig Fortgeschrittene bis Fortgeschrittene]

1 bis 5 Wiederholungen

Die 18 Bauch-weg-Zeitsparer!

Sie wollen ein noch kürzeres, aber ebenso effektives Training? Die folgenden 18 Übungen beanspruchen jeweils zwei bis drei Bauchregionen gleichzeitig, sodass Sie Ihren Trainingsplan entsprechend straffen können.

Gedrehter Crunch

Bereich: Obere gerade und schräge Bauchmuskeln
Rückenlage mit gebeugten Knien, die Hände liegen hinter den Ohren. Die Schulterblätter mit einem Crunch vom Boden abheben und den Oberkörper so weit nach links drehen, dass die linke Armbeuge zur rechten Hüfte weist. Wieder in die Mitte zurückkehren und nach rechts drehen. [Anfänger]
8 Wiederholungen pro Seite

Gerader Crunch mit angezogenem Knie

Bereich: Obere und untere gerade Bauchmuskeln

Rückenlage mit gebeugten Knien. Die Finger berühren seitlich den Kopf, die Ellenbogen sind gebeugt. Kopf, Schulterblätter und Gesäß mit einem Crunch vom Boden abheben, dabei das linke Knie in Richtung Brust ziehen. Oberkörper und Bein wieder ablegen und mit dem rechten Bein wiederholen. [Anfänger bis mäßig Fortgeschrittene]

10 Wiederholungen pro Seite

Kreuzcrunch

Bereich: Obere gerade und schräge Bauchmuskeln
Rückenlage, die Hände liegen leicht gewölbt hinter den Ohren, die Ellenbogen weisen nach außen. Mit leicht gebeugten Knien einen Fuß über den anderen legen und die Beine so weit heben, bis die Oberschenkel senkrecht zum Boden stehen. Die rechte Schulter vom Boden abheben, bis der rechte Ellenbogen in Richtung des linken Knies deutet. In die Ausgangsposition zurückkehren und mit der linken Schulter wiederholen, sodass der linke Ellenbogen auf das rechte Knie zeigt. [Anfänger bis mäßig Fortgeschrittene]
8 Wiederholungen pro Seite

Crunch mit Stab

Bereich: Obere und untere gerade Bauchmuskeln

Rückenlage mit leicht angehobenen Beinen, ohne die Knie dabei durchzudrücken. Die Arme sind über dem Kopf nach hinten ausgestreckt und halten einen Besenstiel. Den Oberkörper mit einem Crunch aufrichten und dabei die Knie anziehen, sodass der Stab hinter die Knie gelangt. Kurz halten und in die Ausgangsposition zurückkehren. [Mäßig Fortgeschrittene]

12 Wiederholungen

Gedrehter Radlercrunch

Bereich: Obere und untere gerade Bauchmuskeln
Rückenlage mit gebeugten Knien, die Hände liegen hinter den Ohren. Die Beine wie beim Radfahren abwechselnd vorstoßen und zurückziehen, dabei den Oberkörper von einer Seite zur anderen drehen, sodass jeweils die Armbeuge (nicht der Ellenbogen) auf das gegenüberliegende Knie weist. [Mäßig Fortgeschrittene]
20 Wiederholungen

Einseitiger Crunch mit Hantel

Bereich: Obere gerade und schräge Bauchmuskeln
Rückenlage mit gebeugten Knien, die Füße stehen flach auf dem Boden. Beide Hände halten eine Hantel auf der rechten Schulter. Den Oberkörper anheben und nach links drehen. Langsam wieder ablegen, die Hantel über die linke Schulter legen und die Übung wiederholen. [Mäßig Fortgeschrittene]
8 Wiederholungen pro Seite

Beineheben an der Stange, seitlich

Bereich: Untere gerade und schräge Bauchmuskeln

Eine Klimmzugstange mit den Handflächen nach vorn umfassen und sich mit ausgestreckten Armen und angezogenen Knien daran hängen. Die linke Hüfte zur linken Armbeuge heben, bis die Unterschenkel sich fast parallel zum Boden befinden, die Knie bleiben dabei gebeugt. Nach einer kurzen Pause in die Ausgangsposition zurückkehren und die rechte Hüfte zur rechten Armbeuge heben. [Mäßig Fortgeschrittene]

10 Wiederholungen pro Seite

Knieheben an der Stange

Bereich: Untere gerade und schräge Bauchmuskeln

Sie hängen lang ausgestreckt an einer Klimmzugstange. Die Handflächen weisen nach vorn, die Hände sind etwas mehr als schulterbreit auseinander, die Füße berühren leicht den Boden. Das rechte Knie möglichst hoch zur linken Schulter heben, ohne dabei Schwung zu holen, da die Bewegungskraft aus den Bauchmuskeln kommen soll. Das Becken dabei leicht nach vorne schieben, aber nicht kippen. Eine Sekunde halten, wieder in die Ausgangsposition zurückkehren und das linke Bein in Richtung der rechten Schulter anheben. [Mäßig Fortgeschrittene]
8 bis 12 Wiederholungen pro Seite

Gedrehter Crunch am Seilzug

Bereich: Obere gerade und schräge Bauchmuskeln

Eine Schlaufe am oberen Seilzug befestigen, frontal vor dem Block knien und die Seilenden so fassen, dass die Handflächen zueinander zeigen. Die Seilenden liegen seitlich neben dem Gesicht, die Ellenbogen sind leicht gebeugt. Den Rumpf so nach vorn beugen, dass der Rücken sich rundet und die Brust zum Becken weist. Sobald die Bauchmuskeln sich anspannen, die Bewegung abbrechen und in die Ausgangsposition zurückkehren. Die Bewegung wiederholen, diesmal aber mit der Brust auf das linke Knie abzielen. Sobald die schräge Bauchmuskulatur der linken Seite sich anspannt, in die Ausgangsposition zurückkehren und die Bewegung nach der rechten Seite hin durchführen. Diese dreifache Bewegungsabfolge gilt als eine Wiederholung. [Mäßig Fortgeschrittene bis Fortgeschrittene]

8 Wiederholungen

Russentwist

Bereich: Obere gerade und schräge Bauchmuskeln
Sie sitzen auf dem Boden. Die Knie sind gebeugt, die Füße stehen flach auf dem Boden oder sind unter Gewichte geschoben, um das Gleichgewicht während der Übung leichter zu halten. Die Arme sind vor der Brust ausgestreckt, die Handflächen weisen nach unten. Den Oberkörper so weit zurücklehnen, dass er sich im 45-Grad-Winkel zum Boden befindet, möglichst weit nach links drehen, kurz innehalten und so weit wie möglich nach rechts drehen. Sobald Sie kräftiger sind, können Sie bei dieser Bewegung leichte Hanteln verwenden. [Mäßig Fortgeschrittene bis Fortgeschrittene]
10 Wiederholungen pro Seite

56 Übungen für die Bauchmuskeln

Zu den Zehen strecken beidseits

Bereich: Obere gerade und schräge Bauchmuskeln
Rückenlage. Die Beine weisen leicht zum V gespreizt nach oben, die Knie sind nicht durchgestreckt, Arme und Fingerspitzen sind zur Decke gerichtet. Die Schulterblätter anheben und mit beiden Händen zum rechten Fuß strecken, eine Sekunde halten, sich dabei auf die Bauchmuskeln konzentrieren und in die Ausgangsposition zurückkehren. Wiederholung zum linken Fuß hin; in der Ausgangsposition keine Pause einlegen. [Mäßig Fortgeschrittene bis Fortgeschrittene]
12 bis 15 Wiederholungen

Korkenzieher

Bereich: Untere gerade und schräge Bauchmuskeln

Rückenlage. Die Beine sind über die Hüften gehoben und stehen senkrecht zum Boden, die Knie sind nicht durchgestreckt. Die Hände liegen mit den Handflächen nach unten seitlich neben dem Körper. Mit Hilfe der unteren Bauchmuskeln die Hüfte vom Boden heben und in Richtung Brustkorb ziehen, gleichzeitig wie einen Korkenzieher rechtsherum nach oben drehen, kurz halten und in die Ausgangsposition zurückkehren. Die Bewegung mit einer Drehung nach links wiederholen. [Mäßig Fortgeschrittene bis Fortgeschrittene]

10 Wiederholungen

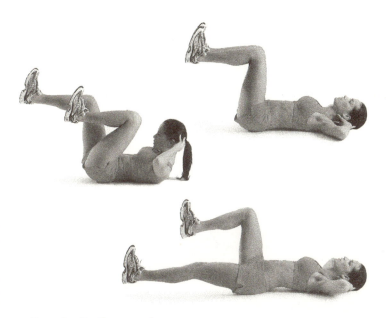

Gerader Radlercrunch

Bereich: Obere und untere gerade Bauchmuskeln

Rückenlage mit gebeugten Knien, die Oberschenkel weisen im 90-Grad-Winkel zur Decke, sodass die Füße in der Luft hängen. Die Hände hinter die Ohren legen und Kopf und Schultern mit einem Crunch vom Boden abheben, dabei gleichzeitig das linke Bein in Richtung Brust ziehen. Mit dem Strecken des linken Beins, das danach wenige Zentimeter über dem Boden schweben soll, den Oberkörper wieder ablegen. Die Übung wiederholen, aber dieses Mal beim Crunch das rechte Knie anziehen. Die Übung immer abwechselnd durchführen. [Fortgeschrittene]

10 Wiederholungen pro Seite

Das Bauchmuskeltraining

Gedrehter Crunch mit Medizinball

Bereich: Obere gerade und schräge Bauchmuskeln

Eine verstellbare Trainingsbank im 45-Grad-Winkel nach hinten neigen, darauf legen und die Füße unter die Rollen schieben. Einen Medizinball oder ein Gewicht auf die Brust legen. Beim Aufrichten nach links drehen und die Arme strecken, als sollte der Ball oder das Gewicht weggeworfen werden. Beim Ablegen zurückdrehen und die Arme wieder an die Brust ziehen. Die Übung nach der rechten Seite hin wiederholen. [Fortgeschrittene]

5 Wiederholungen pro Seite

Knieheben seitwärts mit Medizinball

Bereich: Untere gerade und schräge Bauchmuskeln

Rückenlage mit gebeugten Knien. Die Hände liegen hinter den Ohren, ein Medizinball klemmt zwischen den Knien, der untere Rücken liegt flach auf dem Boden. Die Bauchmuskeln anspannen und die Knie in Richtung Brust ziehen. Die Knie nach links legen, wieder nach oben ziehen und in die Ausgangsposition zurückkehren. Beim nächsten Durchgang die Knie nach rechts legen. Die Übung immer abwechselnd nach beiden Seiten hin ausführen. [Fortgeschrittene]

12 Wiederholungen

Doppelcrunch mit Medizinball

Bereich: Obere und untere gerade Bauchmuskeln

Rückenlage mit gebeugten Knien, die Hände ruhen über der Brust, ein Medizinball ist zwischen die Knie geklemmt. Beim Ausatmen die Schultern vom Boden heben und die Knie in Richtung Brust führen. Den Medizinball nehmen und beim Einatmen vor die Brust führen, während Schulter und Beine wieder in die Ausgangsposition zurückkehren. Beim nächsten Durchgang den Ball wieder zwischen die Knie klemmen und jedes Mal abwechseln. [Fortgeschrittene]

12 Wiederholungen

Klappmesser

Bereich: Obere und untere gerade Bauchmuskeln
Rückenlage mit ausgestreckten Armen und Beinen, Knie und Ellenbogen sind gestrafft. Oberkörper und Beine anheben und dabei die Finger zu den Zehen strecken. [Fortgeschrittene]
5 bis 10 Wiederholungen

Das Bauchmuskeltraining

Gedrehter Doppelcrunch

Bereich: Obere und untere gerade Bauchmuskeln sowie schräge Bauchmuskeln

Rückenlage mit gebeugten Knien. Die Füße stehen flach auf dem Boden, Kopf und Hals sind entspannt, die Hände liegen hinter den Ohren. Mit Hilfe der unteren Bauchmuskeln die Knie anheben und in Richtung der linken Schulter führen. Gleichzeitig mit Hilfe der oberen Bauchmuskeln die linke Schulter in Richtung des rechten Knies heben. Die Position eine Sekunde halten. Beine und Oberkörper in die Ausgangsposition bringen und die Übung nach der anderen Seite hin wiederholen. [Fortgeschrittene]

10 Wiederholungen pro Seite

Und so geht es weiter

Sie haben Ihr Ziel erreicht – das ist ein Grund zum Feiern! Allerdings kein Freibrief, ab heute wieder hemmungslos beim Essen zuzugreifen. Dennoch dürfen Sie aufatmen. Sie haben Ihrem Körper beigebracht, Fett abzubauen und in Muskeln umzuwandeln. Mit diesen Muskeln nimmt er Ihnen bereits eine Menge Arbeit ab, und so können Sie diesen Erfolg auch langfristig erhalten.

STICHWORT	DAS SOLLTEN SIE BEACHTEN
Ernährung	Sie haben sich umgestellt und können weiterhin sechs Mahlzeiten am Tag verzehren, wobei Sie sich wie bisher auf die Fitmacher konzentrieren sollten. Achten Sie auf die wichtigsten Inhaltsstoffe wie Eiweiß, Ballaststoffe und Kohlenhydrate aus Vollkornprodukten. Trinken Sie auch weiterhin regelmäßig Milchshakes und essen Sie keine Zwischenmahlzeit ohne Proteine.
Mogeln	Sie können von einer Mogelmahlzeit auf einen Mogeltag umschwenken, an dem Sie alles essen dürfen, was Sie mögen. Beschränken Sie sich jedoch auf diesen einen Tag. Das ist besser als etliche Mogelmahlzeiten an verschiedenen Tagen, denn es erhöht die Chance, insgesamt bei der Stange zu bleiben und gute Essgewohnheiten beizubehalten.

Und so geht es weiter

STICHWORT	DAS SOLLTEN SIE BEACHTEN
Training	Jetzt geht es um die Erhaltung der Muskeln. Sie können das Programm weiter befolgen, dürfen aber das Krafttraining auch auf ein- bis zweimal pro Woche und das Intervalltraining auf einmal pro Woche begrenzen. Forschungsergebnisse der Ball State University haben gezeigt, dass Gewichtheber ihre Muskeln schon mit einem einmaligen Training pro Woche erhalten können.
Bauchmuskeltraining	Führen Sie vor dem Krafttraining ein Zirkeltraining mit Bauchmuskelübungen durch und gehen Sie dann zu den Übungen für Fortgeschrittene über. Jetzt, da Ihre Bauchmuskeln wieder sichtbar sind, wollen Sie sicher intensiver trainieren. Für einen optimalen Wachstumsanreiz sollten Sie die Muskeln jedoch nicht öfter als zwei bis drei Tage pro Woche fordern.

Nährwertangaben für gängige Lebensmittel

Der aktuelle Trend zur kohlenhydratarmen Ernährung verleitet viele Menschen zum reichlichen Verzehr von Fett und Eiweiß. Dabei fehlen allerdings häufig wichtige Mikronährstoffe, die in Vollkornprodukten, Obst, Gemüse und anderen Lebensmitteln enthalten sind, welche bei kohlenhydratarmer Ernährung verboten sind.

Es mag einfacher erscheinen, den täglichen Bedarf an Nährstoffen durch ein Multivitaminpräparat zu decken, anstatt sich ausgewogen zu ernähren. Zwei Argumente sprechen jedoch dagegen: Erstens enthalten Multivitaminpräparate keine Ballaststoffe, sodass dieser wichtige Nahrungsbestandteil völlig fehlt. Zweitens liefern die Lebensmittel weitaus mehr als die üblichen Vitamine C und E. Die Bedeutung vieler dieser Nährstoffe – der sekundären Pflanzenstoffe – wurde erst in den letzten Jahren erkannt. »Eine ausgewogene Ernährung enthält Tausende von Antioxidanzien. Mit einer Pille bekommen wir nur wenige davon«, so Dr. Edgar Miller von der Johns Hopkins University in Baltimore.

Zur Überprüfung des Nährstoffgehalts Ihrer Ernährung können Sie die Vitamine und Mineralstoffe zahlreicher Lebensmittel in der nachfolgenden Tabelle ermitteln und die Gesamtaufnahme abschätzen.

Vitamin- und Mineralstoffgehalt

	VITAMIN A (µg)	VITAMIN B₁ (THIAMIN) (mg)	VITAMIN B₆ (mg)	FOLSÄURE (µg)
RNI* für Männer/Frauen	**700/600**	**1,0/0,8**	**1,4/1,2**	**200/400**
Apfel (mittelgroß)	8	0,02	0,06	4
Apfelkuchen (1 Stück)	37	0,03	0,04	32
Aprikose (1)	67	0,01	0,02	3
Artischocke (mittelgroß)	0	0,1	0,15	87
Aubergine (½)	4	0,08	0,09	14
Auster (mittelgroß)	4,2	0,01	0,01	1,4
Avocado (1)	122	0,2	0,6	124
Bagel (10 cm)	0	0,15	0,05	20
Banane (mittelgroß)	7	0,04	0,4	24
Bier, Lager (500 ml)	0	0,03	0,3	30
Birne (mittelgroß)	1,6	0,02	0,05	12
Blaubeeren (100 g)	6	0,04	0,05	6
Blumenkohl (½ Kopf)	2	0,06	0,22	57
Bohnen, Butter (100 g, gekocht)	16	0,06	0,08	11
Bohnen, Cannellini (100 g, gekocht)	0	0,12	0,1	85
Bohnen, gebacken (100 g)	7	0,02	0,17	31
Bohnen, grün (100 g, gekocht)	0,21	0,24	0,18	150

* Der RNI *(Reference Nutrient Intake)* ist der durchschnittliche Tagesbedarf der meisten Menschen, wobei die empfohlenen Mengen von Land zu Land schwanken. Wenn Sie den RNI nicht ganz erreichen, ist dies aber noch kein Grund zur

VITAMIN C (mg)	VITAMIN E (mg)	KALZIUM (mg)	MAGNESIUM (mg)	KALIUM (mg)	SELEN (µg)	ZINK (mg)
40/40	**4/3**	**700/700**	**300/270**	**3500/3500**	**75/60**	**9,5**
6	0,25	8	7	148	0	0,06
4	1,78	13	8	76	1	0,2
3,5	0,3	5	3,5	90	0,03	0,07
15	0,24	56	77	474	0,26	0,6
1	0,4	6	11	122	0,1	0,12
0,52	0,12	6	7	22	9	13
16	3	22	78	1204	0,8	0,84
0	0,04	16	26	90	28	1
10	0,12	6	32	422	1	0,2
0	0	26	30	127	4	0,06
7	0,2	15	12	198	0,17	0,17
10	0,58	6	6	78	0,11	0,18
46	0,08	22	15	303	0,6	0,3
5	0,06	14	32	243	0,85	0,35
0	1	95	66	0,6	1,35	1,47
4	0,68	64	41	376	6	2
0,96	0,43	75	63	394	6,5	1,12

Sorge. Essen Sie einfach mehr Lebensmittel, in denen die fehlenden Vitamine oder Mineralstoffe reichlich enthalten sind.

Nährwertangaben

	VITAMIN A (µg)	VITAMIN B₁ (THIAMIN) (mg)	VITAMIN B₆ (mg)	FOLSÄURE (µg)
Bohnen, Kidney (100 g, gekocht)	0	0,16	0,12	135
Bohnen, schwarz (100 g, gekocht)	0,59	0,24	0,07	150
Bonbons (50 g)	0	0	0	0
Bratwurst, klein (1)	0	0,05	0,01	0,26
Brokkoli (100 g)	185	0,04	0,1	43
Brot, Roggen (1 Scheibe)	0,26	0,14	0,02	35
Brot, Vollkorn (1 Scheibe)	0	0,11	0,1	30
Brot, weiß (1 Scheibe)	0	0,11	0,02	28
Champignons (100 g)	0	0,07	0,09	10
Chili con Carne (300 g)	73	0,33	0,6	42
Chilischote, roh (½)	21,6	0,03	0,23	10,35
Cracker (12)	0	0,17	0	0
Donut (1)	17	0,1	0,03	24
Dörrobst (100 g)	1265	0,5	2	43
Ei (1 großes)	84	0,03	0,06	22
Erdbeeren (100 g)	1	0,02	0,05	24
Erdnüsse (100 g)	0	0,4	0,2	137
Erdnussmus (2 EL)	0	0,03	0,15	24
Fisch, weiß (100 g)	30	0,13	0,25	13
Frischkäse, körnig, fettarm (100 g)	15	0,03	0,09	16
Fruchtsaft, ungesüßt (200 ml)	0	0,02	0,05	29
Garnele, groß (4)	0	0,01	0,03	0,77

VITAMIN C (mg)	VITAMIN E (mg)	KALZIUM (mg)	MAGNESIUM (mg)	KALIUM (mg)	SELEN (µg)	ZINK (mg)
1,18	0,03	36	44	421	1,18	1
0	0,08	27	70	359	1,2	1,1
0	0	0	0	0	0	0
0	0,03	1,3	1,56	25	1,87	0,24
57	0,29	29	16	200	1,74	0,26
0,13	0,11	23	13	53	10	0,36
0,08	0,09	24	14	53	8	0,3
0	0,06	38	6	25	4,3	0,2
2	0,09	4	9	309	7	0,6
27	3,6	87	99	1320	9	7
65	0,3	6	10	145	0,2	0,12
0	0	28	12	48	2,4	0,2
0,09	0,9	21	9	60	4	0,3
40	7	396	403	8	5	5
0	0,5	25	5	63	15	0,5
57	0,3	16	13	149	0,6	0,12
0	7	50	167	619	7	3
0	0	12	51	214	2	1
0	0,2	26	33	313	13	1
0	0,01	81	6	114	12	0,5
33	0	133	7	128	0	0,17
0,48	0	9	7	40	9	0,3

Nährwertangaben

	VITAMIN A (µg)	VITAMIN B₁ (THIAMIN) (mg)	VITAMIN B₆ (mg)	FOLSÄURE (µg)
Hackbraten (1 Scheibe)	20	0,1	0,14	12
Hafergrütze (100 g)	0,08	0,08	0,07	9
Hähnchenbrust ohne Haut	4	0,04	0,32	2
Hamburger, Fastfood (1)	4	0,3	0,12	52
Himbeeren (10)	0,38	0,01	0,01	4
Hot Dog, Fastfood (1)	0	0,44	0,09	85
Hühnercremesuppe (200 ml)	149	0,06	0,06	6
Jogurt, fettarm (150 g)	1	0,6	0,05	13
Kaffee, schwarz (200 ml)	0	0	0	4
Kartoffelbrei (150 g)	8,4	0,27	0,5	39
Kartoffelchips, fettreduziert (100 g)	0	0,17	0,7	27
Kartoffelsalat (100 g)	12	1,18	0,2	17
Käse, Cheddar (1 Scheibe)	75	0,01	0,02	5
Käse, Ricotta (100 g)	147	0,03	0,02	18
Keks mit Ballaststoffen (1)	0	0,03	0,01	6
Ketchup (1 EL)	7	0	0,02	2
Kichererbsen (100 g, gekocht)	2	0,11	0,13	166
Kiwi (mittelgroß)	3	0,02	0,07	19
Knoblauch (1 Zehe)	0	0	0,04	0,09
Kohl (100 g, gekocht)	524	0,02	0,11	87

Nährwertangaben

VITAMIN C (mg)	VITAMIN E (mg)	KALZIUM (mg)	MAGNESIUM (mg)	KALIUM (mg)	SELEN (µg)	ZINK (mg)
0,62	0,1	43	22	295	0	4
0	0,18	13	36	122	0	1
0,71	0,08	6,5	16	150	11	0,5
2	0,42	126	23	251	20	2
6	0,17	5	4	28	0,04	0,08
0,09	0,1	108	27	190	29	2
1	0,2	150	14	226	7	0,6
0,9	0	228	20	273	6	1
0	0,05	2	4	95	0	0,02
9	0,1	20	21	420	1,5	0,5
11	2	33	60	949	7	0,5
7	2	8	9	212	0,9	1,18
0	0,08	204	8	28	4	0,9
0	0,1	374	21	172	23	2
0	0,05	3	4	19	1	0,1
2	0,2	3	3	57	0,04	0
1,18	0,4	47	47	280	4	1,5
70	1	26	13	237	0,15	0,1
0,9	0	5	0,75	12	0,4	0
71	1,2	148	7	160	2	2

Nährwertangaben

	VITAMIN A (µg)	VITAMIN B₁ (THIAMIN) (mg)	VITAMIN B₆ (mg)	FOLSÄURE (µg)
Konfitüre (1 EL)	0,2	0	0	2
Kuchen mit Glasur (1 Stück)	10	0,01	0,02	7
Kuchen ohne Glasur (1 Stück)	20	0,1	0,03	27
Lachs (100 g)	11	0,2	0,8	24
Lasagne (200 g)	61	0,19	0,2	16
Leber (Lamm, 100 g)	90	0,17	1	239
Limonade mit Koffein (200 ml)	0	0	0	0
Linsen (1 EL)	0,05	0,02	0,02	22
Mais (100 g)	0,18	0,04	0,11	79
Makkaroni mit Käse (225 g)	48	0,25	0	0
Mandeln (30 g)	0	0,05	0,03	11
Melone, Cantaloupe (1 Spalte, mittelgroß)	345	0,04	0,07	21
Melone, Honig (1 Spalte)	5	0,07	0,16	34
Milch, fettarm (200 ml)	4	0,08	0,08	10
Milch, Soja (200 ml)	0	0,12	0,13	33
Möhre (1)	734	0,04	0,08	12
Muffin, Blaubeer (1)	13	0,1	0,01	42
Muffin, Vollkorn (1)	0,09	0,25	0,05	36
Muscheln, gebraten (100 g)	59	0,06	0,04	24
Müsliriegel (1)	2	0,06	0,02	6

Nährwertangaben

VITAMIN C (mg)	VITAMIN E (mg)	KALZIUM (mg)	MAGNESIUM (mg)	KALIUM (mg)	SELEN (µg)	ZINK (mg)
2	0	4	0,8	15	0,4	0
0,04	0	18	14	84	1,4	0,3
0,11	0,11	76	10	63	9	0,25
0	1	12	31	527	39	0,7
12	0,94	220	41	372	28	3
2	0,5	6	20	333	34	5
0	0	6	2	2	0,2	0
0,19	0	2	4	46	0,35	0,16
8	0,1	5	30	237	1	0,9
0	0	102	0	111	0	0
0	6	71	86	180	0	1
37	0,05	9	12	272	0,4	0,18
32	0,04	11	18	403	1,24	0,16
2	0,08	250	22	337	4	0,8
0	0	66	50	365	2,5	0,7
4	0,4	20	7	195	0,06	0,15
0,63	0,47	32	9	70	6	0,3
0	0,26	101	21	106	17	0,61
7	0	42	9	215	19	0,9
0,22	0,32	15	24	82	4	0,5

Nährwertangaben

	VITAMIN A (µg)	VITAMIN B₁ (THIAMIN) (mg)	VITAMIN B₆ (mg)	FOLSÄURE (µg)
Müsli, Vollkorn mit Rosinen (50 g)	3	0,18	0,1	24
Nachos mit Käse (6–8)	170	0,2	0,2	12
Nektarine (1)	23	0,05	0,03	7
Oliven (1 EL)	1,7	0	0	0
Paprika, rot oder grün (10 Streifen)	78	0,04	0,13	13
Pasta mit Tomatensoße (200 g)	0	0,23	0,17	7
Pfannkuchen (2)	7,6	0,16	0,07	28
Pfirsich (mittelgroß)	16	0,02	0,02	4
Pflaume (1)	21	0,03	0,05	1,45
Pizza, Käse (1 Ecke)	74	0,2	0,04	35
Pizza, vegetarisch (1 Ecke)	58	0,4	0,5	116
Pommes frites (10)	0	0,07	0,16	8
Popcorn (100 g)	3	0,07	0,07	7
Preiselbeersaft (200 ml)	0,8	0,02	0,06	0
Putenbrust ohne Haut (½)	0	0,16	2,26	31
Reis, geschält (100 g)	0	0,03	0,12	4
Reis, Natur (100 g)	0	0,8	0,2	7
Rinderhack, mager (100 g)	0	0,07	0,27	8
Rosenkohl (100 g)	52	0,07	0,12	41
Rosinen (100 g)	0	0,11	0,18	3
Rote Bete (1)	3	0,02	0,05	74

Nährwertangaben

VITAMIN C (mg)	VITAMIN E (mg)	KALZIUM (mg)	MAGNESIUM (mg)	KALIUM (mg)	SELEN (µg)	ZINK (mg)
0,6	0,44	36	78	230	11	1,1
1	0	311	63	196	18	2
7	1	8	12	273	0	0,23
0	0,14	7	0,3	0,67	0,08	0
70	0,36	7	6046	105	0	0
10	2	71	23	360	19	1,15
0,15	0,65	96	15	133	10	0,3
6	0,7	6	9	186	0,1	0,17
6	0	3	5	114	0,3	0,07
1	0	117	16	113	13	1
79	2	189	65	548	23	2
6	0,12	4	11	211	0,2	0,2
0	0	3	34	80	3	1
75	0	7	4	38	0	0,15
0	0,3	39	109	1142	95	5
0	0,05	12	15	44	10	0,6
0	0,05	16	67	67	15	0,8
0	0,17	8	21	294	0	4
41	0,3	24	14	215	1	0,23
5	0,7	27	29	777	0,6	0,18
3	0,03	11	16	221	0,5	0,24

Nährwertangaben

	VITAMIN A (µg)	VITAMIN B₁ (THIAMIN) (mg)	VITAMIN B₆ (mg)	FOLSÄURE (µg)
Saft aus Zitrusfrüchten bzw. Konzentrat (200 ml)	4	0,1	0,17	18
Saft, Gemüse (200 ml)	156	0,08	0,25	42
Sahnekäse (1 EL)	53	0	0	2
Salami (3 Scheiben)	0	0,1	0,08	0,34
Salat, Eisberg (1 Kopf)	8	0,02	0,03	31
Salat, römischer (½ Kopf)	81	0,02	0,02	38
Salatdressing, fettarm (1 EL)	0	0	0	0
Salatgurke mit Schale (½)	10	0,01	0,02	7
Salsa (100 ml)	37	0,04	0,13	17
Salzbrezeln (10)	0	0,3	0,07	103
Sandwich, Fastfood (Käse, Schinken, Ei)	0	0,53	0,16	73
Sandwich, Fastfood (Käse, Schinken, Salat)	167	0,39	0,2	32
Schinken, durchwachsen (3 Scheiben)	0	0,08	0,07	0,4
Schinken, gekocht (1 Scheibe)	0	0,2	0,1	1
Schinken, Hinter- (2 Scheiben)	0	0,4	0,2	2
Schokolade (100 g)	50	0,13	0,03	12
Schokoladenkeks (1)	0,04	0,01	0,01	0,9
Schweinefleisch (100 g)	0	0,9	0,3	3
Sellerie (4 Stangen)	55	0,03	0,1	45
Sojabohnen (100 g)	23	0,8	0,16	333

Nährwertangaben

VITAMIN C (mg)	VITAMIN E (mg)	KALZIUM (mg)	MAGNE-SIUM (mg)	KALIUM (mg)	SELEN (µg)	ZINK (mg)
185	0,14	48	39	0,76	0,57	0,23
56	10	22	22	388	0,8	0,4
0	0,04	12	1	17	0,4	0,1
0	0,05	1,34	2,86	63	4	0,54
2	0,02	11	4	84	0,28	0,1
7	0,04	9	4	69	0,1	0,06
0	0	0	0	2	0,2	0
2,76	0	7	6	75	0	0,1
15	1,27	32	14	228	0,4	0,25
0	0,21	22	21	88	3	0,5
2	0,6	160	25	211	36	2
4	105	261	30	263	23	2,6
0	0,06	2	6	107	12	0,7
0	0,1	2	5	94	6	0,5
0	0,16	5	10	181	11	0,8
0	2	195	65	382	5	2
0	0,26	2,5	3	14	0	0,06
0	0,2	7	16	281	47	7
4	0,33	50	14	322	0,5	0,16
51	0,03	433	179	1610	5	3

Nährwertangaben

	VITAMIN A (µg)	VITAMIN B₁ (THIAMIN) (mg)	VITAMIN B₆ (mg)	FOLSÄURE (µg)
Sonnenblumenkerne (100 g)	0,9	0,1	0,7	209
Spare Ribs (100 g)	2	0,3	0,24	3
Spargel (mittlere Stange)	12	0,02	0,01	8
Speiseeis (1 Kugel)	6	0,03	0,04	11
Spinat, gekocht (100 g)	62	0,01	0,03	26
Steak	0	0,1	0,3	6
Süßkartoffel (1)	350	0,09	0,25	9
Süßkirschen, roh (100 g)	15	0,04	0,03	3
Thunfischsalat (100 g)	11	0,03	0,3	11
Tofu (100 g)	4	0,9	0,05	17
Tomate (mittelgroß)	26	0,02	0,05	9
Tomatensuppe (200 ml)	24	0,07	0,09	12
Traubensaft (200 ml)	0,8	0,06	0,13	7
Walnüsse (100 g)	37	0,27	0,7	82
Wassermelone (1 Spalte)	104	0,2	0,4	6
Wein, rot (200 ml)	0	0	0,06	4
Wein, weiß (200 ml)	0	0	0,02	0
Weizenkeime (10 g)	0	0,13	0,3	53
Weizenkleie (5 g)	0	0,14	0,35	14
Whey-Protein-Pulver (2 TL)	0	0	0	0
Zimtbrötchen (1)	0	0,12	0	17
Zwiebelringe (10 mittlere)	0,98	0,1	0,07	64

Nährwertangaben

VITAMIN C (mg)	VITAMIN E (mg)	KALZIUM (mg)	MAGNE-SIUM (mg)	KALIUM (mg)	SELEN (µg)	ZINK (mg)
1,24	19	61	114	0,75	70	5
0	0,2	33	17	227	27	3
1	0,18	4	2	32	0,37	0,1
0,46	0	72	19	164	1,65	0,4
4	0,3	13	11	73	0,13	0,07
0	0,11	4	19	250	12	3,26
19	1,42	41	27	348	0,3	0,3
5	0,1	11	8	163	0,5	0,05
3	0,7	8	15	154	36	0,3
0	0,01	378	32	130	10	0,9
8	0,33	6	7	146	0	0,11
55	1,7	10	6	218	0,4	0,2
0,2	0	19	21	277	0,2	0,11
4	0	73	253	655	21	4,28
31	0,4	41	31	479	0,3	0,2
0	0	16	26	222	0,4	0,2
0	0	18	20	160	0,4	0,14
0	0	18	181	110	60	9
0	0,54	26	220	426	28	3
0	0	0	0	260	0	0
0,06	0,48	10	3,6	19	5	0,1
0,68	0,39	86	19	152	3	0,41

Glykämische Last für häufige Lebensmittel

Wie nutzt man diese Übersicht? Die Zahlen in der Tabelle stehen für die glykämische Last (GL) häufig verwendeter Lebensmittel. Die GL ist das Produkt aus dem glykämischen Index des Lebensmittels und der Menge der verfügbaren Kohlenhydrate pro Portion ; sie gibt annähernd an, wie stark der Verzehr dieses Nahrungsmittels den Blutzucker ansteigen lässt. Je höher die GL eines Nahrungsmittels, desto höher meist auch der Gehalt an Kalorien und Kohlenhydraten. Achten Sie daher darauf, möglichst nur Lebensmittel mit einer GL bis maximal 19 zu verzehren und eine Gesamt-GL von maximal 120 pro Tag nicht zu überschreiten.

Erdnüsse	1
Fettarmer Jogurt, mit Süßstoff gesüßt	2
Grapefruit	3
Grüne Erbsen	3
Möhren	3
Birne	4
Fettarme Milch	4
Wassermelone	4

Orange	5
Pfirsich	5
Pflaume	5
Pumpernickel (Roggenbrot)	5
Rote Bete	5
Apfel	6
Kiwi	6
Ananas	7
Kichererbsen (Dose)	7
Steckrübe	7

Glykämische Last

Trauben	7	Baguette	15
Vollkornbrot	7	Kartoffelbrei	15
Mango	8	Käsepizza	16
Popcorn	8	Vollkornspagetti	16
Sojamilch	8		
Tacos	8	Blaubeermuffin	17
		Donut	17
Grapefruitsaft	9	Instant-Haferflocken	17
Haferkekse	9	Süßkartoffel	17
Kidneybohnen (Dose)	9		
Linsensuppe	9	Fettuccine	18
Vollkorn-Frühstücksflocken	9	Naturreis	18
Zuckermais	9		
		Cornflakes	21
Bohnen, weiß	10		
Fettarmer Jogurt,		Makkaroni	22
mit Zucker gesüßt	10	Pommes frites	22
Honig	10	Rice Crispies (Frühstücks-	
Käsetortellini	10	flocken)	22
Roggenbrot	10	Weingummi	22
Vollkornkekse	10		
Weißbrot	10	Couscous	23
		Langkornreis	23
Apfelsaft	12	Linguine	23
Banane	12	Weißer Reis	23
Bulgur	12		
Orangensaft	12	Spagetti	27
Hafergrütze	13	Rosinen	28
Special K (Frühstücks-		Käsemakkaroni	32
flocken	14		
Vanillewaffeln	14		

Register

A
Adrenalin 240
Aerobes Training 81, 84f., 87
Alkohol 47, 70, 92, 153f., 242
Arteriosklerose 70
Ausdauertraining *siehe* aerobes Training

B
Ballaststoffe 137
Bauchfett 14, 25, 31, 34, 63, 98
Bauchmuskeln 11ff., 25ff.
– für das Sexualleben 35f.
– gegen Gelenkschmerzen 39f.
– gegen Krankheiten 28ff.
– gegen Rückenschmerzen 38f.
– gegen Verletzungen 37f.
Bauchmuskeltraining 256, 297ff.
– Bauch-weg-Zeitsparer 341ff.
– Übungen 303ff.
Bauchmuskulatur 298f.
Blutfett *siehe* Lipide
Blutdruck, diastolischer 44
Blutdruck, systolischer 44
Bluthochdruck 25, 42ff.
– Tipps zur Senkung 46ff.
Blutzucker (*siehe auch* Glukose) 115
Blutzuckerspiegel 112f.
Body Mass Index (BMI) 12, 124

C
Cholesterin 68f.
– HDL-Cholesterin 69f., 105
– LDL-Cholesterin 69f., 73, 105
Cholesterinspiegel 68ff.
– Tipps zur Senkung 70ff.

D
Diabetes 25, 28, 29, 31, 89ff., 113
– Tipps zur Vorbeugung 91f.
Diäten 15, 16f., 56ff., 87
– Atkins-Diät 58ff., 132, 134, 135, 136, 139
– Sears-Diät 61f.
– South-Beach-Diät 62f.
– Weight Watchers 60
– Zucker-Knacker 62
Diätplan 17, 145
Dysfunktion, erektile *siehe* Erektionsstörungen

E
Eingeweidefett 14
Eiweiß *siehe* Protein
Energiebalance 146
Erektionsstörungen 35
Ernährung, gesunde 17, 54ff., 87f., 144ff.

– auswärts essen 231, 243
– »Fitmacher« 17, 55, 149ff., 162ff.
– Rezepte 201ff.
– Wochenplan 158ff.
Ernährungsgewohnheiten 13, 18, 57, 147
Essgewohnheiten *siehe* Ernährungsgewohnheiten

F

Fastfood 13, 76
Fett 98ff.
Fettsäuren
– einfach ungesättigte 110
– freie 25
– gesättigte, 68, 106f.
– mehrfach ungesättigte 107f.
– Omega-3-Fettsäuren 48, 107f., 109, 181
– Omega-6-Fettsäuren 107, 108
Fettsucht 76
Fettverbrennung 17, 18, 41, 63, 65, 85, 87, 96, 247
Fettzellen 24
Fruktose-Dextrose-Sirup 193
Fruktose-Glukose-Sirup (Maissirup) 194ff.

G

Gelenkschmerzen 39f.
Glukose 89f., 91, 112
Glykämische Last 114
– Tabelle 376f.
Glykämischer Index 89, 91, 112ff., 115
Glykogen 84

H

Hanteln 268ff.
Herzinfarkt(risiko) 25, 28
Herz-Kreislauf-Training *siehe* aerobes Training
Hypertonie (*siehe auch* Bluthochdruck) 45

I

Insulin 25, 89, 90, 112, 115, 193, 195
Insulinresistenz 90, 113

J

Jo-Jo-Effekt 13

K

Kalorien 30f.
Kalorienverbrennung 79f., 85f., 93f.
Kalorienzählen 20, 77f., 152f.
Kalorienzufuhr 56
Kalzium 49, 116f.
Kohlenhydrate 84, 91, 110ff., 133ff., 195
Körperfett 14, 102, 125f., 128, 146
Körperfettmessung 125f., 128
Körpertraining 246ff.
– Basisübungen 272ff.
– Ganzkörpertraining (Zirkeltraining) 249f., 262f.
– Intervalltraining 253, 256, 294ff.
– Komplexübungen 251f.
– mit Hanteln 269ff.
– Trainingsregeln 247ff.
– Wochenplan 255f., 264ff.
Kortisol 25, 98, 241
Krafttraining 81, 85f. 256, 261

Krebs(risiko) 29, 118f.
- Tipps zur Vorbeugung 119ff.

L
Lebensmittelindustrie 139ff., 193ff.
Leinsamen 108, 181
Leptin 196
Leptinspiegel 179f.
Lipide 24, 68

M
Mikronährstoffe 361
Milchshakes 150ff.
- Rezepte 202ff.
Multivitaminpräparat 104, 361
Muskelgedächtnis 259
Muskelmasse 18, 66, 81, 85, 146, 247

N
Nährstoffgehalt 361
- Tabelle 362ff.
Nahrungsmittelindustrie *siehe* Lebensmittelindustrie
Nettokohlenhydrate 135, 136

P
Penislänge 36
Plaque 43, 44, 69, 70
Protein 88, 89, 94ff.

R
Rauchen 70, 258
Rückenschmerzen 38f.

S
Saccharose 111, 197
Schlafstörungen 34
- Atemstillstände (im Schlaf) 31f.
Schlaganfall(risiko) 25
Sexualleben 35f.
Stoffwechsel 79ff., 85, 86, 146
Stress 43, 76, 236, 240ff.
Stretchen 257f.

T
Taille-Hüft-Verhältnis 124f.
Taillenumfang 28f., 34
Testosteron 87
Testosteronspiegel 88
Transfettsäuren 68, 72, 103ff., 193, 198ff.

U
Übergewicht 25, 98
- Folgen 32f.

V
Verletzungen 37f.

W
Waschbrettbauch 11
Wassertrinken 155

Z
Zuckerkrankheit *siehe* Diabetes
Zwischenmahlzeiten 232f.

Ein starker Rücken
kennt keinen Schmerz

Mit Dietrich Grönemeyers neuem Trainingskonzept für alle Altersklassen, in dem moderne Trainingsmethoden mit traditionellem Heilwissen kombiniert werden, kann sich jeder sein ganz individuelles Übungsprogramm zusammenstellen.

320 Seiten mit DVD
ISBN 978-3-442-17042-5

www.goldmann-verlag.de
www.facebook.com/goldmannverlag

Unsere Leseempfehlung

160 Seiten

Beschwerden im Kniegelenk kennen die meisten von uns, egal ob jung oder alt. Mit dem Alter nehmen schmerzhafte Gelenkeinschränkungen oftmals zu und führen zur Einschränkung der Lebensqualität. Häufig sind Veränderungen des Gelenkknorpels für die Schmerzen verantwortlich. Aber nicht jeder Knorpelschaden ist gleich zu behandeln. Der Gelenkexperte Dr. med. Ronald Dorotka gibt Aufschluss über die Ursachen und stellt die richtigen Behandlungsmethoden vor.

www.goldmann-verlag.de
www.facebook.com/goldmannverlag

Um die ganze Welt des
GOLDMANN Verlages
kennenzulernen, besuchen Sie uns doch
im Internet unter:

www.goldmann-verlag.de

Dort können Sie
nach weiteren interessanten Büchern *stöbern*,
Näheres über unsere *Autoren* erfahren,
in *Leseproben* blättern, alle *Termine* zu Lesungen und
Events finden und den *Newsletter* mit interessanten
Neuigkeiten, Gewinnspielen etc. abonnieren.

Ein *Gesamtverzeichnis* aller Goldmann Bücher finden
Sie dort ebenfalls.

Sehen Sie sich auch unsere *Videos* auf YouTube an und
werden Sie ein *Facebook*-Fan des Goldmann Verlags!

www.goldmann-verlag.de
www.facebook.com/goldmannverlag